主编 ◎ 丁安琪

国家通用语言培训教程

小学语文教学

华东师范大学出版社

·上海·

图书在版编目(CIP)数据

国家通用语言培训教程. 小学语文教学/丁安琪主编. —上海:华东师范大学出版社,2021
ISBN 978-7-5760-2367-1

Ⅰ.①国… Ⅱ.①丁… Ⅲ.①汉语-少数民族教育-小学教师-师资培训-教材②小学语文课-课堂教学-语言艺术 Ⅳ.①H19②G623.203

中国版本图书馆 CIP 数据核字(2021)第 266748 号

国家通用语言培训教程小学语文教学

主　　编　丁安琪
策划编辑　孙　婷
责任编辑　严佳琪
责任校对　刘伟敏　时东明
装帧设计　汪依芸

出版发行　华东师范大学出版社
社　　址　上海市中山北路 3663 号　邮编 200062
网　　址　www.ecnupress.com.cn
电　　话　021-60821666　行政传真 021-62572105
客服电话　021-62865537　门市(邮购)电话 021-62869887
地　　址　上海市中山北路 3663 号华东师范大学校内先锋路口
网　　店　http://hdsdcbs.tmall.com

印 刷 者　上海昌鑫龙印务有限公司
开　　本　787毫米×1092毫米　1/16
印　　张　18.25
字　　数　342 千字
版　　次　2022 年 1 月第一版
印　　次　2024 年 5 月第二次
书　　号　ISBN 978-7-5760-2367-1
定　　价　69.80 元

出 版 人　王　焰

(如发现本版图书有印订质量问题,请寄回本社客服中心调换或电话 021-62865537 联系)

主编

丁安琪

副主编

宋继华

主要作者

张建民　周　勇　张　曼　张　蔚
王晓宇　陈　杰　张逸伦　赵阳璟

技术支持与数据分析

北京汉雅天诚教育科技有限公司
彭炜明　陈　晨　张引兵　郭冬冬

前　言

　　学习和掌握国家通用语言文字是每一个中国公民应尽的责任和义务，是加强民族团结、增强民族凝聚力、早日实现"中国梦"的基础。在少数民族地区，推广和使用国家通用语言的意义更为显著。少数民族只有掌握和使用通用语言文字，才能更好地进行交往和更深层次的交流，在更大的空间内学习、就业，才能更好地参与建设家乡、发展家乡，为谱写"中国梦"添砖加瓦。

　　党的十九大报告中曾提出"优先发展教育事业"，在更高层次上促进教育公平和均衡发展。在积极发展基础教育的同时大力推广国家通用语言，给中小学少数民族教师提出了更高的挑战和要求，其中之一，就是中小学少数民族教师在课堂上应使用国家通用语言进行学科教学。然而目前大部分中小学少数民族教师囿于自身国家通用语言的水平能力和教学水平，不足以支撑其进行课堂教学。特别是在贫穷落后地区，师生比率严重失调，优秀的双语教师数量少，中小学少数民族整体师资队伍亟待补充、壮大。基于这一客观现实，一方面需要加大对中小学少数民族教师的培训力度，在有效增强教师国家通用语言教学能力的同时，也要为教师的职业生涯发展补充能量；另一方面还需不断充实壮大教师队伍，以整体加强和提升师资队伍力量与综合素质。

　　为了更好地推广国家通用语言，也鉴于"语言就是第一生产力"之现实需求，更为积极发展少数民族基础教育事业，我们在调研、征求各方意见的基础上，组织汉语教学专家和基础学科教学专家，编制了适用于民族教师国家通用语言文字教学培训的系列教程，以便开展对民族教师的国家通用语言教学培训和教学能力指导，综合提高少数民族教师的国家通用语言文字水平及其课堂运用能力和教学组织能力。

编写说明

编写背景

　　《国家通用语言培训教程小学语文教学》是为响应国家积极发展基础教育以及大力推广国家通用语言的政策,满足小学少数民族教师提高课堂运用国家通用语言进行语文教学水平的需求而编写的,旨在为小学语文少数民族教师掌握语文学科语言和运用国家通用语言进行语文学科教学及教学设计、研究能力的培训提供教材和指导。

适用对象

　　具有较好国家通用语言基础(建议 MHK 需达到四级水平)的少数民族小学语文教师。

教学目标

　　本教材的总目标,是培养学习者的国家通用语言小学语文教学能力,使学习者在学习国家通用语言知识与技能的同时,进一步加强其语文学科素养,强化其使用国家通用语言进行语文教学的能力,最终具备使用国家通用语言进行小学语文教学的能力。

　　国家通用语言语文教学能力由语言能力、语文学科能力、教学能力三方面内容组成。其中语言能力和语文学科能力是国家通用语言语文教学能力的基础;教学能力是教师完成语文学科教学、培养学生语文学科素养的重要条件和必备元素。上述三方面内容相互交叉渗透,环环相扣。如下图所示:

民族教师国家通用语言语文教学能力培养目标结构关系图

本书体例

本书根据人教版教材将小学各单元的全部课文按照文体进行梳理分析,分为十八章,按照由易到难的顺序进行排列。每章设教学基础识记、教学语言表达、教学篇章阅读、教学知识链接、听力文本五个部分。各部分内容分别介绍如下:

(1)教学基础识记

教学基础识记根据少数民族教师国家通用语言水平特点与语文学科特点,梳理了语文教学中关于拼音和汉字的基础知识,以及部分常用词语的辨析,帮助教师提升国家通用语言基础知识的表达能力。这一部分还梳理了教材中所有要求背诵的篇章和段落。教学基础识记是本教材的重要组成部分。

(2)教学语言表达

这部分首先列出了小学语文课本中与该主题相关的课文篇目。全书总计十八章,涵盖了小学语文十二册。教学语言表达是本教材的核心部分,设计有对话体与叙述体语篇,内容均与小学语文教学活动相关,如"确定教学目标(话题为一年级上第四课《四季》)""明确教学重难点(话题为一年级上第五课《影子》)",所有这些内容都是小学语文教师在日常教学中会遇到的真实场景。通过将教学话题和用语融入到课文中,可以让教师既学到了相关语文知识的表达方式,又掌握了教学活动中的国家通用语言表达。在每段对话或语篇后,都有一到两道国家通用语言技能强化练习,每章均保证涵盖听说读写四大技能的练习。每段对话和语篇后还有语文教学用语成段表达的练习。教学语言表达部分的最后还设有词汇表。

(3)教学篇章阅读

教学篇章阅读是为学有余力的学习者提供的自学材料。篇章阅读部分把教学法理念融入到话题中,教师通过对这些篇章的阅读,能够了解到规范的教学原则、先进的教学理念等,如"如何进行备课"。篇章阅读后设有五道左右的思考题,帮助教师们结合自身教学经验,更好地吸收和理解篇章内容。教学篇章阅读部分的最后也设有词汇表。

(4)教学知识链接

教学知识链接是为学习者提供的补充阅读材料,包含文言文拓展、古文赏析、文化常识及教学小贴士。文言文拓展梳理了古诗文中的常用字词及其释义;古文赏析的内容是初中语文教材的经典古文篇目及其译文;文化常识梳理了语文学科相关的重要文学文化常识;教学小贴士进一步从教学技巧的角度给教师提供参考,如如何书写教案等。

(5)听力文本

这一部分是教学语言表达中听力练习的文本材料。

使用建议

对于基础目标水平学习者,其国家通用语言水平和教学技能相对薄弱,建议采用岗前培训和寒暑假高强度集中培训的方式,在授课教师的帮助下,迅速增强其语言技能、学科知识和教学技能。

针对进阶目标水平学习者,已掌握基本语文学科素养和较为良好的国家通用语言技能,建议采用定期培训的方式,逐步增强其使用国家通用语言进行语文学科教学的能力。

对于高阶目标水平学习者,已经具备较高的语文学科素养,能够较好地使用国家通用语言完成语文课堂教学,建议采用自学与研讨结合的方式,使学习者能够通过学习和讨论的方式查漏补缺、取长补短,进一步增强其语文国家通用语言教学能力,特别是教学研究的能力。

目　录

第一章　现代诗歌（一）

一、教学基础识记

1. 读一读：声母、韵母教学重难点

（1）汉语拼音中有 16 个音节在教学时需要整体认读：

zhi chi shi ri zi ci si yi yu ye yue yuan yin yun ying wu

（2）声母 z c s 与 zh ch sh 的区分除了音节、词语练读以外，还可采用以下方法：

① 词语辨读：z-zh　杂志　总之　　　c-ch　操场　擦车　　　s-sh　宿舍　算术

② 绕口令《四和十》：四是四，十是十，十四是十四，四十是四十。

（3）鼻韵母 an en in un 与 ang eng ing ong 等的区分除了音节、词语练读以外，还可采用以下方法：

① 词语辨读：an-ang　班长　en-eng　真正　in-ing　阴影　un-ong　尊重

② 绕口令：扁担长，板凳宽，扁担绑在板凳上。

2. 辨一辨：辨析以下五组词语

（1）

爱护	释义	"爱护"有精心保护，不使受到损坏或伤害的意思。
	例句	我们要好好爱护自己的身体。
爱惜	释义	"爱惜"指不浪费，不糟蹋。
	例句	我们应该爱惜粮食。

（2）

懊悔	释义	"懊悔"重在"悔"，"后悔"，更多的是"责己"。
	例句	我辜负了老师的好意，竟然还顶撞了她，现在回想起来懊悔不已。
懊恼	释义	"懊恼"重在"恼"，"烦恼"，更多的是"怨天尤人"。
	例句	篮球比赛输了，同学们都垂头丧气的，很是懊恼。

(3)			
辨别	释义	"辨别"侧重于把事物区分开。	
	例句	学汉字,很重要的一点是辨别形近字。	
鉴别	释义	"鉴别"侧重于审定真伪或好坏。	
	例句	你想鉴别古董,最好还是请个专家来。	

(4)		
本领	释义	"本领"着重于工作的技能、特殊的技巧。
	例句	孙悟空的本领特别大!
本事	释义	"本事"着重于活动的能力。
	例句	我奶奶剪窗花的本事特别大!

(5)		
仓促	释义	"仓促"指时间匆促,行动忙乱。
	例句	今天时间太仓促了,这件事我回头跟你说,好吗?
仓皇	释义	"仓皇"多指心里害怕,神色慌张,举止失措。
	例句	警笛声传来,歹徒仓皇逃走了。

3. 记一记:识记以下成语并造句

五光十色	释义	形容色彩鲜艳,式样繁多。
	例句	商场里陈列着五光十色的商品。
丢三落四	释义	形容马虎或记忆力不好而好忘事。
	例句	同学们一定要改掉丢三落四的坏习惯。
四面八方	释义	泛指周围各地或各个方面。
	例句	这座城市有数条铁路通向祖国的四面八方。
摇头摆尾	释义	形容得意或轻狂的样子。
	例句	我家的小狗见了熟人就摇头摆尾的,非常可爱。
筋疲力尽	释义	形容非常疲劳,一点力气也没有了。
	例句	星期天我们去爬山,晚上回来已经筋疲力尽了。

4. 背一背：背诵以下课文

年级	课号	课文标题
一年级(上)	识字 2	《金木水火土》
一年级(上)	识字 5	《对韵歌》
一年级(上)	课文 1	《秋天》
一年级(上)	课文 2	《小小的船》
一年级(上)	课文 3	《江南》[汉乐府]
一年级(上)	课文 4	《四季》

二、教学语言表达

本节将要学习到的内容主要涉及以下课文：

年级	课号	课文标题
一年级(上)	4	《四季》
一年级(上)	5	《影子》
一年级(上)	6	《比尾巴》
一年级(上)	9	《明天要远足》
一年级(上)	12	《雪地里的小画家》

（一）确定教学目标

——《四季》

宋主任：各位老师，今天这次教研活动我们来讨论一下怎样确立教学目标，大家都畅所欲言，说一说自己的看法。

艾老师：我觉得教学目标可以分为一般目标和特殊目标。一般目标是笼统抽象的，而特殊目标则是明显具体的。在促进课堂教学上，特殊目标比一般目标更有效。

宋主任：艾老师，你举个例子，具体说一说。

艾老师：以一年级上册《四季》这课为例，我们可以确立这样的目标"有感情地朗读课文，体会句子的含义"。这个目标就是一般目标，几乎要贯穿学生整个阅读学习阶段，不具备特殊性。除了这个目标，我们还要根据课文内容和主旨，确立一些特殊目标，帮助学生从能力、认知和情感方面掌握课文。比如"认识'尖、说'等9个生词""初步了解四季的特征，感受四季的美丽""仿照课文，说说自己喜欢的季节"等。

宋主任：很好，艾老师的观点也体现了确立教学目标的三个维度，也就是认知目标、能力目标和情感目标。各位老师在制定教学目标时，一定要针对教材特点，结合学生的学习实际来确定，只有这样，学生才会努力去实现这些目标。

1. 听录音，根据提示说一说现代诗歌在朗诵时应该怎样停顿，并跟着录音朗诵这篇诗歌

繁　星

冰　心

一

繁星闪烁着——

深蓝的太空

何曾听得见他们对语

沉默中

微光里

他们深深的互相颂赞了

二

童年呵！

是梦中的真

是真中的梦

是回忆时含泪的微笑

三

万顷的颤动——

深黑的岛边

月儿上来了

生之源

死之所！

四

小弟弟呵！

我灵魂中三颗光明喜乐的星

温柔的

无可言说的

灵魂深处的孩子呵！

五

黑暗

怎样幽深的描画呢

心灵的深深处

宇宙的深深处

灿烂光中的休息处

提示　　停顿指语句或词语之间声音上的间歇。停顿一方面是由于朗诵者在朗诵时生理上的需要；另一方面是句子结构上的需要；再一方面是为了充分表达思想感情的需要；同时，也可给听者一个领略和思考、理解和接受的余地，帮助听者理解文章含义，加深印象。停顿包括生理停顿、语法停顿、强调停顿。

（1）生理停顿，即朗诵者根据气息需要，在不影响语义完整的地方作一个短暂的停歇。要注意，生理停顿不要妨碍语意表达，不割裂语法结构。

（2）语法停顿，反映一句话里的语法关系，在书面语言里就反映为标点。一般来说，语法停顿时间的长短和标点大致相关。例如句号、问号、叹号后的停顿比分号、冒号长；分号、冒号后的停顿比逗号长；逗号后的停顿比顿号长；段落之间的停顿则长于句子间的停顿。

（3）强调停顿是为了强调某一事物，突出某个语意或某种感情，而在书面上没有标点、在生理上也可不作停顿的地方作了停顿，或者在书面上有标点的地方作了较长的停顿，这样的停顿我们称为强调停顿。强调停顿主要是靠仔细揣摩作品，深刻体会其内在含义来安排的。

2. 从以下两个方面，说一说本章其他课文应怎样确立教学目标

一般目标：正确、流利地朗读课文，背诵课文。

特殊目标：根据课文内容和主旨，帮助学生从能力、认知和情感方面掌握课文。

（二）明确教学重难点

——《影子》

艾老师：阿老师，《影子》这篇课文的教学重点是让学生正确朗读课文，识记"前、后、左、右"四个方位词，对吗？

阿老师：没错，除此之外，还要引导学生在实际生活中辨别 4 个方位，并用这四个词表达方向。

艾老师：那你认为这一课的难点是什么？

阿老师：这课是一首以生活现象为题材的儿歌，主要运用了比喻和拟人的手法，我觉得难点是让学生理解其中的比喻句和拟人句。在教学中可以抓住"影子常常跟着我，就像一条小黑狗"和"影子常常陪着我，它是我的好朋友"两个重点句，让学生说一说为什么说影子像条小黑狗，为什么说它是好朋友，引导学生体会影子与人形影不离的特点。

艾老师：您教学经验丰富，可以说说怎样确定教学重难点吗？

阿老师：教学重难点的确定应该视情况而定，有时候教学重点也是教学难点。我们既要参考课程标准，又要结合教材内容和单元主题，还应该根据学生的实际认知情况来确定。

艾老师：谢谢您，听了您的话，我真是受益匪浅。

1. 请解释下列成语的意思，并用成语改写下面的句子

（1）畅所欲言

这次会议，希望大家都积极发言，想到什么就说什么，不要有顾虑。

（2）形影不离

这两个孩子兴趣爱好相同，关系亲密，经常在一起。

_____

（3）受益匪浅

张老师，这次听了您的课，真是收获不小啊！

_____

2. 运用以下句型，说明本章其他课文的重难点

句型　本课是以……为题材的……，主要运用了……的手法，其教学重点是……，其教学难点是……。

（三）备课的"模拟讲授"环节

——《比尾巴》

金老师：诗老师，这节公开课您上得绘声绘色，真精彩啊，备课时一定下了不少功夫吧！

诗老师：对，要想上好一节课，备课时只完成教案是不行的，还要进行"模拟讲授"。纸上谈兵不能取得实际效果，最好提前将教案上的设想进行实际操作。

金老师：模拟讲授？您具体说说怎样进行实际操作呢？

诗老师：就比如刚刚上的《比尾巴》这课，我写完教案以后，会在脑子里想一遍课堂上的教学流程，然后像演员排练节目一样对着镜子模拟讲课。在模拟时，我意识到学生对"弯"和"扁"的理解可能会有问题，于是我多准备了一些图片，让学生观察，帮助学生理解。最后，别忘记及时修改和补充教案。

金老师：您的方法太好了，我也意识到写完教案后放在一边，到了课堂上再临场发挥，有时教学效果的确不太理想，我应该多向您学习，提前进行模拟讲授。

1. 听录音，回答以下问题

（1）本文介绍了备课中的什么环节，这个环节怎样操作？

（2）教案转化为实际教学活动需要哪两个飞跃？

（3）本文提到的备课环节有什么作用？

2. 请使用以下关键词,说一说在讲授以下课文前,你是怎样备课的

《四季》	生字　朗读　季节　特征　感受　美丽
《影子》	拟人　比喻　方位　生活　情境　影子
《明天要远足》	认识　流利　快乐　期盼　生动　内心
《雪地里的小画家》	雪地　场景　科普　浅显易懂　想象

(四)应用适当的教学方法

——《明天要远足》

艾老师:下周我要给学生讲《明天要远足》这一课,在教学方法的选择上还有些拿捏不准,想请教一下大家。

阿老师:我觉得首先得清楚常用的语文教学方法有哪些。

艾老师:我知道,有讲授法、谈话法、演示法、练习法、课题法、分团教学法等。

宋主任:嗯,很好,光知道还不行,还要学会选择适合自己课堂教学的方法。

阿老师:首先要了解每一种方法的优缺点,扬长避短。比如《明天要远足》,它是一篇诗歌,应该尽量少使用讲解法,而像《太阳》这样的说明文就不适合使用朗读法进行教学。

宋主任:嗯,除此之外,还要分析学生的年龄特点、心理特征、知识基础和认知能力,只有符合学生认知规律才能获得较好的教学效果。

金老师:低年级学生往往爱玩、注意力不集中,所以在讲这课时采用诵读、齐读这种集体形式效果好一些。

宋主任:我还要再补充两点,一是教师要从自身实际情况出发,选择适合自己特长的教学方法;二是环境,假如学生前一节课是音乐课,你再采用诵读法的话,学生可能因为口干舌燥而无法很好地发挥。

艾老师:嗯,那我还要做好充分的课前调查,了解他们上节课上了什么。

宋主任:俗话说,教学有法,教无定法,贵在得法。一堂成功的教学一定是综合教师、学生、环境等多方面因素,合理运用多种教学法的结果。

1. 根据上文回答问题

(1) 常用的语文教学法有哪些？介绍一种你最擅长的教学法。

_____

_____

(2) 你选择教学法的策略是什么？

_____

_____

_____

2. 结合本章其他课，谈谈如何确定教学方法

句型

……（这）是一篇……，应该尽量……。

像……这样的……就不适合使用……法进行教学。

……学生往往……，所以在讲这课时采用……形式，效果好一些。

我还要做好……，了解一下……。

（五）合理设计练习题

——《雪地里的小画家》

诗老师：今天我上了《雪地里的小画家》一课，孩子们都挺喜欢的，特别是在讨论小动物脚印的时候，一个个都特别积极。但一到做练习，他们就有点儿不大情愿了。可能是因为我总是让他们写拼音、练笔顺，他们觉得无聊了吧，但拼音和汉字学习本来就是很枯燥的啊。

艾老师：对，我也有这个感觉。我每节课都会花不少时间进行汉字和拼音的练习，但是我发现学生的积极性越来越低了。

宋主任：你们注重拼音和汉字练习的意识很好，在一年级这个阶段，拼音和汉字的学习确实是重中之重。但是我们在设计练习题的时候，还是可以多想一些花样，这样孩子们才会有兴趣跟着你练，不能每一课都用同样的练习形式。比如在练习笔顺的时候，不一定每次都要让学生写，也可以由我们来写，但是只将笔顺书写中的一部分展示出来，让学生猜猜没展示出来的笔画是什么。在课堂练习的时候，也可以适当引入一些游戏和比赛，来调动学生参与的热情。

1. 请把《雪地里的小画家》这首儿歌改写成记叙文,注意着重描写小动物的足迹,并比较一下同样主题的儿歌和记叙文各有什么特点

_____

_____

_____

2. 参照以上对话,说一说针对低年级学生,在拼音和汉字教学中,都有哪些有利于调动学生积极性的练习题型

> **句型**　在进行……的时候,我们可以……。
>
> 比如在……的时候,不一定每次都……,也可以……。
>
> (老师)只……,让学生……。

词汇表(1)

序号	生词	释　义
1	畅所欲言	把想说的话尽情地说出来
2	笼统	缺乏具体分析,不明确
3	维度	事物"有联系"的抽象概念的数量
4	受益匪浅	一般指意识形态方面有很大的收获
5	绘声绘色	形容叙述、描写生动逼真。例:她讲故事讲得绘声绘色,好像亲身经历过一样。
6	纸上谈兵	比喻只凭书本知识空发议论,不能解决实际问题
7	临场发挥	没有经过提前准备或思考,现场解答或想解决办法
8	扬长避短	发扬长处,避开短处
9	口干舌燥	形容说话太多
10	教无定法	教师预设的教法,只能作为备案,走进课堂后要根据学生的不同采取不同的教学方法
11	重中之重	重点中的重点。即很重要、非常重要的意思。一般指具有重大意义、作用和影响的问题

三、教学篇章阅读

孔子说过："凡事预则立，不预则废。"备课是上好一节课的前提和保障，教师在备课过程中要弄清楚"教什么""为什么教""怎么教""学生怎么学"等基本问题。怎样才能备好课呢？一般主要从以下几方面入手：了解教材、了解学生、设计教学、反思教学。

了解教材可不是看看教材、翻翻教参这么简单，而是要真正地钻研教材，包括学习学科课程标准、了解教科书和阅读有关参考资料。教师要了解教材的体系以及内容与单元主题之间的关系，还要知悉每课内容的主次、每课的结构，特别是知识点在学科知识体系中的位置，知识点之间的相互关系等。钻研教材有助于教师科学地设计教学内容，以及全面贯彻和落实课程标准。

学生是教育的主体，了解学生的特点才能做到因材施教。首先要考虑学生总体的年龄特征，熟悉他们身心发展特点；其次要了解学生个体的能力水平、学习态度和兴趣特点。此外，还要了解班级的一些状况，如班纪、班风等。

教师要在了解学生的基础上，进行教学设计。第一，要设定教学目标，包括知识目标、技能目标、情感目标等。这是课堂教学设计的核心和关键环节，具有引领和指导作用，能够使教学做到有的放矢。第二，确定教学重难点。教学重点是学生应该掌握的学科基础知识，在每课中处于核心地位，具有统领性和代表性。教学难点需从学生的角度出发，预设学生在学习本课内容时，可能存在的障碍。第三，精选教学资源。除了教科书上的知识，教师还可以选择一些教科书以外的学习材料，用以补充教科书资源的不足，但并不是越多越好，教师要根据自己学生的实际水平，"慧眼识珠"，选择对学生学习有利的材料，否则就会增加学生的学习负担。第四，选择合适的教学方式和方法。在义务教育阶段的学科教学中，经常采用的教学方法有讲授法、演示法、讨论法、练习法等。教师要根据学科特点和学生特点采取合理的教学方法，多种教学方法交互进行，可以防止教学过程的单一、枯燥。

最后是教案书写。教案并不是对教材的简单抄写或者对教学要点的简单罗列，教案就像老师的备忘录，是支持教师上课的范本。教案要具有科学性、可操作性、创新性等特点，教案详细与否可因人而异，但必须体现教师个人的设计思路。教案也必须根据学科、授课内容、教学对象的不同体现差异性和可操作性，最忌照搬照抄他人教案。总之，好的教案可以起到整理思路、检测教学效果的作用。

根据课文,联系实际,回答以下问题

1. 以语文学科为例,说一说教师在备课中要弄清楚什么问题?

2. 说一说自己学生的特点,针对他们的特点,你打算采取什么教学方法?

3. 选择教材中的某一课,请你写一写这课的教学目标和教学重难点,然后与大家分享。

4. 你在平时的教学中,是怎么解读教材的? 请以某一课为例说一说。

5. 你觉得一份好的教案应该有哪些特点?

词汇表(2)

序号	词语	释　　义
1	知悉	知晓、了解熟悉。例:各位考生,请知悉,我们还没有发出考试时间与地点的通知。
2	因材施教	针对学习者的能力、性格、志趣等具体情况施行不同的教育
3	有的放矢	比喻说话或做事有明确的目的,有针对性
4	统领	统率领导。例:这句话统领全篇的内容,其他段落的描写都是围绕这句话进行的。
5	慧眼识珠	泛指敏锐的眼力;称赞人善于识别人才
6	因人而异	因人的不同而有所差异
7	照搬照抄	完全沿袭

四、教学知识链接

(一) 文言文拓展

1. 爱

(1) 吝惜,舍不得。

　　例:诸侯恐惧,会盟而谋弱秦,不爱珍器重宝肥饶之地,以致天下之士,合从缔交,相与为一。——《过秦论》

(2) 喜爱。

　　例:水陆草木之花,可爱者甚蕃。——《爱莲说》

2. 安

(1) 安逸，安乐。

例：上不能好其人，下不能隆礼，安特将学杂识志，顺诗书而已耳。——《劝学》

(2) 安宁，安定。

例：安民可与为义，而危民易与为非，此之谓也。——《过秦论》

(3) 怎么，哪里。

例：子非鱼，安知鱼之乐？——《庄子与惠子游于濠梁》

（二）古文赏析

陈太丘与友期行

[南北朝]刘义庆

陈太丘与友期行，期日中。过中不至，太丘舍去，去后乃至。元方时年七岁，门外戏。客问元方："尊君在不？"答曰："待君久不至，已去。"友人便怒曰："非人哉！与人期行，相委而去。"元方曰："君与家君期日中。日中不至，则是无信；对子骂父，则是无礼。"友人惭，下车引之，元方入门不顾。

译文 陈太丘和朋友相约同行，约定的时间在中午。过了中午朋友还没有到，陈太丘不再等候他而离开了，陈太丘离开后朋友才到。元方当时七岁，在门外玩耍。陈太丘的朋友问元方："你的父亲在吗？"元方回答道："我父亲等了您很久您却还没有到，已经离开了。"友人便生气地说道："真不是君子啊！和别人相约同行，却丢下别人先离开了。"元方说："您与我父亲约在正午，正午您没到，就是不讲信用；对着孩子骂父亲，就是没有礼貌。"朋友感到惭愧，下了车想去拉元方的手，元方头也不回地走进家门。

（三）文化常识——先秦文学

先秦文学，是中国古代文学发生、发展最早的阶段，包括秦代以前各个历史时期的文学，主体部分是成熟的周代书面文学，尤其是春秋战国时代的文学。这个时期，是由天下统一的分封到诸侯异政的分裂,再到中央集权的统一。文学作品的思想性和艺术性大部分也体现了华夏范围内由分裂而寻求统一的基本时代特征。这段时期产生了很多优秀作品,如标志着我国文学起点的《诗经》,体现战国时代百家争鸣的"诸子散文",寓言文学的鼻祖"先秦寓言",以及浪漫主义的杰作《楚辞》等,奠定了我国两千多年文学发展的坚实基础。

《诗经》是中国最早的一部诗歌总集,共收集了公元前 11 世纪到公元前 6 世纪的诗歌 311 篇,反映了大约 500 年间的社会面貌。《诗经》在内容上分为《风》《雅》《颂》三个部分。《风》是周代各地的歌谣;《雅》是周人的正声雅乐,又分为《大雅》《小雅》;《颂》是周王庭和贵族宗庙祭祀的乐歌,又分为《周颂》《鲁颂》《商颂》。《诗经》的内容丰富,反映了劳动与爱情、风俗与婚姻、压迫与反抗、祭祀与宴会等等,是周代社会的一面镜子。孔子曾教育弟子以《诗经》为立行的标准,至汉武帝时,被儒家奉为经典,成为《五经》之一。

(四) 教学小贴士

如何书写教案?

教案是教师为顺利而有效地开展教学活动,以课时或课题为单位,对教学内容、教学步骤、教学方法等环节进行具体设计和安排的一种实用性教学文书。一般来说,撰写教案应有以下几个方面:

教学目标	一般分为知识、能力、情感态度和价值观
教学要点	重点和难点
教具	在上课时要用到的教学工具
教学方法	针对本课所授内容,将用到哪些教学方法
教学步骤	可分详案和简案,详案要设想每句话怎么讲,简案只要写一下时间安排,以及每部分教师的活动和学生的活动
板书提纲	简案中可罗列一下在课上可能书写的板书内容,详案则要设计内容的书写顺序、书写位置等
教学反馈	这部分是课后教师要及时填写的部分,记录下课后反思的内容,总结经验并为日后的教学提供参考

撰写教案时一般遵循以下几个原则:

1. 科学性。教师要认真贯彻课标精神,按教材内在规律,结合学生实际来确定教学目标、重点、难点。设计教学过程时，要避免出现知识性错误。

2. 创新性。教材是死的，不能随意更改，但教法是活的，课怎么上全凭教师的智慧和才干。尽管备课时教师要去学习大量的参考材料，充分利用教学资源，吸取同行经验，但课还是要自己亲自去上，教案要自己来写。

3. 差异性。每位教师的知识、经验不同，教学对象的能力、个性千差万别，而教学工作又是一项创造性工作。因此写教案不能千篇一律，要发挥每一个老师的聪明才智和创造力，同时还要结合本地区的特点，因材施教。

4. 艺术性。所谓教案的艺术性就是构思巧妙，能让学生在课堂上不仅能学到知识，而且能欣赏艺术和体验快乐。

5. 可操作性。教师在写教案时，一定要从实际需要出发，充分思考，简繁得当，考虑教案的可行性和可操作性。

6. 变化性。由于教学对象的思维能力不同，对问题的理解程度不同，常常会提出不同的问题和看法，在这种情况下，教学进程常常有可能偏离教案预想的情况，因此教师不能死扣教案，抑制学生思维的积极性。教师要根据学生的实际改变原先的教学计划和方法，满腔热忱地启发学生的思维，针对疑点积极引导。为达到此目的，教师在备课时，应充分估计学生在学习时可能提出的问题，确定好重点、难点、疑点。

五、听力文本

（三）备课的"模拟讲授"环节

1. 听录音，回答以下问题

模拟讲授作为备课的重要环节，往往被人忽视。其实，教案写完了，只是纸上的内容，纸上谈兵不一定能取得良好效果。将教案转化成实际的教学活动需要实现两个飞跃，一是把纸上的文字变成形象，印在脑海里，形成意识。第二个飞跃是把意识变为行动，也就是按照教案的设想进行实际操作。有的教师写完教案，要看几遍，边看边想象课堂上如何操作，甚至还会对着镜子演示一番。如果发现纰漏，则及时修改补充教案，直到满意为止，这是值得提倡的。如果写完教案就搁置在一边，到了课堂上再临场发挥，教学效果可能就不会太理想。

第二章　现代诗歌（二）

一、教学基础识记

1. 读一读：拼音声调及教学技巧

（1）普通话的声调有四类，即阴平、阳平、上声、去声，也称作第一声、第二声、第三声、第四声，统称为"四声"。四声的读法是：一声平，二声扬，三声拐弯，四声降。

（2）在声调教学时，教师可以配合手势采用以下口诀：

一声平平左到右，二声就像上山坡。三声下坡又上坡，四声就像下山坡。

（3）汉语拼音有一定的标调规则，在教学时，可以采用儿歌教学法：

标　调　歌

一个音节一个调，声调符号像顶帽。声调符号标在哪？只在韵母头上标。

看见ɑ母ɑ上标，不见ɑ母找o e。i u并列标在后，轻声上面不标调。

还有一点别忘记，i母标调点去掉。

2. 辨一辨：辨析以下五组词语

（1）

嘲笑	释义	"嘲笑"指把对方的缺点错误加以夸大，引为笑谈，使人难堪。
	例句	我们不能嘲笑残疾人，应该尊重他们。
耻笑	释义	"耻笑"含有鄙视、不屑一顾的意味，语义比"嘲笑"重。
	例句	改革开放后的农村，传宗接代的思想已被人耻笑。

（2）

铲除	释义	"铲除"的对象除抽象事物如思想、意识外，还可指具体事物。
	例句	人民警察铲除了这帮坏人，真是大快人心。
根除	释义	"根除"比"铲除"程度重，对象多是抽象的、有害的事物。
	例句	某些老旧思想根深蒂固，不是轻易就能根除的。

(3)

办法	释义	"办法"侧重表示处理或解决一般问题所采用的方法,口语色彩较浓,可用于小事,也可用于大事。
	例句	不管遇到什么情况,他总是能想出办法。
方法	释义	"方法"侧重表示为完成某种任务所采取的措施办法。
	例句	这里有组装玩具的方法。

(4)

机灵	释义	"机灵"除了智力发达以外,还含有动作灵活,应变能力强的意思。
	例句	他很机灵,不论遇到哪种状况,都能随机应变,妥善处理。
聪明	释义	"聪明"则专指智力发达。
	例句	这个孩子的记忆力和理解能力都非常强,聪明极了。

(5)

参加	释义	"参加"侧重加入到组织或活动中去。"参加"的可以是某种组织、集团,也可以是某些集体活动。
	例句	今天参加活动的人都非常开心。
参与	释义	"参与"侧重参加并一起活动。"参与"的只是某些集体活动。
	例句	只是个娱乐性的比赛,咱们重在参与。

3. 记一记：识记以下成语并造句

目不暇接	释义	形容东西太多,眼睛看不过来。也说目不暇给(jǐ)。
	例句	春节期间,文艺节目多得令人目不暇接。
窃窃私语	释义	私下里小声交谈。
	例句	两个人躲在角落里窃窃私语。
一望无际	释义	一眼看不到边,形容辽阔。
	例句	这里是一望无际的大草原。
不折不扣	释义	不打折扣,表示完全、十足、彻底。
	例句	这次会议的内容需要大家不折不扣地贯彻执行。
了如指掌	释义	形容对情况非常清楚,像指着自己的手掌给别人看。
	例句	他对这一带的地形了如指掌。

4. 背一背：背诵以下课文

年级	课号	课文标题
一年级（上）	识字 6	《画》
一年级（上）	识字 7	《大小多少》
一年级（上）	识字 10	《升国旗》
一年级（上）	课文 6	《比尾巴》
一年级（上）	课文 12	《雪地里的小画家》
一年级（下）	识字 1	《春夏秋冬》

二、教学语言表达

本章将要学习到的内容涉及以下课文：

年级	课号	课文标题
二年级（上）	3	《植物妈妈有办法》
二年级（下）	5	《雷锋叔叔，你在哪里》
二年级（下）	17	《要是你在野外迷了路》
三年级（下） 四年级（下）	18/10	《童年的水墨画》 《绿》
六年级（上）	5	《七律·长征》

（一）创设情境，激发兴趣

——《植物妈妈有办法》

艾老师：阿老师，《植物妈妈有办法》这课，我们可以用哪些方法引导学生自主探究呢？

阿老师：这篇课文是一首讲述植物传播种子的诗歌，重点是让学生从植物妈妈的办法中，感受到大自然的奇妙,激发学生志在四方、独立生活的志向。我觉得可以通过创设情境的方法,来引导学生自主探究,激发学习兴趣。

艾老师:您快具体说说怎样操作,我向您学习学习。

阿老师:在讲解课文前,我设计了这样的情境"想一想,如果你们长大了,将会去哪儿,会从事什么工作,你的愿望是什么?"大家听完问题,都兴致勃勃地讨论起来,有的说想当一名医生,有的说想离开家乡去外地闯荡,还有的说想环游世界,学生们对自己的未来都充满了期盼。接着,我提出了这样的问题"那植物长大了,将会怎样呢?"顺利地引出了课文内容。

宋主任:这样设置情境,既联系了学生的生活实际,又点明了课文的主旨,学生一定很感兴趣,教学效果很好吧?

阿老师:是的,整堂课学生们都听得津津有味。

1. 听录音,根据提示说一说怎样运用重音表达情感,并跟着录音朗诵这首诗歌

感　谢

汪国真

让我怎样感谢你
当我走向你的时候
我原想收获一缕春风
你却给了我整个春天

让我怎样感谢你
当我走向你的时候
我原想捧起一簇浪花
你却给了我整个海洋

让我怎样感谢你
当我走向你的时候
我原想撷取一枚红叶

你却给了我整个枫林

提示　　重音是指朗诵、说话时句子里某些词语念得比较重的现象。一般用增加声音的强度来体现。重音有语法重音和强调重音两种。

语法重音是指在不表示什么特殊的思想和感情的情况下,根据语法结构的特点,重读句子的某些部分。语法重音的位置比较固定,常见的规律是:

一般短句子里的谓语部分常重读;

动词或形容词前的状语常重读;

动词后面由形容词、动词及部分词组充当的补语常重读;

名词前的定语常重读;

有些代词也常重读。

如果一句话里成分较多,重读也就不止一处,往往优先重读定语、状语、补语等连带成分。值得注意的是,语法重音的强度并不十分强,只是同语句的其他部分相比较,读得比较重一些。

强调重音指的是为了表示某种特殊的感情和强调某种特殊意义而故意说得重一些的音,目的在于引起听者注意自己所要强调的某个部分。语句在什么地方该用强调重音并没有固定规律,而是受说话环境、内容和感情支配的。同一句话,强调重音不同,表达的意思也往往不同,例如:

问“谁去过上海?”,回答“我去过上海。”,重音在“我”。

问“你去没去过上海?”,回答“我去过上海。”,重音在“去”。

问“北京、上海等地,你去过哪儿?”,回答“我去过上海。”,重音在“上海”。

因而,在朗诵时,首先要认真钻研作品,正确理解作者意图,才能较快较准地找到强调重音之所在。

2. 运用以下句型,说说讲解本章其他课文时,怎样设置情境

句型　　这篇课文是一首……的诗歌,重点是让学生……,激发……。我觉得可以通过创设……的情境,来引导学生……。

（二）设置疑问，引导探究

——《雷锋叔叔，你在哪里》

老师：同学们，今天我们来学习第五课《雷锋叔叔，你在哪里》，你们知道雷锋叔叔吗？

生1：老师，我知道雷锋叔叔是一名解放军，只活了22岁，他为人民做了很多好事儿。

老师：很好，那么大家都知道雷锋叔叔的哪些先进事迹呢？雷锋叔叔身上有哪些精神值得我们学习？请大家带着这些问题，跟我读课文。

……

老师：你们在课文中学到了什么？谁可以用自己的话说一说？

生2：雷锋叔叔抱着迷路的孩子，冒着蒙蒙细雨将他送回家。

生3：雷锋叔叔背着年迈的大娘，踏着路上的荆棘，将大娘送到家。

生1：老师，除了课文里讲的，我还知道雷锋叔叔自己不舍得吃苹果，将连队所发的苹果全部送给生病战友的故事。

老师：大家说得非常好，从这些事迹中，你们得到了哪些启发？

生2：我觉得雷锋叔叔是个乐于助人，关爱他人的人。

生3：雷锋叔叔是一个大公无私、舍己为人、乐于奉献的人，我应该向他学习。

老师：非常好，看来大家带着疑问读课文，收获不小啊！

1. 请解释下列成语的意思，并用成语改写下面的句子

（1）乐于助人

小明不但学习好，当别人遇到困难时，还愿意帮助他们。

_____

（2）大公无私

为了改善家乡环境，退休后的杨善洲决定回乡种树，他真是完全为人民群众利益着想的好干部。

_____

（3）舍己为人

雷锋叔叔经常舍弃自己的利益去帮助别人，他的精神值得我们学习。

_____

（4）兴致勃勃

看完电影以后，大家都很有兴趣地讨论自己的观后感。

_____

（5）津津有味

小红讲故事讲得很生动，同学们都很喜欢听。

_____

2. 仿照课文，运用关键词，编一段对话，突出设置疑问，引导探究

《植物妈妈有办法》	蒲公英　苍耳　豌豆　传播　探索　观察
《童年的水墨画》	童趣　记忆　打动　感悟　趣事　心灵
《七律·长征》	理解　红军　精神　赏析　历史　情境
《要是你在野外迷了路》	大自然　野外　蕴含　天然　向导　忠实

（三）小组合作，探究新知

——《童年的水墨画》《绿》

诗老师：金老师，听说你们班最近正在开展小组合作学习模式，学生的学习积极性都很高，您给我们分享一下经验吧。

金老师：好的。小组合作学习模式也是培养学生自主探究精神的一种有效手段。学生们通过合作交流，可以掌握自主学习的方法。

诗老师：我也在课上组织过小组活动，但是效果不太理想，您是怎么组织的？

金老师：在进行小组活动时，我会先定下学习目标，让大家带着目标合作学习。比如我今天上的《童年的水墨画》这课，我设置了三个目标，一是"我会读"，小组合作朗读，力求每个人都读准字音。二是"我会问"，在学习小组里提出不理解的地方，让小伙伴共同交流解决。三是"我会讲"，把自己的读后感说给小伙伴听。通过实现这三个目标，让学生在朗读、理解和感悟能力上有所提高。

诗老师：《童年的水墨画》这首诗里像"染、溅、爽"这些生字确实挺难的，孩子们读起来有困

难,您的方法挺好,组内成员互相帮助,纠正读音,共同提高朗读水平。我正在教《绿》这首诗歌,我觉得可以组织一个朗诵表演比赛,让小组的成员发挥自己的特长,互相取长补短,通过比赛共同进步。

金老师:嗯,这个活动很有意义。不过,注意在小组活动时,我们一定要给学生足够的时间进行交流讨论,不能流于形式,否则会起到反作用。

1. 听录音,回答以下问题

(1) 在组织小组合作学习时,教师给学生提出了哪些目标?

(2) 组织小组合作学习的作用是什么?

(3) 选择小组合作学习的内容时应该注意什么?

(4) 在组织小组合作学习时,教师起到怎样的引导作用?

2. 请使用关键词,说一说在讲授以下课文时,怎样组织小组活动

《植物妈妈有办法》	韵律　植物　传播　自然　热爱　旅行
《雷锋叔叔,你在哪里》	弘扬　精神　事迹　助人为乐　寻找
《七律·长征》	历史　背景　气概　乐观　意思　理解
《要是你在野外迷了路》	指南针　辨别　汇报　经验　探究　方向

(四) 培养自主学习的习惯

——《七律·长征》

培养学生良好的学习习惯是教学成功的一半,教师在教学过程中,应该有意识地培养学生的学习习惯。学生养成了良好的习惯,就会主动地去获取知识,这将使他受益终身。

在教《七律·长征》时,我要求学生在预习时,边读诗句边画出不会读或不懂的字词,然后想办法解决问题,如查字典、问同学、问老师等。其次,让学生把"万水千山只等闲""乌蒙磅礴走泥丸"等难懂的句子写在本子上,他们可以独立思考,体会句意,也可以请教其他同学。另外,鼓励学生合作学习,我把班上的同学分成几个学习小组,然后让他们讨论"这首诗体现了红军的哪些

精神？找出体现这些精神的句子"。学生交流后，每组选出一个代表进行汇报。

这样的教学方法，不但可以促使学生提出一些有价值的问题，充分调动他们的积极性，还可以增强他们的团队协作精神，久而久之，他们自主解决问题的能力就提高了。值得注意的是，形成良好的学习习惯并非一朝一夕的事情，需要教师和学生长期不懈的努力。

1. **根据你对上文的理解，按要求将上文改写成对话体**

要求　（1）说出三种培养学生自主学习习惯的方法。
　　　　（2）选取语文课本中的一篇现代诗歌作为例子，详细说明。
　　　　（3）点明培养学生自主学习习惯的重要性。

2. **运用以下成语，结合本章其他课，说说怎样培养学生自主学习的习惯**

成语　受益终身　久而久之　一朝一夕　不懈努力　兴致勃勃　津津有味

（五）激励评价，鼓励探究

——《要是你在野外迷了路》

宋主任：艾老师，这节公开课你上得不错，学生的学习积极性也很高。从最近的阶段测试看，你们班语文成绩进步很大，你是怎么做到的？

艾老师：我觉得在语文课上，正面的激励评价，对学生来说有很大的作用，也是引导学生进行自我探究学习的重要手段。

宋主任：没错，教师给予学生充分的肯定，可以使学生在心理上获得自信，激发他们学习的兴趣。

艾老师：在进行激励性评价时，我会根据学生的学习能力，采用不同的激励策略。比如在讲《要是你在野外迷了路》这首诗歌时，问学生"大自然中有哪些天然的指南针？"基础好的学生，不但能够从课文中找到答案，还可以自己想出一些辨别方向的办法。这时我会说"你答得很精彩，有见地，大家要多向他学习"。而对于回答不出问题的学生，也不能一味批评，因为这样会打击孩子的自尊心，还是应该以鼓励和引导为主，教会他们思考问题，找到解答问题的方法，帮助他们建立自信心。

宋主任：你说得很好。其实，对学习能力差的学生来说，激励性评价更为重要。老师不是简单地对知识进行"对"与"错"的判断，而是根据学生的心理特点，激发学生的学习欲望，保护学生求知的热情，给学生创造成功的机会。

1. 请根据现代诗歌的特点，任选角度，编写一首小诗，作为学生课后阅读材料，语言要求欢快，韵律感强，突出童趣，富有一定哲理性

_____

_____

_____

_____

2. 运用所给句型，说一说在教本章其他课文时，怎样进行激励性评价

句型　在进行激励性评价时，我会根据……，采用……策略。

比如在讲……的时候，我会问……，对回答很好的学生，我会……。

对学习能力差的学生，不能……，因为……，应该……。

词汇表（1）

序号	生词	释　　义
1	兴致勃勃	形容兴趣浓厚
2	闯荡	离家在外谋生或经受锻炼
3	津津有味	吃得很有味道或谈得很有兴趣
4	荆棘	山野丛生的带刺的小灌木。例：人生的道路上充满荆棘，只有克服这些困难才能成功。
5	乐于助人	很乐意主动帮助有需要的人们
6	大公无私	完全为人民群众的利益着想；处理公正，不偏袒任何一方
7	舍己为人	为了他人而牺牲自己的利益
8	取长补短	吸取长处来弥补短处
9	流于形式	只注重过程而不在乎结果或效果
10	受益终身	某件事情对一个人的一生都有好处
11	久而久之	经过了相当长的时间

续　表

序号	生词	释　　义
12	一朝一夕	形容非常短的时间
13	不懈	不松懈。例：经过不懈的努力，姚明成了一名出色的篮球运动员。
14	策略	善于灵活运用适合当时情况的行动方针和斗争方法
15	一味	单纯地；一个劲儿地

三、教学篇章阅读

《语文课程标准》指出："语文课程必须根据学生身心发展和语文学习的特点，关注学生的个体差异和不同的学习需求，保护学生的好奇心、求知欲，充分激发学生的主动意识和进取精神，倡导自主、合作、探究的学习方式。"不同于传统课堂常出现的"满堂灌"的教学模式，自主探究学习是"以教师为主导，以学生为主体"，学生在课堂上必须认真思考，积极发言，和老师共同完成教学任务。这种全新的学习方式，是对学生创造性思维能力、创造性阅读能力和个性阅读能力的培养和发展。明代学者顾炎武说过："独学无友，则孤陋而难成；久处一方，则习染而不自觉。"* 这直接点明了合作学习的意义。如何在语文课堂中实施探究式学习呢？

一是提倡合作意识。《语文课程标准》中倡导合作学习，其实合作不仅是一种学习方式，也是现代素养的一种表现，善于合作更是人文精神的重要组成部分。课堂中的合作学习主要是依据学生各方面的差异将学生分成不同小组，鼓励同学间互相帮助、互相支持，通过提高个人学习效果及分享自己的智慧结晶，达成团体的目标，培养学生建立健全的人格。

二是关注个性发展，尊重学生个体。合作学习并非抹杀学生的个性，相反，它是要发挥学生各自的长处，同时也让学生体会到自己的与众不同，从而挖掘学生的潜能。探究式学习就是把探究精神、学习快乐还给学生，鼓励学生自主学习，发现学习带来的快乐。

总之，创建让学生主动学习的课堂教学，有利于弥补教师不能面向全体学生进行教学的不足，对全面提高教育教学质量，培养出具有创新意识、创新精神和创新能力的一代具有重要意义。

* "独学无友，则孤陋而难成；久处一方，则习染而不自觉。"意思为孤独地学习，而不和朋友互相交流，就必然学识浅薄难以成功；长久地住在一个地方，就会不知不觉地沾染上那个地方的某种习气。

根据课文,联系实际,回答以下问题

1. 自主探究式学习与传统教学有什么区别?

2. 发挥学生的主体地位有哪些好处?

3. 举例说明,应该如何激发学生的探究精神?

4. 你开展过小组学习活动吗? 选一个事例向大家介绍。

5. 你会在以后的教学中如何做出改进?

词汇表(2)

序号	词语	释　义
1	满堂灌	上课完全由教师讲授的一种教学方式
2	孤陋	见识浅陋,见闻不广。例:我真是孤陋寡闻,连这么有名的人都不认识。
3	抹杀	一概不计;完全勾销
4	弥补	把不够的部分填足

四、教学知识链接

（一）文言文拓展

1. 被

(1) (pī)披在身上或穿在身上。

例:同舍生皆被绮绣,戴朱缨宝饰之帽,腰白玉之环,左佩刀,右备容臭,烨然若神人。——《送东阳马生序》

(2) (bèi)表示被动。

例:新妇初来时,小姑始扶床,今日被驱遣,小姑如我长。——《孔雀东南飞》

2. 兵

(1) 兵器,武器。

例:良将劲弩守要害之处,信臣精卒陈利兵而谁何。——《过秦论》

（2）兵士。

例：沛公兵十万,在霸上。——《鸿门宴》

（3）军队。

例：秦将王翦破赵,虏赵王,尽收其地,进兵北略地,至燕南界。——《荆轲刺秦王》

（二）古文赏析

《论语》十二章

［春秋］孔子弟子及其再传弟子

子曰："学而时习之,不亦说乎? 有朋自远方来,不亦乐乎? 人不知而不愠,不亦君子乎?"

曾子曰："吾日三省吾身:为人谋而不忠乎? 与朋友交而不信乎? 传不习乎?"

子曰："吾十有五而志于学,三十而立,四十而不惑,五十而知天命,六十而耳顺,七十而从心所欲,不逾矩。"

子曰："温故而知新,可以为师矣。"

子曰："学而不思则罔,思而不学则殆。"

子曰："贤哉,回也! 一箪食,一瓢饮,在陋巷,人不堪其忧,回也不改其乐。贤哉,回也!"

子曰："知之者不如好之者,好之者不如乐之者。"

子曰："饭疏食,饮水,曲肱而枕之,乐亦在其中矣。不义而富且贵,于我如浮云。"

子曰："三人行,必有我师焉。择其善者而从之,其不善者而改之。"

子在川上曰："逝者如斯夫,不舍昼夜。"

子曰："三军可夺帅也,匹夫不可夺志也。"

子夏曰："博学而笃志,切问而近思,仁在其中矣。"

译文　　孔子说："学习了,然后按时温习,不也很愉快吗? 有志同道合的人从远方来,不也很快乐吗? 人家不了解我,并不因此恼怒,不也是君子吗?"

　　曾子说："我每天多次地反省自己:替别人办事是不是尽心尽力呢? 跟朋友交往是不是真诚呢? 老师传授的知识是否复习过了呢?"

　　孔子说："我十五岁时,有志于做学问;三十岁时有所成就,说话办事都有把握;

四十岁，心里不再感到迷惑；五十岁知道天命是什么；六十岁能吸取各种见解而加以容纳；七十岁我就可以随心所欲，但也不会越出规矩。"

孔子说："在温习旧知识时，能有新体会、新发现，就可以做老师了。"

孔子说："只是读书却不认真思考，就会迷惑；只空想却不读书，就会疑惑。"

孔子说："颜回的品质多么高尚啊！一竹筐饭，一瓢水，住在简陋的巷子里，别人都不能忍受那种困苦，颜回却不改变他自有的快乐。多么高尚啊，颜回！"

孔子说："懂得某种学问的人不如喜爱它的人，喜爱它的人不如把研究这种学问作为快乐的人。"

孔子说："吃粗粮，喝冷水，弯着胳膊当枕头，乐趣也就在其中了。用不正当的手段得来的富贵，对于我来讲就像是天上的浮云一样。"

孔子说："几个人一起走路，其中必定有可以做我老师的人。选取他们的优点而学习，如果也有他们的缺点就加以改正。"

孔子在河边感叹道："时光像流水一样消逝，日夜不停。"

孔子说："一国军队，可以改变其主帅；一个人的志向却是不能改变的。"

子夏说："广泛学习且能坚定自己的志向，恳切地发问，思考当前的事，仁就在其中了。"

（三）文化常识——两汉文学

西汉与东汉都是刘姓皇帝建立的王朝，有 400 年的历史。但由于中间有一个王莽的"新朝"，虽然只延续了 15 年，但把汉朝分为了西汉与东汉两个阶段。两汉主要的文学成就：汉赋、散文、诗歌。散文以历史散文和政论散文最为突出。司马迁的《史记》以人物为中心来反映历史，创立了"纪传体"史书的新样式，开辟了传记文学的新纪元，是汉代最辉煌的成就，东汉班固的《汉书》与之齐名。汉赋是在汉朝出现的一种讲究韵律的散文，特点是"散韵"结合，叙事为主，有"体物写志"的特点。汉赋大致可以分为五类：渲染宫殿城市、描写帝王游猎、叙述旅行经历、抒发不遇之情、杂谈走兽鸟木。赋是汉代最流行的文体，受到多数文人的追捧，因而盛极一时。两汉诗歌以"乐府诗"和"五言诗"成就最为显著，是《诗经》《楚辞》之后的又一种新诗体。著名的《孔雀东南飞》是中国文学史上第一部长篇叙事诗，也是乐府诗发展史上的高峰之作。

（四）教学小贴士

巧妙设"疑"激发学生的学习兴趣

古人云：学贵有疑，小疑则小进，大疑则大进。"疑"最容易引发人的探究反射，它不仅能激发学生强烈的求知欲望和浓厚的学习兴趣，还有助于点燃学生创新思维的火花。语文教学中合适的设疑是引发学生走进文本，提升语文学习兴趣，提高语文素养的必备因素。在语文教学中该如何设疑呢？从学生的角度入手，很多教师分析材料都是从自己认为重点难点的角度切入或者专注于书本上的知识点，这样的课枯燥无味，学生自然不爱听。由于学生的认知能力有限，他们对自己不熟悉的东西都会特别关注，因此教师要从学生的角度读材料，抓住学生可能好奇的地方，从此处作为入口，一步步把学生引入学习的殿堂。另外，还可以由故事结果引发文本细读。语文教材中很多文本的故事情节性都很强，教师备课时可以让学生猜测故事结果或者由结果追溯到情节，提升学生分析文本的能力。语文课的好处就是可以通过不同类型的文本让学生领略大千世界，因此语文课不应该是枯燥和死板的。世界越大，疑问越多，牢牢抓住学生的兴趣点就可以在语文课堂中游刃有余。

五、听力文本

（三）小组合作，探究新知

1. 听录音，回答以下问题

教师作为引导者，应指导学生主动参与小组合作。要想充分调动学生的学习欲望，发挥其学习主动性，我觉得小组合作学习值得提倡。如何使教学不流于形式，首先我会先给学习小组确定一个明确的目标。在教学时，我会提出这样的学习目标：（1）我会读：大声朗读课文，读准字音，可自由读，也可小组合作读；（2）我会问：在学习小组里提出不理解的地方，和小组伙伴共同交流解决；（3）我会讲：把你的读后感说给小组伙伴听。长此以往，学生在以后的小组学习中就会自觉地给自己提出学习要求。这培养了学生自主学习的能力，提高了学生的学习能力，学习的兴趣就会更加浓厚了。

另外小组学习的内容可以选择。语文教学中，如能让学生们自主选择自己喜欢的段落学习，然后在小组内交流,那学生的学习兴趣定会大大提高。而教师只是在小组合作过程中参与其中起到引导的作用。教师提出一个问题后,如果不给足时间让学生在小组内充分地讨论交流,就不可能产生创造性思维与真情流露,教师草草收场,势必起到反作用,长此以往,学生自主学习的能力也得不到提高。对于小组学习的结果,教师要及时给予评价。评价可多方面,教师对学生学习的反馈评价,学生与学生之间的评价,小组与小组之间的评价都要有详细的分析。我认为作为教师只要精心付出,学生定会还你一个惊喜。

第三章　古诗文（一）

一、教学基础识记

1. 读一读：音节拼写规则

- j q x 和 ü üe ün üan 相拼时，ü 上两点要省略，如：jū(居)、què(确)、qún(群)、xuǎn(选)；

- ü üe ün üan 前面没有声母的时候，加上隔音字母"y"，ü 上两点省略，如：yū(迂)、yuē(约)、yuān(冤)、yūn(晕)；

- 韵母"i"上需加声调时，"i"上面的一点要省略不写，如：lì(丽)、nín(您)；

- iou uei uen 前面加声母的时候，写成 iu ui un，并需牢记"i、u 并列，声调标在后面的元音上"，如：niú(牛)、guī(归)、lún(轮)；

- i ɑ e ao ou an in ang ing ong 前面没有声母的时候，加上隔音字母"y"，写成 yī(衣)、yǎ(雅)、yé(爷)、yāo(腰)、yōu(忧)、yān(烟)、yīn(因)、yāng(央)、yīng(英)、yōng(雍)；

- u uɑ uo uɑi uei uɑn uen uɑng ueng 前面没有声母的时候，写成 wū(乌)、wā(蛙)、wō(窝)、wāi(歪)、wēi(威)、wān(弯)、wēn(温)、wāng(汪)、wēng(翁)。

2. 辨一辨：辨析以下五组词语

(1)

所有	释义	"所有"指一定范围内所领有的、所存在的一切。也指一定时间或空间里的一切或指人的一切，可以形容各种事物，还指占有、领属财物，有动词用法。
	例句	**全部财产归他所有。**
一切	释义	"一切"指全部，修饰可分类的事物；还指全部的事物，有名词用法。
	例句	**这里的一切都是你的。**

(2)	认为	释义	"认为"比较郑重,指对某事物经过分析后做出慎重或正面的判断,对象可以是重大事物,也可以是一般事物。
		例句	我认为这件事不该这么办。
	以为	释义	"以为"指做出一般的推断或猜想,对象多是一般事物。
		例句	你以为躲着就能解决问题了吗?

(3)	几乎	释义	"几乎"表示相差很微小,将近于、接近于。
		例句	要不是你提醒,这件事我几乎就忘了。
	简直	释义	"简直"强调语气比"几乎"强,带有夸张的意味,强调相差极微小或几乎相同,非常接近。
		例句	要找到那串丢失的项链,简直是海底捞针。

(4)	大概	释义	"大概"侧重表示不十分精确或不十分详尽。
		例句	情况我已经大概了解了。
	大约	释义	"大约"侧重表示估计的数目不十分精确。
		例句	广场上大约有两千多人。

(5)	感动	释义	"感动"侧重指思想感情受外界的人或事物的影响引起同情或崇敬。
		例句	听了他的故事,我深受感动。
	激动	释义	"激动"侧重指感情被激发起来,引起内心强烈的波动,心潮翻滚,不能平静,语义较"感动"更强烈。
		例句	听了他的故事,我激动的心情久久不能平复。

3. 记一记：识记以下成语并造句

万马奔腾	释义	形容声势浩大、场面热烈。
	例句	祖国的各项事业犹如万马奔腾,迅猛发展。
专心致志	释义	一心一意;集中精神。
	例句	要创造条件让科学家专心致志地做研究工作。

续　表

从容不迫	释义	形容非常镇静、不慌不忙的样子。
	例句	今天是他第一次讲课，只见他面带笑容，从容不迫地走上了讲台。
惟妙惟肖	释义	形容描写或模仿得非常好，非常逼真。
	例句	这幅画把儿童活泼有趣的神态画得惟妙惟肖。
开门见山	释义	比喻说话、写文章直截了当。
	例句	这篇文章我很喜欢，因为它开门见山。

4. 背一背：背诵以下课文

年级	课号	课文标题
一年级(下)	2	《姓氏歌》
一年级(下)	8	《静夜思》
一年级(下)	6	《古对今》
一年级(下)	8	《人之初》
一年级(下)	12	《古诗二首》-《池上》《小池》
一年级(下)	13	《荷叶圆圆》

二、教学语言表达

本节将要学习到的内容主要涉及以下课文：

年级	课号	课文标题
一年级(下)	8	《静夜思》
一年级(下)	12	《古诗二首》-《池上》《小池》
二年级(上)	8	《古诗二首》-《登鹳雀楼》《望庐山瀑布》
二年级(上)	18	《古诗二首》-《夜宿山寺》《敕勒歌》
二年级(下)	1	《古诗二首》-《村居》《咏柳》

（一）联系生活实际，创设教学环境

——《静夜思》

宋主任：相信大家已经意识到了，上语文课不能只谈课文不联系生活，不然学生对于课文的理解就会与自己的生活体验脱节，就没办法用学到的语文知识来描述自己的生活，表达自己的想法。怎么才能把这两者联系起来呢？咱们一起讨论一下。

阿老师：我认为要把课文与学生的生活联系起来需要一个有趣而生动的教学环境，这个环境应该围绕作者、学生与教师来创设，让这三种角色在良好的课堂互动中达到以课文内容为核心的情感交流。

宋主任：阿老师，你来具体说一说。

阿老师：以《静夜思》这课为例，老师应该先让学生用自己的话讲一讲家乡的美，然后跟学生分享自己在异乡求学时对家乡的思念之情，使没有异乡生活经历的学生也能在情感上产生共鸣，在这样的互动环境中再与学生通过朗诵的方式一起细细体会这首诗的作者李白是如何用他的语言来诉说对家乡的思念的。这样老师引导学生与作者产生情感交流，在理解作者情感的基础上，欣赏这首诗的语言美，并在这首诗的语境中掌握"思""光""低"和"故乡"这些生词，力求整个过程一气呵成。经历这一过程后，学生能够有感情地朗读继而背诵这首诗。

宋主任：不错，你的观点体现了在创设教学环境时注重结合学生的生活体验，通过引导学生与作者在情感上产生共鸣的方式来增进他们欣赏和学习的能力，这样的教学环境有利于提高学生学习的效率。

1. 听录音，根据提示说一说怎样运用句调表达情感，并跟着录音朗诵这首诗

龟 虽 寿

曹 操

神龟虽寿，犹有竟时；

腾蛇乘雾，终为土灰。

老骥伏枥，志在千里；

烈士暮年,壮心不已。

盈缩之期,不但在天;

养怡之福,可得永年。

幸甚至哉,歌以咏志。

提 示　在汉语中,字有字调,句有句调。我们通常称字调为声调,是指音节的高低升降。而句调我们则称为语调,是指语句的高低升降。句调是贯穿整个句干的,只是在句末音节上表现得特别明显。句调根据表示的语气和感情态度的不同,可分为四种:升调、降调、平调、曲调。

(1)升调,前低后高,语势上升。一般用来表示疑问、反问、惊异等语气。

(2)降调,前高后低,语势渐降。一般用于陈述句、感叹句、祈使句,表示肯定、坚决、赞美、祝福等感情。

(3)平调,这种调子语势平稳舒缓,没有明显的升降变化,用于不带特殊感情的陈述和说明,还可表示庄严、悲痛、冷淡等感情。

(4)曲调,全句语调弯曲,或先升后降,或先降后升,往往把句中需要突出的词语拖长调念,这种句调常用来表示讽刺、厌恶、反语、意在言外等语气。

除了以上这些基本表达手段外,要使朗诵有声有色,还得借助一些特殊的表达手段,例如:笑语、颤音、泣诉、重音轻读等。

2. 运用以下句型,说说讲解本章其他课文时,怎样创设教学环境

以……为例,应该(先)让学生……,(然后)与学生分享……,(再)引导学生……。在这样的……中与学生一起有感情地……继而……。

(二)联系生活实际,促进知识内化

——《池上》《小池》

诗老师:各位老师,我们语文课本中的古诗写得这么美,怎么才能让学生也学会写这么美的句子呢? 我想了很久也没有什么好办法。

金老师:这对于小学生来说确实不太容易,我们应该一步一步来,先让学生真正明白古诗的句子美在哪儿,然后他们才能学习和模仿。拿《池上》和《小池》这两首诗来说,先确定这两首诗中要让学生重点掌握的关键词句,像"撑、采、踪迹"等几个关键词以及《小池》中"小荷才露尖尖角,早有蜻蜓立上头"极具画面美感。然后通过图文对照的方式将古诗与我们的生活实际联系起来,加深学生对诗中意境的理解。这两首诗虽然篇幅不长,但每首诗的景物形象都写得惟妙惟肖。我们不妨多找一些与诗中所描绘的景物相对应的照片,让学生观察这些照片中的池塘、荷花、泉水、蜻蜓等,一边看着照片,一边吟诵相关的诗句来感受这些景物的美,把诗句与照片中的景物联系起来。

诗老师:您的话对我非常有启发。我觉得语言知识的内化是一个"感染熏陶,潜移默化"的无意识过程。学生每学一首诗都能积累一点,这样日积月累,他们必会有所收获了。

1. 作为课文的古诗,需要学生理解到什么程度? 是对古诗的意思能大致了解还是要逐字逐句地理解? 请在认真思考后陈述自己的观点

2. 仿照课文,运用关键词,以联系生活,促进知识内化为核心,编一段对话

《荷叶圆圆》	停机坪　摇篮　透明　躺　展开
《要下雨了》	阴沉沉　潮湿　闷得很
《夜色》	胆子　勇敢　偏要　散步　微笑
《端午粽》	箬竹叶　糯米　掀开　剥开　裹着　美滋滋

（三）合理布置,运用教室环境

——《登鹳雀楼》《望庐山瀑布》

艾老师:阿老师,我最近一直在琢磨怎样帮助学生理解古诗,毕竟这些诗词距离我们现在时间太久远了,学生年纪又小,对很多词句、意象理解起来都有困难。您有什么好办法吗?

阿老师:你可以试试通过合理地布置和利用教室环境来帮助学生理解这些诗文,这方面你有什么设想吗?

艾老师:我现在想到的是利用多媒体设备帮助学生体会诗中的意境,以《登鹳雀楼》和《望庐

山瀑布》两首诗为例,学生如果只看课本上的图片很难理解黄河的奔流与瀑布挂川的震撼。我想找一些相关的短视频,用投影和音响设备在教室中播放,这样能带给学生身临其境的感受。

阿老师:这个设想不错,除此以外,古诗还非常讲究意境的层次,与之相似的是国画,所谓"诗画本一体"说的就是这个意思,有很多诗人自己就是画家。所以针对这两首诗的意象,我们可以在教室里挂几幅传统山水画。在讲这两首古诗的同时,也让学生欣赏一下这些山水画。通过这些画作帮助学生在头脑中建构诗中的山河、高楼、瀑布等意象。不仅如此,如果能找到合适的画,还能帮助学生理解意境在层次上的递进等等。

艾老师:您说得太好了,古人在作画时的艺术追求确实跟古诗有很多相近之处,欣赏古画之后再读诗,比让学生通过读诗去想象那些画面效果要好得多。

1. 听录音,回答以下问题

(1)本文介绍了哪些布置教室环境的方法?

(2)在上课时怎样利用提前布置的教室环境?

(3)教室环境的布置与利用对课堂教学能起到哪些作用?

2. 请使用以下词语,说一说在讲授以下课文前,你准备怎样布置课堂环境

《黄山奇石》	猴子观海　仙人指路　陡峭的山峰　翻滚的云海
《日月潭》	群山环绕　树木茂盛　名胜古迹　隐隐约约
《葡萄沟》	葡萄　枝叶茂盛　五光十色　热情好客

(四)创设愉悦和谐的课堂环境

——《夜宿山寺》《敕勒歌》

语文课要上得生动有趣,教师就得充分调动学生的积极性,特别是在学习古诗这样的文学作品时,学生要充分地发挥想象力才能理解这些诗中的词句和意境。这就要求语文课要在一种愉

悦和谐的课堂环境中进行,那么究竟如何创设这样的课堂环境呢?

以《敕勒歌》这首古诗的课堂教学为例,这首诗描绘了阴山脚下水草丰盛、牛羊肥壮的草原风景,动静相宜且语言比较直白,这样浓郁的草原气息十分贴近学生的生活。教师不妨先以此入手,让学生有感情地朗诵"天苍苍,野茫茫,风吹草低见牛羊"。然后可以用多媒体设备播放一些有草原特色的音乐,并让学生想象自己躺在草地上仰望天空,这样就能明白"天似穹庐,笼盖四野"的比喻。同时让他们进一步发挥想象,用自己的话来描述想象的画面,让每一位学生都参与进来,这样就能充分调动课堂气氛。

古诗与学生的生活有距离感,学古诗不能只让学生背诵,更要让他们通过参与诗人的想象来理解诗中的意境。师生全员参与想象往往能极大地调动课堂气氛,从而让学生在这样有趣、愉悦、和谐的课堂环境中吸收知识。

1. 根据上文回答问题

(1) 怎样的课堂环境是有利于古诗文教学的?

_____

_____

(2) 怎样调动课堂气氛?

_____

_____

2. 请改正下列句子中的拼音错误,并说明原因

quán iǎn ú shēng xī xì lióu　shù īn zhào shuěi ài qíng róu
泉　眼　无　声　惜　细　流 ,树　阴　照　　水　爱　晴　柔 。

siǎo hé cái lù jiān jiān jiǎo　zǎo iǒu qīng tíng lì shàng tóu
小　荷　才　露　尖　尖　角 ,早　有　蜻　蜓　立　上　头 。

（五）善用科技手段,营造学习环境

——《村居》《咏柳》

在很多学科的课堂教学中,现代信息技术已经得到了广泛的应用。在语文课上,若能恰当地使用这些科技手段,可以帮助学生跨越时间与空间上的限制,身临其境般地站在作者身边,与作者

"对话",从而提高其学习效率。那么在具体的教学中如何运用这些技术来营造高效的学习环境呢？

以《村居》和《咏柳》这两首描写春天的古诗为例，要让学生体会作者抒发的情感和诗中所写的意境就要先让他们"看到"诗中的"春景图画"。这时教师就可以运用多媒体技术，在备课时先在网络上找到"草长莺飞""杨柳拂堤"等素材，最好是简短的视频片段，在上课时先给他们看视频，再读诗，然后让学生把诗中所描写的意象与视频中的景物相对应，并理解诗人的想象和比喻。

学生的想象力比较丰富，多媒体手段能给他们提供合适的素材，便于他们发挥想象，让他们在这样的环境中学习古诗可谓事半功倍。

1. 请把《村居》这首诗改写成记叙文，作为学生课后阅读材料。注意着重描写诗中的景色与儿童放风筝的场景

_____

_____

_____

_____

2. 运用所给关键词，说一说在教本章其他课文时，怎样运用科技手段

词语 身临其境 对话 多媒体 网络 素材 视频 对应 想象 比喻

词汇表（1）

序号	生词	释　义
1	一气呵成	形容完成整个工作的过程中不间断，不松懈
2	继而	表示紧随在某一情况或动作之后
3	极具	非常具有，很有
4	惟妙惟肖	形容描写或模仿得非常好，非常逼真
5	不妨	表示可以这样做，没有什么妨碍
6	吟诵	吟咏诵读
7	内化	经过看、听、想等实践，将观点领悟吸收成自己的认知体系
8	熏陶	长期接触的人或事物对人的生活习惯、思想行为、品行学问等逐渐产生某种影响
9	潜移默化	指人的思想、性格在不知不觉中受到感染、影响而发生变化

续　表

序号	生词	释　义
10	日积月累	长时间地积累
11	奔流	急速地流；淌得很快
12	建构	构建；建立（多用于抽象事物）
13	身临其境	亲自到了那个环境
14	动静相宜	一种意境，即动中有静，静中有动，动和静完美地交融在一起。例：多媒体教学通过视听结合、动静相宜的表现形式，将课堂教学引入了一个新境界。
15	意境	一种能令人感受领悟、意味无穷却又难以用言语阐明的意蕴和境界。例：《天净沙·秋思》营造了一个游子思归而不得的凄凉的意境。
16	事半功倍	费力小，收效大

三、教学篇章阅读

随着现代教学的不断发展，人们对教学环境越来越重视。良好的课堂环境能够营造一个良好的教学氛围，使课堂教学变得更加高效。这不仅有助于教师开展有效的教学，对学生高效学习也有很大帮助。

在实际教学中，有很多因素影响到课堂教学环境的营造。首先应从学生特点和实际情况出发，义务教育阶段的学生活泼好动，因此教师要注意提高课堂教学的活跃度，使学生的天性能够在课堂教学中得以发挥，为学生尽情高效地接受知识打造一个良好的平台。其次应结合语文学科特点，语文是一门能够引导学生展开广阔想象的学科，因此教师应结合文章描述的意境，引导学生在脑海中展开想象，将学生带入文章所描述的美好境界中去，感受到良好课堂教学环境的存在。同时，教师要结合教学内容变换不同的教学方法，使课堂教学更加具有艺术性，使学生能够体会到一种轻松、愉悦的课堂教学氛围，从而全身心地投入到学习中。然后要有得当的课堂纪律管理。教师在进行语文课堂纪律管理过程中，不能像传统教学那样一味地对学生进行压制，应该建立在学生理解遵守课堂纪律的基础上。对于学生在课堂学习中出现的违纪行为，教师要进行说服教育，使学生明白道理。当然，教师在对课堂教学纪律进行管理的过程中应该松弛有度，如果过分压制，学生在课堂上不敢违反纪律，同时也不敢就学习的知识点发表意见，整个课堂教学将会变得十分沉闷，也不利于良好课堂教学氛围的营造。最后要建立和谐的师生关系。和谐的师生关系会使课堂教学对学生产生一种强大的吸引力,学生不仅对教师十分尊重,而且会对教师产生一种发自内心的爱,学生语文学习的兴趣就会越来越浓厚,自然对提高课堂教学有效性有很大的帮助。在语文课堂教学过程中想要建立和谐的师生关系,教师发挥着十分重要的作用,例如教师在教学过程中对学生的微笑、对学生耐心的指导、尊重学生的意见等,都是建立和谐师生关系的重要途径。在实际教学中,教师要不拘一格采取多种措施,积极营造和谐的师生关系。除此之外,还应注意教室内物理环境的建设。教师的教学与学生的学习都要借助于一定的物理环境,因此在营造良好的课堂教学环境过程中,也应该对物理环境引起重视。具体如教室内的灯光亮度要适中,教室内座位的布置应定期调整,教室的卫生应保持清洁等。

根据课文,联系实际,回答以下问题

1. 以语文学科为例,说说良好的教学环境对教学有哪些积极的促进作用?

2. 在打造教学环境时应注意哪几个方面?

3. 你在平时的教学中,是怎么打造教学环境的?

4. 结合自己的认识,你觉得良好的教学环境应该有哪些特点?

词汇表(2)

序号	词语	释　义
1	营造	有计划、有目的地制造
2	松弛有度	松紧有度,收放自如
3	不拘一格	不局限于一种规格或方式

四、教学知识链接

(一) 文言文拓展

1. 倍

(1) 背叛,反叛。

例:愿伯具言臣之不敢倍德也。——《鸿门宴》

(2) 一倍,加倍。

例:江干上下十余里间,珠翠罗绮溢目,车马塞途,饮食百物皆倍穹常时,而僦赁看幕,虽席地不容间也。——《观潮》

2. 从

(1) 跟随。

例:蹑足行伍之间,而倔起阡陌之中,率疲弊之卒,将数百之众,转而攻秦,斩木为兵,揭竿为旗,天下云集响应,赢粮而景从。——《过秦论》

(2) 顺从,听从。

例:其弱也,王霸征而诸侯从。——《过秦论》

(3) 使……随从。

例:沛公旦日从百余骑来见项王,至鸿门。——《鸿门宴》

(二) 古文赏析

咏 雪

[南北朝]刘义庆

谢太傅寒雪日内集,与儿女讲论文义。俄而雪骤,公欣然曰:"白雪纷纷何所似?"兄子胡儿曰:"撒盐空中差可拟。"兄女曰:"未若柳絮因风起。"公大笑乐。即公大兄无奕女,左将军王凝之妻也。

译文 太傅谢安在寒冷的下雪天举行家庭聚会,和他子侄辈的人讲解诗文不久,雪下得更大了,太傅高兴地问子侄们:"这纷纷扬扬的白雪像什么呢?"他哥哥的长子胡儿说:"跟把盐撒在空中差不多可以相比。"他哥哥的女儿说:"不如将雪比作风吹柳絮后满天飞舞。"太傅大笑起来。她就是谢安大哥谢无奕的女儿谢道韫,左将军王凝之的妻子。

(三) 文化常识——魏晋南北朝文学

魏晋南北朝时期,五言、七言的古体诗开始兴盛,文学创作向个性化发展,形成了重意象、重风骨、重气韵的审美思想,出现了很多杰出的作家。如著名的"三曹":曹操、曹丕、曹植,他们父子三人是"建安文学"的代表。另有"建安七子"之称的孔融、陈琳、王粲、徐干、阮瑀、应玚、刘桢,还有成名晚一些的"竹林七贤":嵇康、阮籍、山涛、向秀、刘伶、王戎、阮咸,这七个人常常聚集在山阳的竹林之下,饮酒论诗,因而得名。这是两个对后世均产生巨大影响的文学群体,"建安七子"继承了建安文学的豪放,能直接表达自己的理想与抱负,"竹林七贤"则寄情于山水之间,隐晦表达自己的不满与失落。东晋末年的大诗人、辞赋家陶渊明,是中国历史上第一位田园诗人,被称为"古今隐逸诗人之宗""田园诗派的鼻祖"。他的诗文感情真挚、朴素自然、清高洒脱。"采菊东篱下,悠然见南山",表明他归隐山林的心志、对劳动人民的友好以及不追逐名利的情操,这在中国文学史上是前所未有的,在等级森严的封建社会里显得特别可贵,成为历代文人的精神楷模。

(四)教学小贴士

创设有利的教学环境

教师在课堂上应给学生创造一个较为宽松的学习的心理环境,让学生感受到"心理安全"和"心理自由"。如果营造了这样一种环境,学生就不会产生危机感以及对受批评的恐惧,也就不必为自己的创造意识设防。要做到这一点,需要家庭、学校和社会三者共同努力。另外,在可能的条件下,教师应给学生一定的时间和空间,让学生有机会干自己想干的事,让他们从事一些具有独创性的活动,为创造性行为的产生提供机会,因此在课程的安排上应注意为学生提供自由选择的机会,如实行选修课制度,让学生有机会选择不同的课程学习,加强学生综合素质的培养,如进行抽象逻辑思维和具体形象思维的培养,给学生更多应用创造性思维解决问题的机会。

五、听力文本

(三)合理布置,运用教室环境

1. 听录音,回答以下问题

在语文教学时,教师可以充分利用多媒体设备来帮助学生体会古诗中的意境,像《登鹳雀楼》和《望庐山瀑布》这两首,学生如果只看课本上的图片很难理解黄河的奔流与瀑布挂川的震撼。我们可以上网找一些相关的短视频,用投影和音响设备在教室中播放,这样能带给学生身临其境的感受。

除此之外，古诗还非常讲究意境的层次，与之相似的是国画，所谓"诗画本一体"说的就是这个意思，在古代有很多诗人自己就是画家。所以针对这两首诗的意象，我们可以在教室里挂几幅传统山水画。在讲这两首古诗的同时，让学生也欣赏一下这些山水画。通过这些画作帮助学生在头脑中建构诗中的山河、高楼、瀑布等意象，还能帮助学生理解意境在层次上的递进等等。

除了古画，还可以让学生聆听一些古曲，像古琴、洞箫、琵琶这样的乐器在古代经常用来为古诗的吟唱伴奏，我们不妨效仿古人的方式来增进学生的体验。

第四章 古诗文（二）

一、教学基础识记

1. 读一读：词语拼写的总原则及大写规则

(1) 词语拼写的总原则：普通话拼写基本上以词为书写单位。表示一个整体概念的双音节和三音节结构连写，如"yuèdú(阅读)"；四音节以上表示一个整体概念的名称，按词(或语节)分开写，如"huánjìng bǎohù(环境保护)"；不能按词(或语节)划分的，全都连写如"hóngshízìhuì(红十字会)"，为了便于阅读和理解，可在某些词对应的拼音中添加短横，如"zhōng-xiǎoxué(中小学)"。

(2) 大写规则：句子开头的字母和诗歌每行开头字母大写，如"Wàimiàn xiàyǔ le.(外面下雨了。)"；专有名词的第一个字母大写，如"Zhōukǒudiàn(周口店)"。汉语人名按姓和名分写，姓和名的开头字母大写，如"Lǔ Xùn(鲁迅)"。

2. 辨一辨：辨析以下五组词语

(1)

反复	释义	"反复"指一次又一次，多次重复，多指不同的事物或动作的重复。
	例句	经过反复思考，我终于找到了解题方法。
重复	释义	"重复"着重于相同的事物或动作又重做一次。从次数上比，"重复"比"反复"次数少。
	例句	老师生怕同学们听不懂，又重复了一遍。

(2)

庄严	释义	"庄严"侧重于威严，不可侵犯。既可用于个人的态度、表情、动作，也可用于形容环境、气氛等。
	例句	国庆节那天，我有幸在天安门广场观看了庄严的升旗仪式。
庄重	释义	"庄重"侧重于端庄持重。只能用于形容人的态度、表情、动作。
	例句	他们神色庄重，好像有什么大事要发生。

(3)

体现	释义	"体现"侧重指某种意义在一事物上具体显现出来。
	例句	中国女排的表现体现了我国体育健儿顽强拼搏的精神风貌。
表现	释义	"表现"侧重指人的思想或事物的内在情况显现出来。"表现"还指故意显示自己，带有贬义。"体现"则没有这层意思。
	例句	他各方面都很好，就是有点爱表现自己。

(4)

猜测	释义	"猜测"侧重于主观猜想。
	例句	这只是你的猜测，并不一定是真的。
推测	释义	"推测"侧重于根据事理去推断。
	例句	根据我的推测，这起案件应该是团伙作案。

(5)

广阔	释义	"广阔"一般指土地面积大。
	例句	在这片广阔的田野上，有很多美丽的生物。
辽阔	释义	"辽阔"着重指面积大而空旷的地方。
	例句	辽阔的沙漠中，生命很难存活。

3. 记一记：识记以下成语并造句

无动于衷	释义	心里一点儿不受感动；一点儿也不动心。指对令人感动或应该关注的事情毫无反应或漠不关心。
	例句	同学们都在讨论春游的事，他却无动于衷。
没精打采	释义	形容不高兴，不振作。也说无精打采。
	例句	他今天上课没精打采的。
聚精会神	释义	集中精神；集中注意力。
	例句	同学们聚精会神地听老师讲故事。
惊天动地	释义	① 形容声音特别响亮。 ② 形容声势浩大或事业伟大。
	例句	经过不懈的努力，他终于做成了一件惊天动地的大事。
姹紫嫣红	释义	形容各种颜色的花卉艳丽、好看。
	例句	经过她打理后的花园姹紫嫣红，好看极了。

4. 背一背：背诵以下课文

年级	课号	课文标题
二年级（上）	课文 3	《植物妈妈有办法》
二年级（上）	识字 1	《场景歌》
二年级（上）	识字 2	《树之歌》
二年级（上）	识字 3	《拍手歌》
二年级（上）	识字 4	《田家四季歌》

二、教学语言表达

本节将要学习到的内容主要涉及以下课文：

年级	课号	课文标题
二年级（下）	15	古诗二首《晓出净慈寺送林子方》《绝句》
三年级（下）	1	古诗三首《绝句》《惠崇春江晚景》《三衢道中》
三年级（下） 五年级（下）	5/21	《守株待兔》 《杨氏之子》
四年级（下）	1	古诗词三首《四时田园杂兴(其二十五)》 《宿新市徐公店》《清平乐·村居》
六年级（上）	21	《伯牙鼓琴》

（一）培养思维的主动性

——古诗二首《晓出净慈寺送林子方》《绝句》

艾老师：阿老师，我的很多学生重理轻文，认为数学能开发智力，语文只是读读写写。但我认
为语文学科不仅能发展学生的语言能力，还可以发展思维能力。

阿老师：我非常赞同您的看法，小学阶段正是思维能力发展的关键时期，您觉得我们可以培

养学生哪些语文思维呢？

艾老师：在我看来，培养思维的主动性是重中之重，让学生主动学习，主动去弄清课文大意，比如我刚刚讲过的《晓出净慈寺送林子方》，我没有一上课就对诗句进行逐字串讲，而是让学生自己读古诗，自己认识汉字，让学生在朗读中揣摩节奏韵律，体会诗人对西湖六月风光的喜爱、赞美之情。

阿老师：对，除此以外，《晓出净慈寺送林子方》和《绝句》都具有色彩美、意境美等特点，在教《绝句》时，学生在说完诗中描写的景物后，我还用一些关键字，比如"鸣"，启发学生想象黄鹂在枝头快乐地鸣唱，歌声很动听。后两句让学生观察插图，了解诗人的观景角度，想象诗人在草堂中临窗远眺的情境。

艾老师：这个方法不错，这样看来，学生自己去看，去读，去想，去感受都离不开思维的主动性啊！

1. 跟着录音朗读文章，请注意重读、停顿和语速的处理

节选自《海滨仲夏夜》

峻　青

夕阳落山不久，西方的天空，还燃烧着一片橘红色的晚霞。大海，也被这霞光染成了红色，而且比天空的景色更要壮观。因为它是活动的，每当一排排波浪涌起的时候，那映照在浪峰上的霞光，又红又亮，简直就像一片片霍霍燃烧着的火焰，闪烁着，消失了。而后面的一排，又闪烁着，滚动着，涌了过来。

天空的霞光渐渐地淡下去了，深红的颜色变成了绯红，绯红又变为浅红。最后，当这一切红光都消失了的时候，那突然显得高而远了的天空，则呈现出一片肃穆的神色。最早出现的启明星，在这深蓝色的天幕上闪烁起来了。它是那么大，那么亮，整个广漠的天幕上只有它在那里放射着令人注目的光辉，活像一盏悬挂在高空的明灯。

夜色加浓，苍空中的"明灯"越来越多了。而城市各处的真的灯火也次第亮了起来，尤其是围绕在海港周围山坡上的那一片灯光，从半空倒映在乌蓝的海面上，随着波浪，晃动着，闪烁着，像一串流动着的珍珠，和那一片片密布在苍穹里的星斗互相辉映，煞是好看。

2. 根据下面这首诗,参考上文画线部分,说一说你会如何培养学生思维的主动性

鸟 鸣 涧

［唐］王 维

人闲桂花落,夜静春山空。

月出惊山鸟,时鸣春涧中。

(二) 培养思维的广阔性

——古诗三首-《绝句》《惠崇春江晚景》《三衢道中》

艾老师:阿老师,上次咱们讨论培养学生思维的主动性,我在教古诗三首这节课时发现效果不错,同时,我还注意到了培养学生思维广阔性的重要性。

阿老师:在《绝句》中,诗人通过描写阳光、江山、春风、花草,描绘了美丽如花的春天。在《惠崇春江晚景》中,诗人抓住了几枝桃花、嬉戏的鸭子、满地的蒌蒿、短短的芦芽。您是说诗人从不同景物着手去描绘大自然吗?

艾老师:不仅如此,在《绝句》中,诗人杜甫还提到了花香、砂砾的温暖、翩飞的燕子和慵懒的鸳鸯,动静结合,调动读者的多种感官去感受、体会生机盎然的春天。

阿老师:我明白了,我们要引导学生从多个方面理解诗歌,除此以外,还可以让学生画出自己想象出的画面,体会诗的意境,从而培养思维的广阔性。

艾老师:对,除了在解读诗歌时可以应用这种思维,还可以把这种思维运用到学生自己的写作当中。

阿老师:举一反三,这样看来,培养学生思维的广阔性确实很重要,相信这种思维对学生今后的学习一定大有裨益。

1. 请参考本章第一部分,说一说你会如何教授学生"词语拼写的总原则及大写规则"

2. 根据下面这首诗，参考上文画线部分，说一说你会如何培养学生思维的广阔性

夜　雪

［唐］白居易

已讶衾枕冷，复见窗户明。

夜深知雪重，时闻折竹声。

（三）培养思维的求异性

——《守株待兔》《杨氏之子》

艾老师：金老师，我和阿老师一起讨论过语文思维培养的问题，我们都认为在教学中应注重培养学生思维的主动性和广阔性，您对这个问题有什么看法吗？

金老师：我最近也在思考这个问题，前几天刚教的《守株待兔》给了我很大启发，当问到学生从这篇课文明白了什么道理时，学生普遍回答"不能不劳而获，不要心存侥幸，要靠自己的劳动去创造美好的生活"。

艾老师：回答得很好啊，对文章主旨的理解很准确。还有不同的回答吗？

金老师：有个学生是这样回答的：我以后做事一定不会像兔子那样慌张，犯了致命的错误，还是谨慎小心为好。

艾老师：这让我想起了教《杨氏之子》时，我问学生"杨氏之子"是一个怎样的人？很多学生都回答，他机智、幽默，思维敏捷，但有一个学生说"杨氏之子"很有礼貌，知道用水果招待客人。

金老师：他的回答也不无道理啊。所以我觉得除了培养学生思维的主动性和广阔性以外，还应该培养思维的求异性，引导学生从多个角度看问题，这样看问题才全面，找到的解决办法也更多。

艾老师：有道理！

1. 听录音，回答哪些成语是褒义的，哪些是贬义的，哪些是中性的

褒义：_____

贬义：_____

中性：_____

2. 参考上文画线部分，请你至少从三个角度说说下面这则寓言的寓意

农夫与他的儿子们

有个农夫生命垂危，此时此刻，他想告诉儿子们一个秘密，就把他们叫到跟前说："我的孩子们，我就快死了；所以我想让你们知道，在我的葡萄园里埋藏着珍宝，你们自己去把它挖出来吧！"儿子们认定财宝埋在地下，为了找到它们，就用铁铲和钉耙反反复复地翻遍了整片葡萄园，然而什么都没有找到。但是经过了彻底的挖掘，葡萄却有了前所未有的好收成。

（四）培养思维的联想性

——古诗词三首-《四时田园杂兴(其二十五)》《宿新市徐公店》《清平乐·村居》

阿老师：艾老师，我最近在思考我们还可以培养学生思维的联想性。

艾老师：思维的联想性？说来听听。

阿老师：我们这一单元都是古诗文的教学，我发现在教完前边的几首诗后，后边的教学很轻松。

艾老师：是啊，学生对古诗文这类体裁有了更多的了解，对如何进行赏析也有一定的积累了。我的学生现在可以通过自读古诗，借助注释、工具书，想象画面，读懂古诗大意。

阿老师：对，学生还会抓住关键字，想象画面。之前教杜甫的《绝句》时，用"鸣"引导学生想象黄鹂在枝头快乐地鸣唱的画面，在讲到《清平乐·村居》时，学生通过关键字"卧"想象到词里的小孩子可以是躺着，趴着，怎么舒服就怎么卧。

艾老师：学生通过联想之前学过的古诗文，把学习方法应用到新的古诗文中，已经可以举一反三了。

阿老师：是啊，看来语文思维的培养还真的不可小觑呢！

1. 请找出下面一段话中的病句，改正过来，并分析这些病句的类型

许多年以前，有三个士兵从战场上归来。他们又累又饿，来到了一个村庄。由于连续的战争，村民们的收成很不好，他们赶紧连忙把自己仅有的一点食物藏了起来，然后，到广场上去看那三个士兵。他们哀叹缺衣少食，不能招待他们饱餐一顿。士兵们窃窃私语了一会儿，一个士兵说："你们没有东西给我们吃，因此我们却有让大家共同分享的东西：我们有一个伎俩，能用石头做汤。"

2. 根据下面这首诗,参考上文画线部分,说一说你会如何培养学生思维的联想性

泊 船 瓜 洲

［宋］王安石

京口瓜洲一水间,钟山只隔数重山。

春风又绿江南岸,明月何时照我还?

（五）培养思维的综合性

——《伯牙鼓琴》

诗老师:金老师,您在教《伯牙鼓琴》这节课时,学生是怎么翻译"伯牙破琴绝弦"这句话的?

金老师:一开始,有的学生把它翻译成伯牙弄断了琴弦。

诗老师:我的学生也是,但在理解了课文大意以后,再让他们翻译时,答案就不一样了,这次他们翻译成了"伯牙因为子期死了,就把琴摔碎,再也不弹琴了"。

金老师:这是学生在综合思考整篇课文的基础上翻译出来的。首先他们反复诵读,了解课文大意;再通过联系上下文,体会感受伯牙和子期之间真挚的友情;对文意的准确理解可以帮助学生明白何时停顿,反过来,诵读时,恰当的停顿、朗读的节奏和韵味又能帮助学生理解文意,体会朋友间的感情。

诗老师:在综合思考后,学生才准确地理解了文章题目。

金老师:没错,所以除了思维的主动性、广阔性、求异性、联想性外,思维的综合性也是不可缺少的。

诗老师:通过和您的讨论,今后的教学我能更加有的放矢了。

1. 请用对话形式改写课文《伯牙鼓琴》

_____

_____

_____

_____

_____

2. 根据下面这篇古文,参考上文画线部分说一说你会如何培养学生思维的综合性

孟子幼时,其舍近墓,常嬉为墓间之事,其母曰:"此非吾所以处吾子也。"遂迁居市旁,孟子又嬉为贾人衒卖之事。其母曰:"此又非吾所以处吾子也。"复徙居学宫旁。孟子乃嬉为俎豆揖让进退之事,其母曰:"此可以处吾子矣。"遂居焉。

词汇表(1)

序号	生词	释义
1	重理轻文	重视理科,忽视或轻视文科
2	揣摩	反复思考推求
3	临窗远眺	站在窗边向远处望,欣赏远处的风景
4	慵懒	懒散不振作。例:他看起来很累,慵懒地靠在沙发上。
5	生机盎然	充满生气和活力
6	举一反三	从一件事物的情况、道理类推而知道许多事物的情况、道理
7	大有裨益	形容益处很大
8	不劳而获	自己不劳动,而占有别人的劳动成果
9	心存侥幸	一个人做了错事或者坏事以后,仍然抱有不被发现、不被惩罚或者期望没有后果的心理
10	不无道理	表示有道理
11	体裁	文学作品的表现形式
12	不可小觑	不可小看
13	翻译	把一种语言文字的意义用另一种语言文字表达出来

三、教学篇章阅读

思维是人脑对外界客观事物的概括的间接反映。而语文思维是我们在与人交流、表达思想的时候所运用的技巧和思考方法,是判断一个人语文学习能力和语文运用能力的重要标准。思维训练是一项非常复杂的工作,它受到了许多因素的影响和制约,只要把各种因素有机地和谐地统一起来,就能充分地激发学生的思维兴趣,尽快地使学生进入积极思维的佳境,从而实现语文思维的共鸣。

首先,思维训练要适应学生的发展。学生在每一阶段都有不同的特点,他们感知事物的能力不同,思维能力也随着知识、技能的积累,新旧知识的迁移而由浅入深,逐步提高,因此思维训练要按照学生认识发展的顺序和语文学科的逻辑系统循序渐进地进行。另外教师还要尊重学生发展的个别差异性,做到因材施教。对那些学习努力、思维活跃的学生,要引导他们不但知其然而且知其所以然,培养思维的深刻性。对那些学习不用功,思维薄弱的学生,应摸清原因,耐心辅导,激发兴趣,以培养他们良好的思维习惯和品质。

其次,思维训练要注意提高审美意识和审美情趣,语文课本身是一堂审美课,优美的语言像春雨一样滋润着学生的思维意识,极富感染力和吸引力,使学生趣味盎然,思维敏捷,而学生审美意识、审美情趣的不断深化,也会激发学生对语文思维的兴趣,提高思维的广阔性,还能陶冶性情,做到以美引真、以美促善。在充满艺术美感的氛围中,学生会不知不觉地进入语文思维的佳境,在跌宕多姿的思维律动中和语文美感的熏陶下,思维教学也就达到了目的。

最后,思维训练要注意鼓励学生大胆质疑,破除思维定势。质疑是推动学生积极思维的动力,是学生产生创新意识的催化剂。因此,我们在思维训练中,要充分鼓励学生突破旧的思维条框,充分发散思维,特别是敢于提出那些与教师的判断格格不入的看法。而教师更要正确梳理学生提出的问题,捕捉好思维的难点,激发思维的矛盾,引起语文思维的冲突,以达到思维创新。另外,在教学中我们还要注意不轻易地表态和下结论,即使碰到学生思维有误也不要急着纠正,就让学生在自由的思维碰撞中鉴别正确与谬误,从而提高学生思维的批判力。同时,还要引导学生改变非白即黑,非此即彼的僵硬的思维定势,努力发展学生的创新思维,使思维方式不断优化,不断拓展,达到"柳暗花明又一村"的思维效果。

根据课文,联系实际,回答以下问题

1. 说一说语文思维是什么,包括哪些方面?
2. 说一说语文思维训练时应注意哪些问题?
3. 选择教材中的某一课,说一说如何提高学生的审美意识和情趣。
4. 你在平时的教学中,是怎么训练语文思维的? 可以以某一课为例说一说。

词汇表（2）

序号	词语	释　义
1	共鸣	由别人的某种情绪引起相同的情绪
2	循序渐进	学习或工作等按照一定的步骤逐渐深入、提高
3	趣味盎然	形容气氛、趣味等洋溢的样子。例：养育孩子的过程趣味盎然，能给家庭带来很多欢乐。
4	陶冶	怡情养性。例：优美的音乐能陶冶人的情操，丰富人的情感。
5	性情	人的秉性和气质
6	思维定势	按照积累的思维活动经验教训和已有的思维规律，在反复使用中所形成的比较稳定的、定型化了的思维路线、方式、模式
7	催化剂	原指在化学反应里改变反应物化学反应速率而不改变化学平衡，且本身的质量和化学性质在化学反应前后都没有发生改变的物质。也比喻加快或者影响事物发展进程或速度的事物。例：压力、挑战有时可以成为人们成功的催化剂。
8	格格不入	有抵触，不投合。例：律师的工作很严肃，与我开朗的个性格格不入。
9	谬误	错误；差错
10	批判	对错误的思想、言论或行为做系统的分析，加以否定
11	非黑即白	把事物都分成了两个极端，过于片面

四、教学知识链接

（一）文言文拓展

1. 当

（1）适应，相当。

　　例：吾今且赴府，不久当还归，誓天不相负！——《孔雀东南飞》

（2）应当。

　　例：臣生当陨首，死当结草。——《陈情表》

2. 王

(1) 帝王。

> 例：陈涉乃立为王，号为张楚。——《陈涉世家》

(2) 称王，统治天下。

> 例：沛公欲王关中，使子婴为相，珍宝尽有之。——《鸿门宴》

（二）古文赏析

陋 室 铭

［唐］刘禹锡

山不在高，有仙则名。水不在深，有龙则灵。斯是陋室，惟吾德馨。苔痕上阶绿，草色入帘青。谈笑有鸿儒，往来无白丁。可以调素琴，阅金经。无丝竹之乱耳，无案牍之劳形。南阳诸葛庐，西蜀子云亭。孔子云：何陋之有？

译文　　　山不在于高，只要有仙人居住就会出名；水不在于深，只要有蛟龙栖留就会显灵。这是一间简陋的居室，因我的美德使它芳名远扬。苔藓爬上台阶，染出一片碧绿，草色映入竹帘，映得漫屋青色。来我这里谈笑的都是博学多识的人，来往的人群里没有不学无术之徒。平时可以弹奏清雅的古琴，阅读泥金书写的佛经。没有繁杂的音乐搅扰听觉，没有文牍公务劳累身心。就像南阳诸葛亮的草庐，也像西蜀扬子云的草屋。孔子说："这有什么简陋呢？"

（三）文学常识——隋唐文学

隋朝是中国历史上第一个无可争议的强国，但立国时间较短，仅 30 余年。当时南方的文学比较发达，为北方文学家所效仿，呈现南北合流的形态。因为没有特别有名的文学家，所以隋朝文学被认为是"过渡性质"的文学。唐朝是继隋朝之后的大一统王朝，共历 21 帝，享国 289 年，因皇室姓李，又称"李唐"，是后世公认的中国强盛王朝之一。唐朝的科技、文化、经济、艺术具有多元化的特点，在诗、书、画方面涌现了大量名家。如诗仙李白、诗圣杜甫、诗魔白居易、书法家颜真卿、画圣吴道子,音乐家李龟年等。李白和杜甫是唐诗史上两座不可逾越的高峰,李白的浪漫主义风格飘逸洒脱,杜甫的现实主义风格古朴浑厚,是中国古代诗歌的集大成者。

(四)教学小贴士

克服反应定势,培养创造性思维能力

"横看成岭侧成峰,远近高低各不同。不识庐山真面目,只缘身在此山中。"语文教学中,教师要打破反应定势,运用多种策略,引导学生多角度思维,培养学生的创造性思维能力。

头脑风暴。教学中教师可以采用头脑风暴法,让学生进行词语盘点,将描写心情的词语说(写)出来,越多越好;还可以进行成语接龙,进行歇后语、谚语的积累。运用头脑风暴法,不但可以学习、积累和运用语言,还可以激发脑力,培养学生的创新思维模式。

运用隐喻和类比。小学语文教材中有许多童话故事,运用了大量的隐喻,透射出孩子的内心冲突与情结,让儿童在故事经历中想象更加丰富,思维更加开阔,心理不断成长。

自由联想。联想是由眼前的某一种事物想到另一种事物,或由甲观念想起乙观念的心理过程。小学语文教学中,经常采用自由联想法,可以让学生举一反三,迁移运用,丰富语言积累,揣摩作者语言的精妙,培养学生的创造性思维能力。

五、听力文本

(三)培养思维的求异性

1. 听录音,回答哪些成语是褒义的,哪些是贬义的,哪些是中性的

有口无心　附庸风雅　拭目以待　凤毛麟角　叶公好龙
笑里藏刀　趋炎附势　老当益壮　三足鼎立　目瞪口呆

第五章　童话故事（一）

一、教学基础识记

1. 读一读：轻声和儿化

(1) 普通话的每个音节都有固定的声调，但是在词和句子里许多音节常常失去原来的声调，念得又轻又短，这就是轻声。常见的情况有：

➤ 叠音词和动词的重叠：妹妹　奶奶　尝尝　劝劝

➤ 名词性词缀"子、头"和表示复数的"们"等：孩子　馒头　人们　尾巴

➤ 用在名词、代词后面表示方位的语素或词：天上　左边　前面　教室里

➤ 用在动词、形容词后面的趋向动词：过去　下来　拿去　回来

➤ 量词"个、些"和动量词中的量词：三个　这些　买个本

(2) 普通话中韵母 er 常用在其他韵母后，使这个韵母成为卷舌韵母，叫作"儿化韵"。拼写时，在原来的音节后加"r"，如"本儿"—běnr、"皮儿"—pír。一般，儿化后的词义、词性、感情色彩上都有变化。常见的情况有：

➤ 区别词义：头(脑袋)—头儿(领导)　眼(眼睛)—眼儿(小孔)

➤ 区别词性：塞(动词)—塞儿(名词)　破烂(形容词)—破烂儿(名词)

➤ 表示细小、亲切或喜爱的感情：小孩儿　勺儿　宝贝儿

2. 辨一辨：辨析以下五组词语

(1)

一齐	释义	"一齐"，副词，指同时。
	例句	放学后，他们一齐回家。
一起	释义	"一起"，副词，多指动作发生在同一处所或同一时间。
	例句	同学们围坐在一起，畅想美好的未来。

(2)	欢迎	释义	"欢迎"指很高兴地接待,也可指乐意接受。
		例句	全班同学拍手欢迎新同学的到来。
	迎接	释义	"迎接"的对象可以是具体的人物,也可以是抽象的事物。
		例句	为了迎接运动会,运动员正加紧训练。

(3)	时代	释义	"时代"比"时期"更长一些,"时代"可搭配成"社会主义时代""石器时代"等。
		例句	当前,我国正处在经济发展的黄金时代。
	时期	释义	"时期"指一段时间,可搭配成"和平时期""历史时期"等。
		例句	这个石器属于新石器时期的晚期作品。

(4)	差别	释义	"差别"侧重强调有区别。"差别"和"差异"有时可互换使用,但在特殊语境中不能互换。"差别"在口语和书面语都会使用。
		例句	这两件事差别太大,怎么可以相提并论。
	差异	释义	"差异"侧重强调不一样。"差异"多用于书面语。
		例句	我国地域辽阔,南北气候差异很大。

(5)	其他	释义	"其他"是另外的意思,既指人又指事物。
		例句	除了小王,其他人都出去玩了。
	其余	释义	"其余"是剩余的意思。
		例句	除了那棵枣树,其余的树都发芽了。

3. 记一记：识记以下成语并造句

不假思索	释义	用不着想,形容说话做事迅速。
	例句	她的心算能力很好,一看题便能不假思索地说出正确答案。
别出心裁	释义	独创一格,与众不同。
	例句	这是一场别出心裁、充满特色的联欢晚会。
草木皆兵	释义	把山上的草木都当作敌兵。形容人在惊慌时疑神疑鬼。
	例句	疫情并没有扩散,请大家不要草木皆兵。

续　表

失魂落魄	释义	形容心神不定非常惊慌的样子。
	例句	一个人失魂落魄地走着，孤独而又无助。
小心翼翼	释义	原形容严肃虔敬的样子，现用来形容举动十分谨慎，丝毫不敢疏忽。
	例句	工作人员小心翼翼地端着化学药物的瓶子。

4. 背一背：背诵以下课文

年级	课号	课文标题
二年级（上）	8	《登鹳雀楼》
二年级（上）	8	《望庐山瀑布》
二年级（上）	9	《黄山奇石》
二年级（上）	10	《日月潭》
二年级（上）	19	《夜宿山寺》
二年级（上）	19	《敕勒歌》

二、教学语言表达

本章将要学习到的内容涉及以下课文：

年级	课号	课文标题
一年级（上）	13	《乌鸦喝水》
一年级（下）	6	《树和喜鹊》
一年级（下）	19	《棉花姑娘》
二年级（上）	12	《坐井观天》
二年级（上）	23	《纸船和风筝》

（一）教师的威严

——《乌鸦喝水》《树和喜鹊》

金老师：诗老师，我看你最近有些闷闷不乐的，怎么了，有什么心事吗？

诗老师：最近我们班学生有些自由散漫，总是完不成我留的作业，学习积极性也不高。我留的作业也不多啊，《乌鸦喝水》这课，我只给他们留了熟读课文和抄写生词的作业。可是，第二天检查的时候他们有百分之六十的人，还是不能流利地读出课文，我非常生气，批评了他们一顿。

金老师：以前遇到这样的情况，我也总跟学生发脾气，但是后来我发现越发脾气，学生越容易产生逆反心理，还是要想办法树立威严，让学生按规矩学习。

诗老师：您有什么好办法？快说来听听。

金老师：首先要以爱立威。当学生完不成作业时，老师应该先问清原因，看看他们在哪方面有困难，然后尽力帮助解决，而不是一味地发脾气，这样学生才能感受到老师的关爱。其次，要以公平立威，一视同仁，公平公正地处理学生之间的矛盾。最后，我们还要以信立威。提前制定一些奖惩措施，当学生表现好时，给予奖励。没有按要求完成任务的，一定要进行惩罚。最近我讲到《树和喜鹊》这课时，要求学生先预习，画出表现树和喜鹊孤单的句子。可是有的学生没有预习，他们必须按之前的规定，将课文抄写一遍，这样就做到了言必行，行必果。

诗老师：您说得真好，我经验不足，以后还请您多帮帮我。

金老师：没问题！

1. 阅读短文，归纳总结树立教师威严的方法

教师是严父与慈母、良师与益友的有机结合。我深信"严师出高徒"的古训，也欣赏"没有融入爱的教育是不成功的教育"的名言。陶行知先生曾告诫教育者说："你的鞭子下有瓦特，你的冷眼中有牛顿，你的讥笑中有爱迪生。"因此，班主任必须树立正确的学生观，应尊重学生的个性差异，树立只有差异没有差生的观念，从心底去爱每个学生。从而加强师生间的心灵沟通，进而建立良好的师生关系。

古人云："言必信，行必果。""言必信"就是说一定要讲信用，不食言，不说空话、大话。具体有

四：一是说话要承担责任，说了就要算数，信守诺言；二是对做不到的事情决不要许诺，如果许诺了就要兑现；三是对比较有把握的事，也不要说绝，应留有余地，以防万一；四是对学生要诚实、坦率，不当面一套，背后一套。"行必果"，就是行动一定要坚决果断，善始善终，不能说了不算，定了不办，虎头蛇尾，半途而废。一个班主任只有坚持"言必信，行必果"，才能获得信任。最容易损害教师威信的，莫过于被人发现他欺骗、吹牛、不守诺言。

教师要平等地对待每一个学生，做到真正理解学生，尊重学生，并公正地评价和对待学生。教师与学生要建立起一种平等的民主与合作的关系，要经常与学生平等交换意见，采纳他们合理的意见、建议和要求。在师生交流沟通中，要注意克服因老师和学生"地位"不同而产生"位差效应"所带来的负面效应，老师与学生之间的上位心理和下位心理给师生之间所造成的不利影响往往会造成"上情难达""下情难知"的尴尬局面。只有和学生多交朋友，克服这种"位差效应"，教师才能得到学生的认同，建立起自己的威信。

2. 联系第一题和对话中的"以爱立威、以公平立威、以信立威"，说一说你在实际教学中是如何立威的

（二）教师要有广博的知识

——《棉花姑娘》

金主任：诗老师，都下班了，你怎么还在工作啊？

诗老师：主任，我最近在教学中有一些感悟，想记下来，等教研活动时分享给大家。

金主任：很好啊，作为骨干教师，你平时没少帮助新来的教师。最近你又获得了哪些感悟呢？

诗老师：我发现随着教育的发展，现在学生对教师的学识要求越来越高，他们绝不会崇拜和尊重学识平平的教师。如果一个教师不受学生尊敬，良好的师生关系也就无从谈起。这就需要教师不仅要有专业知识，还要学识渊博，能够触类旁通。

金主任：没错儿，一个称职的教师不但应该建立最佳的知识结构体系，还要博览群书，培养广泛的爱好。只有这样才能提高分析问题和解决问题的能力，达到教书育人的目的。

诗老师：嗯。我平时对动物很感兴趣，也有一些深入研究，在讲到《棉花姑娘》这课时，正好能够把我平时积累的动物知识运用到课堂上。这一课讲述了棉花姑娘请求小动物给自己治病的故事，介绍了燕子、啄木鸟、青蛙和七星瓢虫分别吃不同害虫的科学常

识。我在课堂上给学生们扩充了燕子的种类、啄木鸟食量大、青蛙属于两栖动物等

知识，学生们都听得津津有味，上课就更加投入了。

金主任：你做得很好，这种经验值得推广。

1. 假设你正在参加教研活动，请你运用以下词语，陈述教师积累广博知识的重要性

学识渊博　触类旁通　学识平平　无从谈起　教书育人

2. 根据自身积累，写一写在教本章其他课文时，可以扩充哪些知识来辅助教学

《乌鸦喝水》＿＿＿＿＿＿＿＿＿＿＿＿＿＿＿＿＿＿＿＿＿＿＿＿＿

《树和喜鹊》＿＿＿＿＿＿＿＿＿＿＿＿＿＿＿＿＿＿＿＿＿＿＿＿

《坐井观天》＿＿＿＿＿＿＿＿＿＿＿＿＿＿＿＿＿＿＿＿＿＿＿＿

《纸船和风筝》＿＿＿＿＿＿＿＿＿＿＿＿＿＿＿＿＿＿＿＿＿＿＿

（三）了解学生特点，进行自我完善

——《坐井观天》

阿老师：艾老师，您班上学生刚才给您送了一些手工制作的贺卡，看您不在，请我转交给您。

艾老师：明天是教师节，这些孩子们真是太有心了。

阿老师：我看学生平时和您的关系很好，怎样才能建立起良好的师生关系呢？

艾老师：我觉得自我了解和了解学生是建立良好师生关系的前提条件。我们首先应该剖析

自己，正确评价自己，认识自己的优点和缺点，并且不断地自我完善。其次，要深入

了解学生，了解他们的年龄特点、个性差异，既做到关怀备至又要严格要求。

阿老师：嗯，有时候道理大家都知道，可实际操作起来就很难。比如在讲《坐井观天》这课时，

根据我对学生的了解，在总结完段落大意后，他们应该能够体会出文章的主旨。但

是当我提问时，大家的回答却不尽如人意。

艾老师：我觉得这可能还是因为你对学生的了解不够。《坐井观天》是一篇寓言故事，文章从

字面来看非常简单，但寓意却很深刻，学生不一定能完全理解。这时在教学方法上

应该有所变化，可以采用提问的方式，逐渐引导学生领会主旨。

阿老师：我明白了，也就是说我们在了解学生特点的同时，也要结合教学实际，不断改善教学

方法,最终达到良好的教学效果。

艾老师:对,了解学生、完善教学也是建立良好师生关系不可或缺的部分。

1. 听录音,总结出建立良好师生关系的要点,填写在下面的横线上

(1) _____

(2) _____

(3) _____

(4) _____

2. 请使用关键词,说一说在讲授以下课文时,怎样根据学生特点展开教学

《乌鸦喝水》	困难	观察	思考	成功	蕴含	战胜
《树和喜鹊》	生活	朋友	丰富	心情	变化	铺垫
《棉花姑娘》	常识	科学	动物	拓展	本领	益虫
《纸船和风筝》	问候	祝福	谅解	想象	友谊	彼此

(四) 树立正确的学生观

——《纸船和风筝》

正确的学生观是教师爱生的基础。然而,有的教师片面地认为学生中调皮捣乱的多,愚蠢不可教育的多,因而对学生失去信心,放弃教育,造成师生关系紧张。与之相反,有些教师认为不管是聪明的还是笨拙的,听话的还是顽皮的学生,都是可爱的,可以教育好的,因而他们总是满腔热情,以高明的教学艺术把学生教育好。可见,教师的学生观影响教师的工作态度,也影响到教育的效果。

在讲《纸船和风筝》这课时,为了提高学生的学习兴趣,我安排学生进行了折纸船的活动,让他们在纸船上写出祝福的话,送给自己的好朋友。虽然大家兴趣很足,但是有几个学生借着活动的机会,折了纸飞机,在教室里互相传递,扰乱了课堂纪律。看到这个情景,我没有上来就批评他们,而是借助课文告诉他们,"其实小熊也可以通过折纸飞机,来传递它和松鼠的友谊,你们比小熊聪明,能想出不同的方法。但是在课堂上,乱扔纸飞机,不但破坏了班级环境,还影响其他同学做活动,咱们班就像一个大家庭,家里乱糟糟的,兄弟姐妹都不和睦,我们自己能生活幸福吗?"听了我的话,那几个学生羞愧地低下了头。

所以,任何时候都不要对学生失去信心,放弃他们,应该做到循循善诱,正确引导学生。

1. 根据你对上文的理解,结合教学实际,选取其他例子,重新编写第二段

_____

_____

_____

_____

_____

2. 结合本章其他课文,从以下几个方面说一说怎样建立良好的师生关系

(1)树立教师威严。

(2)积累广博的知识。

(3)了解学生特点,进行自我剖析。

(4)树立正确的学生观。

词汇表(1)

序号	生词	释　　义
1	闷闷不乐	因有不如意的事而心里不快活
2	逆反心理	接受信息者产生的与发出信息者的愿望和要求相抵触的心理状态
3	威严	有威力而又严肃的样子
4	学识平平	学术上的知识和修养很普通,一般,不出众
5	学识渊博	学术上的知识和修养深而且广
6	触类旁通	懂得了某一事物或道理从而懂得相关的其他事物或道理
7	博览群书	广泛地阅读各种书。形容读书很多
8	关怀备至	关心得无微不至

续　表

序号	生词	释　　义
9	愚蠢	愚笨；不聪明
10	循循善诱	善于有步骤地进行引导

三、教学篇章阅读

　　师生关系是教育教学活动的前提和基础，对教育教学质量有着决定性的作用。作为教师，面对的是各种类型的学生，有品学兼优的学生，也有心理有障碍的学生或行为有偏差的学生。具体情况不同，作为教师就必须端正思想，正确认识学生，用"心"去教育学生，使所有的学生都能接受教师的教育，在人生的道路上健康成长。

　　爱心是教育成功的根本点。作为人类灵魂的工程师，只有全心全意地爱学生，才能取得学生的信赖；爱得越深，教育的效果越明显。爱学生不是一味地溺爱学生，而是更要有严师之威。教师不仅要给表现好的学生，也要给"后进生"以教师之爱。在班级中，教师要精心设计和营造一种平等、和睦、友爱的氛围，让班级充满集体之爱。仅有爱是不够的，还要教育学生树立正确的人生观，教会学生如何做人，明确人生的价值，把学习与国家建设联系起来。

　　耐心是教育成功的必要环节。一般地讲，好学生听话，接受教师的教育快，教师在感情上与这些学生比较接近。但教师的工作必须面对全体学生，否则教师的工作就不能算成功，因此更要重视对后进生的工作。后进生情绪易波动，行为也常变化无常，心理承受能力差而敏感，但又有强烈的自尊心，因此工作会出现反复。教师对此要有充分的思想准备，教育是一个漫长的过程，教师一定要有耐心，客观地分析原因以及规律性的现象，然后及时发现问题，适时提醒学生，做好诱导工作，最后消除波动。

　　信心是教育成功的动力。教育工作是一个长时间的过程，尤其是转化"后进生"的工作，有更多的反复，因此其过程相应就长些。教师要有足够的心理准备，同时要允许学生犯错误。对学生来说犯错误是难免的，这时教师的心态就显得十分重要。不要因为学生出现反复就丧失信心，放弃教育转化工作，也不要因此而出现急躁情绪。只要持之以恒，对症下药，教育出现成功的那一天就会到来。但要得到这一结果，教师自己必须充满信心，否则，会出现半途而废的现象或功亏一篑的结局。

　　在实际教学中，教师与学生缺乏交流是普遍现象。教师在上面讲，讲完就走，学生做完笔记就算完成任务。教师只做到了授业,不能很好地解惑。教师要真正做到想学生之所想,急学生之所急,用自己的爱心、诚心、耐心和信心去构筑一个更健康、更有利的师生关系,这是不容忽视的。

根据课文,联系实际,回答以下问题

1. 师生关系与教育质量的关系是怎么样的?

2. 如何打造良好的师生关系?

3. 请用自己的话说一说为什么信心是教育成功的动力。

4. 你在平时是怎么处理师生关系的?跟大家分享一下成功案例。

词汇表(2)

序号	词语	释义
1	品学兼优	思想品德和学业都很优秀
2	端正	正派,使端正
3	和睦	相处得融洽友爱,不争吵
4	诱导	劝诱教导
5	持之以恒	长久地坚持下去
6	对症下药	比喻针对具体情况决定解决问题的办法
7	半途而废	中途停止。比喻做事不能坚持到底,有始无终
8	功亏一篑	比喻事情最后由于松劲或缺少条件而没有成功。含惋惜之意
9	构筑	建造、修筑
10	不容忽视	不能忽视,很重要、很紧急

四、教学知识链接

(一) 文言文拓展

1. 本

(1)本来的,原来的。

例：将原先王，本仁义，则礼正其经纬蹊径也。——《劝学》

(2) 根源，来源。

例：当此之时，专威定功，安危之本，在于此矣。——《过秦论》

2. 鄙

(1) 庸俗，浅陋。

例：人贱物亦鄙，不足迎后人，留待作遗施，于今无会因。——《孔雀东南飞》

(2) 边疆，边远的地方。

例：越国以鄙远，君知其难也。——《烛之武退秦师》

（二）古文赏析

小 石 潭 记

［唐］柳宗元

从小丘西行百二十步，隔篁竹，闻水声，如鸣珮环，心乐之。伐竹取道，下见小潭，水尤清冽。全石以为底，近岸，卷石底以出，为坻，为屿，为嵁，为岩。青树翠蔓，蒙络摇缀，参差披拂。

潭中鱼可百许头，皆若空游无所依，日光下澈，影布石上。怡然不动，俶尔远逝，往来翕忽，似与游者相乐。

潭西南而望，斗折蛇行，明灭可见。其岸势犬牙差互，不可知其源。

坐潭上，四面竹树环合，寂寥无人，凄神寒骨，悄怆幽邃。以其境过清，不可久居，乃记之而去。

同游者：吴武陵，龚古，余弟宗玄。隶而从者，崔氏二小生：曰恕己，曰奉壹。

译文　　从小丘向西走一百二十步，隔着竹林，听到了水声，好像玉佩、玉环碰撞的声音，我心里高兴起来。砍倒竹子，开辟出一条道路，向下看见一个小潭，潭水格外清凉。潭以整块石头为底，靠近岸边，石底周边部分翻卷过来露出水面，成为坻、屿、嵁、岩各种不同的形状。青葱的树，翠绿的藤蔓，蒙盖缠绕，摇曳牵连，参差不齐，随风飘拂。

潭中的鱼大约有一百来条,都好像在空中游动,没有什么依傍的。阳光直照到水底,鱼的影子映在石头上。鱼儿静止不动,忽然又向远处游走,往来轻快迅疾,好像和游人一同欢乐。

向小石潭的西南方看去,溪水像北斗星那样曲折,像蛇那样蜿蜒前行,时隐时现。溪岸的形状像犬牙那样交错不齐,不知道它的源泉在哪里。

坐在小石潭边,四面被竹子和树木围绕着,寂静寥落,空无一人,让人感到心情悲伤,寒气透骨,凄凉而幽深。因为这里的环境太凄清,不可以久留,就记下这里的情景离去。

同游的人有吴武陵、龚古、我的弟弟宗玄。跟着去的有两个姓崔的年轻人:一个叫恕己,一个叫奉壹。

(三) 文学常识——诗仙李白

李白少年时代学习范围广泛,饱读儒家经典、文史名著及诸子百家之书,有超脱尘俗的思想,也有建功立业的政治抱负。李白青少年时期的诗歌留存很少,但已经显示出极高的天赋。约二十五、六岁时,他开始外出游历,公元742年,被唐玄宗召入长安,并担任"翰林"之职,相当于"文学侍从",但不满两年即被迫辞官。此后11年间,李白继续四处漫游,所谓"浪迹天涯,以诗酒自适"。李白一生创作了大量诗歌,目前留存900多首。《古风》59首继承了汉魏乐府民歌的优良传统,文笔朴素生动,反映了他不满现实、希望为国立功的思想。其七言古诗,色彩缤纷、气势磅礴。还有五言绝句《静夜思》、七言绝句《望庐山瀑布》《早发白帝城》等,都是脍炙人口的名篇。他的诗作语言清新、生动、豪放,富有想象力,具有强烈的浪漫主义精神,代表了唐代以及我国古典诗歌的最高水平,杜甫称赞他"笔落惊风雨,诗成泣鬼神"。

(四) 教学小贴士

主动与学生交流沟通,建立良好的师生关系

教和学的互动是在师生的交流中产生的,但在实际教学中,教师与学生缺乏交流是普遍现象。教师只与个别班干部和"优等生"交流,学生只愿与新分配来的青年教师交流。对此,教师在同学生交流沟通时首先应做到"一把钥匙开一把锁"。每个学生都有一个特殊的世界,这就要求

教师在与学生交流时做到具体问题具体分析。其次，教师要利用各种机会加强与学生之间的感情交流。同学生交流要缩小与他们之间的心理距离，主动关心、亲近学生，要与他们交心、谈心、坦诚相待。如果教师能以亲切的语气随口叫出一位学生的名字，他会感到愉悦，尤其是在师生接触交往的最初阶段，教师能很早记住他的名字，更会产生某种程度的出乎意外的惊喜。再次，与学生沟通的同时，还应当勤与学生家长联系，赢得家长的信任，有他们配合做工作，效果会很不一样。最后，与学生交流时要注意一些方法、策略。在与学生交流时，老师一个微笑，一个目光，一句鼓励，都会引起学生的内心波动，对师生关系产生正面的影响。

五、听力文本

（三）了解学生特点，进行自我完善

1. 听录音，总结出建立良好师生关系的要点，填写在下面的横线上

良好的师生关系是开展教学的必要条件，要建立良好的师生关系必须注意以下几个方面。

教师的自我了解是自我教育的依据，了解学生则是对学生因材施教的依据。因此，教师首先需要了解自己，要有自知之明，严于剖析自己，正确评价自己，认识自己的优点和缺点，并据此提升自我修养、开展自我教育和进行自我完善。其次，教师要深入了解学生，了解学生的年龄特点、个性差异等。教师既要理解学生，将心比心，关怀备至，又要对他们循循善诱，严格要求。教师只有在深入地了解自己和学生的基础上进行自我教育和教育学生，才能建立良好的师生关系。

班级就像个大家庭，其中的每一个同学都如兄弟姐妹般互相关心着、帮助着、照顾着、鼓舞着，那么它便是温暖的。尊师和爱生是密不可分、互相联系又互相促进的。教师受到学生的尊重，就会产生光荣感，从而更加热爱学生和热爱教育事业，更加自励自勉，处处身教言教，能给学生以良好的榜样影响。而学生受到教师的关怀爱护，又会更加尊重和热爱教师，并听从教师的教诲。

此外，教师的民主作风对师生关系的影响极大。有些教师盲目地追求个人权威，他们在教育教学过程中不管自己的要求和做法是否合乎教育规律和原则，是否有利于学生的身心发展，而一味要学生言听计从。据有关心理调查表明，学生最喜欢的是和蔼可亲、具有民主作风的教师；学生最讨厌甚至内心怨恨的则是那些专制型的教师。因此，教师应该尊重学生，与学生平等相处。

第六章　童话故事（二）

一、教学基础识记

1. 读一读："啊"的变读，"一""不"的变调，连读变调

（1）"啊"单独用时读"a"，当"啊"前面出现别的音节时，受到前一个音节韵尾的影响，读音会发生以下变化：

① 前面韵尾是"a,o,e,i,u,ü"时，读"ia"，写作"呀"，如"来呀"；

② 前面韵尾是"u,ao,ou"时，读"ua"，写作"哇"，如"好哇"；

③ 前面韵尾是"n"时，读"na"，写作"哪"，如"开门哪"；

④ 前面韵尾是"ng"时，读"nga"，仍写作"啊"。

（2）"一"和"不"的变调：

① "一"和"不"在单独用和在词句末尾时都读本调，如"统一"。其中"一"表示序数时也读本调，如"一月一号"。"不"在非"四声"字前仍读本调，如"不知道"；

② "一"和"不"在"四声"字前都读"二声"，如"一共""不错"；

③ "一"和"不"在词语中间时读轻声，如"试一试""差不多"；

④ "一"在非"四声"字前读"四声"，如"一天""一年""一起"。

（3）连读变调：当两个"三声"音节连用时，前一个音节读"二声"，如"友好"。当有三个或四个音节都是"三声"时，先把结构更为紧密的分成一部分，再根据规律变调，如"展览馆"中"展览"先变调，然后"览"再变调。

2. 辨一辨：辨析以下五组词语

（1）

甜蜜	释义	"甜蜜"侧重指主观上感到幸福、愉快、舒适。"甜蜜"也常用来形容表情。
	例句	小宝宝在摇篮里甜蜜地睡着了。

续　表

甜美	释义	"甜美"侧重指客观上具有舒服、愉快的属性。"甜美"还可指味道的香甜可口。
	例句	济南趵突泉的水质澄清而甜美。

（2）

听从	释义	"听从"侧重指接受并按照别人的命令或意见去做,可用于人、组织或动物。"听从"常与"劝告""指挥""安排"等词搭配。
	例句	小学生春游一定要听从老师的指挥,不要乱走。
服从	释义	"服从"不仅有听从之意,还有不折不扣遵照执行的意思,只用于人或组织。"服从"常与"命令""决定""集体"等搭配。
	例句	作为一名士兵,要绝对服从上级的命令。

（3）

动员	释义	"动员"侧重表示说服、号召。"动员"和"鼓动"的对象既可以是群众,也可以是个人。"动员"还表示为战争调动一切力量的意思。"鼓动"没有这样的用法。
	例句	我这就动员大家给灾区捐款捐物!
鼓动	释义	"鼓动"侧重激发、促使。
	例句	他的几句话就把大家的情绪鼓动起来了。

（4）

发愤	释义	"发愤"侧重强调内心下决心,立大志,努力奋斗。
	例句	他立志发愤读书,考上全国一流大学。
奋发	释义	"奋发"侧重强调精神状态的饱满、振作,努力奋斗。
	例句	青年一代有奋发向上的进取精神,我们的民族就有希望。

（5）

眷恋	释义	"眷恋"强调关心和念念不忘,包含着亲情,多用作书面语言。
	例句	虽然相距遥远,老人依然时常眷恋着她的故乡。
迷恋	释义	"迷恋"侧重表示沉醉和痴迷,含过分的意思,有时带贬义。
	例句	他对书法艺术的迷恋,已经到了废寝忘食的地步。

3. 记一记：识记以下成语并造句

应接不暇	释义	原指美景繁多，看不过来。后形容来人或事情太多，接待应付不过来。
	例句	山路两边的美景让人应接不暇。
座无虚席	释义	座位没有空着的，形容观众、听众或出席的人很多。
	例句	今天参加会议的人很多，可以说是座无虚席。
异想天开	释义	形容想法离奇，不切实际。
	例句	你别异想天开了，人怎能像孙悟空那样腾云驾雾呢？
心灵手巧	释义	心思灵敏，手灵巧，形容人聪明能干。
	例句	那群姑娘里，就数她心灵手巧，绣出来的虫鱼花鸟无不栩栩如生，活灵活现。
所向披靡	释义	比喻力量所到之处，一切障碍全被扫除。
	例句	中国人民解放军攻无不克，战无不胜，所向披靡。

4. 背一背：背诵以下课文

年级	课号	课文标题
二年级（下）	课文 1	《村居》
二年级（下）	课文 1	《咏柳》
二年级（下）	识字 2	《传统节日》
二年级（下）	课文 15	《晓出净慈寺送林子方》
二年级（下）	课文 15	《绝句》
二年级（下）	课文 16	《雷雨》

二、教学语言表达

本节将要学习到的内容主要涉及以下课文：

年级	课号	课文标题
二年级（下）	22	《小毛虫》
三年级（上）	12	《总也倒不了的老屋》
三年级（上） 三年级（下）	8/27	《卖火柴的小女孩》 《漏》
三年级（下） 四年级（下）	17/27	《我变成了一棵树》 《巨人的花园》

（一）情感激励

——《小毛虫》

艾老师：阿老师，你和学生沟通的时候遇到过什么问题吗？

阿老师：没什么问题，不过我发现有些小技巧可以让学生更积极地参与到课堂中来，让他们更信任我，沟通的效率也就更高。

艾老师：这么好的方法，快说来听听。

阿老师：心理学家詹姆士曾说："人最本质的需要是渴望被肯定。"所以我常常在情感上激励他们，比如《小毛虫》这篇课文的学习目标之一就是能借助提示用自己的话讲这个故事。

诗老师：讲一个刚学的故事对小学二年级的学生来说并不简单，尤其是用我们刚刚学过的词语。

阿老师：对，但老师的积极情绪是可以影响学生的。"老师相信你，你一定可以的"这样的话可以激励学生说出更多，当然这也离不开老师有效的引导，如结合插图，进行有效的提问等等。

诗老师：经你这么一提醒，我发现情感激励可以贯穿到整堂课中，学生完整地讲出故事后，"你真了不起"等话语也会让学生在心理上获得自信和成功的体验。即使答得不尽如人意，我们也可以找到学生其他的闪光点，比如"你能大胆发言就是好样的""继续加油"等也会让学生在今后的学习中更努力。

艾老师：您说得太对了，这真应了那句"好孩子都是夸出来的"。

1. 请阅读下面的文字,回答问题

《人工智能》学生用书是由教育部教育装备研究与发展中心牵头,联合北京教育科学研究院等共同发起的"中小学人工智能教育项目"研发的成果之一。发布会上,中小学人工智能装备、中小学人工智能教育装备配备方案、中小学人工智能课程指南3项成果同时发布。

这些年,技术的发展、政府的重视,让人工智能迅速成为社会热点。2017年,国务院印发《新一代人工智能发展规划》,提出"实施全民智能教育项目,<u>在中小学阶段逐步设置人工智能相关课程,推广编程教育。</u>"2018年,教育部进一步明确,要"构建人工智能多层次教育体系,在中小学阶段引入人工智能普及教育"。去年9月,"中小学人工智能教育项目"_____,在走访调研部分中小学、高校科研院所、相关企业之后,项目组聚集起包括院士、人工智能专家、教育专家、一线教师、技术人员等在内的力量,开始了人工智能教育项目的顶层设计和具体研发。

"人工智能教育的目的不在于出书,而在于培养什么样的能力,我们想让孩子看得懂、感兴趣、不落伍,入门普及之后,将来还有可能_____相关领域的研究。"教育部教育装备研究与发展中心主任曹志祥表示。

人工智能4个字说起来简单,但如何让孩子明白其中的原理,并且有兴趣探究?"要将人工智能原理这个<u>黑匣子</u>打开到什么程度,怎样呈现知识,我们_____了很久。"项目工作组组长、教育部教育装备研究与发展中心处长刘俊波说。最终,项目组决定将学与用相结合,形成通识、技术体验、编程和智能机器人4个模块,并根据目前中小学的教室面积、学生人数等实际情况,提供装备配备方案。

(节选自《人民日报》2019年01月24日11版《孩子们,这样触摸新科技》,文中稍有改动)

(1) 文中画横线的句子有语病,下列修改最恰当的一项是(　　)。

A. 在中小学阶段逐步设置人工智能相关课程和编程教育。

B. 在中小学阶段设置人工智能相关课程,逐步推广编程教育。

C. 在中小学阶段逐步推广编程教育,设置人工智能相关课程。

(2) 依次填入文中横线上的词语,全都恰当的一项是(　　)。

A. 乘其不备　投身　琢磨

B. 应运而生　投入　捉摸

C. 应运而生　投身　琢磨

(3) 对"要将人工智能原理这个黑匣子打开到什么程度"中的"黑匣子"理解正确的一项是(　　)。

A. 指汽车、轮船、列车和飞机记录仪的俗称，用于记录交通工具运行状况的一类设备，以前多装在一种不易损坏的黑色金属盒子里。

B. 指不明白其工作原理的事物。

C. 指里面装有不明物体的，外壳是黑色的盒子。

2. 根据下面的情况，谈一谈你会如何运用情感激励法

老师，我的作文总也写不好怎么办，作文里不仅经常出现病句，而且有时一段话说不完整，其他老师给的评语还说我没有真情实感，没有重点。其实每次写作文我也不知道该写什么，有时一看字数还没达到要求，就随便写点儿什么凑字数。现在我一上写作课就害怕，一听到要写作文就头疼，考试要是没有作文就好了。

（二）榜样激励

——《总也倒不了的老屋》

艾老师：阿老师，上次用了您说的情感激励法，很有效果。我也想跟您分享一个我的小技巧。

阿老师：太好了，快说说。

艾老师：分角色有感情地朗读课文，培养语感是小学阶段语文课程的目标之一。如果在朗读时能联系角色本身以及当时的环境，那么学生会表现得更加自然、得体。

阿老师：对，说得非常好。您还可以选出读得好的学生作为其他学生的榜样。

艾老师：我想的跟您一样，所以我让大家把某个朗读得很好的学生作为全班学习的榜样，学生有了明确的榜样后，对相关的学习活动会有更具体的认识，从而更好地去实践。

阿老师：对，我在讲《总也倒不了的老屋》时，学生需要掌握"晒""准"等 13 个字，有的学生这个字写得好，有的那个字写得不错，我会分别让他们在前面演示给大家看，并谈一谈写好这个字的经验。其他同学都点头称赞，并表示希望以后能写得跟这些榜样一样好。

宋主任：榜样激励就是要起到这样的作用，但也要注意把握好尺度和方式，不要让学生觉得老师偏向某个学生，而是一视同仁的。

1. 请完成下表,并根据表内信息和以下两个要求,讲一个完整的童话故事

要求　(1) 运用对比手法;

　　　(2) 想象主人公的表情、动作以及心理,并对这些方面进行描写。

题目	
主人公	蜗牛、小猫、小麻雀和其他小动物
时间	
地点	
事件	起因:
	经过:
	结果:
道理	同学之间应该互相帮助,而不是在同学遇到困难时讥笑和嘲讽。

2. 除了教学以外,在课堂管理上我们也可以运用榜样激励,根据下面的情况,说一说你的看法

　　我是一名小学二年级的语文老师,我带的一个班有个棘手的问题一直没有得到解决:有几个学生在课堂上随便说话,而且不分场合和时间。他们不仅自己不参与到课堂中来,还影响了其他学生,虽然大部分学生都能认真听讲,特别是班干部。我每次都不断地重复"别说话了!"但效果都不好,我该怎么办啊?

(三) 目标激励

—— 《卖火柴的小女孩》《漏》

艾老师:阿老师,我的学生总担心不能很好地完成复述故事这一任务,除了情感激励和榜样
　　　　激励,您还有什么其他方法吗?

阿老师:没有目标,就好像在黑暗中前行,树立目标很重要。

艾老师:我最近在教《卖火柴的小女孩》这篇课文,上课之初,也给学生们设立了复述目标,可
　　　　是有的学生还是完不成。您能分享一下具体的做法吗?

阿老师:比如《漏》这篇课文,我帮学生设立好了复述目标,有的学生会画出关键词句,有的会

结合课文插图来理解课文，反过来又通过插图帮助自己复述故事。当然老师的引导作用也很重要，通过提问"他们冒着雨，跑啊跑，跑过山，跑过河，最后贼成什么样了？老虎呢？"也可以帮助学生顺利讲出这个故事。

艾老师：我明白了，这是课堂上的具体目标。我们还可以设立长远目标，比如学期结束后，他们能较完整地讲述小故事，能简要讲述自己感兴趣的见闻等；学生也可以自己设立目标，比如这学期语文成绩要达到怎样一个水平。

阿老师：是的，有了目标才有方向，学生在遇到困难时，想到这些目标也会迎难而上，从而达到理想的学习效果。

艾老师：我很同意您的看法，但目标的设立也要贴合自己的实际，不能太低也不能太高。

阿老师：英雄所见略同！

1. 听录音填空

（　　）目前，我国 4612 个国有林场改革任务基本完成，占国有林场总数的 95％。

本报合肥 1 月 10 日电　（记者顾仲阳）记者从此间召开的全国林业和草原工作会议上（　　）：截至目前，我国 4612 个国有林场（　　）基本完成，占国有林场总数（　　）个的 95％，28 个省份完成省级自（　　）工作，改革总体进展顺利，保（　　）、保民生、创新体制、活化机制成效明显。

据介绍，国有林场改革启动以来，中央财政（　　）安排改革补助资金 158 亿元，有效解决国有林场职工参加（　　）和分离林场办社会职能问题，职工社会保险参保率较改革前平均提高 27 个百分点。累计安排国有林场全面停止天然林商业性（　　）补助 138 亿元。

（节选自《人民日报》2019 年 01 月 11 日 10 版《数读》）

2. 根据下面的情况，谈一谈你会如何运用目标激励法

我是一名小学六年级的语文老师，班级整体状况良好，但个别学生学习态度散漫，把完成作业当成任务，而不是真的在学习。当问到小升初考试怎么通过时，他竟然回答"不知道，听天由命吧！"他不知道学习有什么用，对学习已经麻木了。我想找这个学生谈一谈，但还没想好用什么方法劝说他。

（四）操作激励

——《我变成了一棵树》《巨人的花园》

诗老师：金老师，我现在讲的这一单元体裁都是童话故事，除了引导学生在故事中悟出道理，本单元的重点还有培养学生的想象能力，您是怎么上的？

金老师：对，童话故事的教学目标之一是让学生根据课文内容想象画面，我一开始让学生口头描述，但发现学生的词汇积累以及表达方式不足以支撑他们的想象力。

诗老师：是啊，检测学生的想象力可不是一件容易的事。我在上《我变成了一棵树》时，让学生们想象主人公变成树后，发生了哪些趣事，学生们虽然都很积极，但是口头表达却不太尽如人意。

金老师：后来我想到让学生亲自表演想到的画面，比如《巨人的花园》这一课，当巨人面对孩子们一次一次地进入他的花园时，大喊"谁允许你们到这儿来玩的！都出去！""好容易才盼来春天，你们又来胡闹。出去！""喂！你赶快出去！"我会让学生模仿巨人的语气、神态来进行表演。

诗老师：这样，我们不仅能让学生在课本层面理解、感受课文，还可以通过实际操作激励他们对课文有更深的认识，同时还能让他们充分发挥想象，培养他们的想象力。

金老师：您理解得很好，恰好说出了我的心里话。

1. 请根据《巨人的花园》这篇课文，想象巨人和孩子们一起生活、玩耍的情景，然后进行片段描写

2. 你会如何借由全校师生春游的机会，运用操作激励法鼓励学生进行写作练习（如写一篇日记、一件难忘的事、春天的景色或者通过观察写一朵小花……）

词汇表（1）

序号	生词	释 义
1	尽如人意	完全符合心意，多用于否定式
2	砍伐	用锯、斧等把树木的枝干弄下来或把树木弄倒

续　表

序号	生词	释　义
3	点头称赞	表示认可
4	一视同仁	不分厚薄，同样看待
5	尺度	原指长度的标准，现泛指标准
6	迎难而上	遇到困难也不退缩，迎着困难去克服它
7	英雄所见略同	英雄人物的见解基本相同。这是对意见相同的双方表示赞美的话

三、教学篇章阅读

　　激励机制是教学中的正能量，是学生进步和成功的催化剂和推进器。心理学研究显示：鼓励、肯定、赞许能增添人的自信心，而自信心是获取成功的巨大动力。学生在学习过程中获得鼓励、肯定、赞许的次数越多，他们良好行为活动的再发性就越高。第斯多惠说："教学的艺术不在于传授的本领，而在于激励、唤醒、鼓舞。"因此在教学中，教师要善于运用激励性评价。

　　丰富激励性评价语言。在课堂上，许多老师毫不吝啬地学生表扬与激励，帮助学生提高自尊和自信心，鼓励学生持续发展。在具体操作中，不少老师的激励性评价方式单一，一段时间后，学生也就有了厌倦情绪，这就要求我们以多种方式来实施激励性评价。如果老师有着多样、灵活、生动、丰富的评价语，就能使学生如沐春风，课堂内总是生机勃勃的，教师的评价如果能与教学内容有机结合，那么语言的回旋余地就可超出简单的评语范畴，趋向更生动、丰富的境地。

　　适当地运用体态语。除了有声语言外，教师还要适当运用体态语。一个充满希望的眼神，一个赞许的点头，一个鼓励的微笑，拍一拍学生的肩膀，甚至充满善意的沉默，不仅传达了一份关爱，还表达了一种尊重、信任和激励。这种润物细无声的评价方式更具亲和力，能产生心与心的互动，作用远大于随意的口头表扬。

　　把握好激励性评价的尺度。教师激励性语言的轻重直接影响着效果的大小，理论与实践都证明，激励性语言的强度与效果呈抛物线形，因此，初始阶段的激励性语言，强度可以大一些，特别是针对那些学习主动性不强，积极性不高的学生。一定时间内激励性评价的次数要合适，并且激励要选择在最佳时机,赏不过时,当学生全身心投入学习并取得成功时,教师及时的评价是对他们学习成果的赞许与肯定。

总之,现代心理学研究认为,当学生出现某种良好行为时,如能及时得到相应的认可,学生就会产生某种心理满足,形成愉悦的心境,并会积极努力使同类行为继续向更高层次发展。颜元也说过:"数子十过,不如奖子一长。"课堂评价如果多一点欣赏鼓励,多一点期待关注,多一点尊重宽容,多一点浓厚的人情味,就可以多为学生创设良好的课堂心理氛围,让学生在一次次充满真诚与个性的评价中得到个性的张扬和学习质量的不断提高,让每个学生在自尊自信中快乐健康成长!

根据课文,联系实际,回答以下问题

1. 以语文学科为例,说说激励机制有哪些作用?
2. 说一说在课堂中如何正确地运用激励机制?
3. 选择自己的课堂,想一想如何丰富激励性语言?
4. 你在平时的教学中,是怎么激励学生的?与大家分享一下。

词汇表(2)

序号	词语	释义
1	推进器	将任何形式的能量转化为机械能的装置,驱动前进。例:和平是经济发展的推进器,没有和平,经济就得不到快速的发展。
2	再发性	再次、一再出现的特性
3	毫不吝啬	一点也不小气
4	如沐春风	比喻得到教益或感化,就像受到春风的吹拂一般
5	生机勃勃	形容自然界充满生命力,或社会生活活跃
6	范畴	反映事物本质和普遍联系的基本概念
7	体态语	即身体语言,用身体动作来作为表达情感、交流信息的沟通手段
8	润物细无声	取自杜甫《春夜喜雨》里的一句诗,形容在不知不觉中让人受益
9	赏不过时	奖赏要及时,迟到的奖赏达不到应有的效果

四、教学知识链接

（一）文言文拓展

1. 病

(1) 毛病，弊病。

例：臣欲奉诏奔驰，则刘病日笃。——《陈情表》

(2) 泛指病，生病。

例：未果，寻病终。——《桃花源记》

2. 殆

(1) 副词。大概，恐怕。

例：荆州北据汉、沔，利尽南海，东连吴会，西通巴、蜀，此用武之国，而其主不能守，此殆天所以资将军，将军岂有意乎？——《隆中对》

(2) 通"怠"。懒惰。

例：思而不学则殆。——《论语》十则

（二）古文赏析

马　说

［唐］韩　愈

世有伯乐，然后有千里马。千里马常有，而伯乐不常有。故虽有名马，祇辱于奴隶人之手，骈死于槽枥之间，不以千里称也。

马之千里者，一食或尽粟一石。食马者不知其能千里而食也。是马也，虽有千里之能，食不饱，力不足，才美不外见，且欲与常马等不可得，安求其能千里也？

策之不以其道，食之不能尽其材，鸣之而不能通其意，执策而临之，曰："天下无马！"呜呼！其真无马邪？其真不知马也！

译文　　世上有了伯乐，然后才会有千里马。千里马是经常有的，可是伯乐却不经常有。因此，虽然有千里马，也只能在仆役的手下受到屈辱，跟普通的马一起死在马厩里，不能获得千里马的称号。

日行千里的马，一顿有时能吃下一石粮食。喂马的人不懂得要根据它日行千里的本领来喂养它。所以这样的马，虽有日行千里的能耐，却吃不饱，力气不足，它的才能和美好的素质也就表现不出来，想要跟普通的马相等尚且办不到，又怎么能要求它日行千里呢？

不按正确的方法鞭策它，喂养又不足以使它充分发挥自己的才能，它鸣叫却不能通晓它的意思，反而拿着鞭子站在它跟前说："天下没有千里马！"唉！真的没有千里马吗？其实是他们真不识得千里马啊！

（三）文学常识——诗圣杜甫

杜甫的一生颠沛流离，郁郁不得志，曾两次参加科举考试，两次落第。此后他游历名山大川、结交有识之士。经历过"安史之乱"，目睹了社会危机，他自己的生活也贫困交加，小儿子因此被饿死。后辗转到了四川，在老朋友手下充任"幕府"，在成都盖了一座草堂安身，就是有名的"杜甫草堂"，过着寄人篱下、饥饿贫困的生活，59岁便因病辞世。虽然生前默默无闻，但杜甫死后声名远扬，大约有1500多首诗歌被保留下来。这些诗歌内容丰富、取材广泛，多数来源于现实生活，揭示了底层人民的生活，反映了唐王朝的变迁与衰落，因此他的诗被称为"诗史"。其中最著名的当属"三吏""三别"，分别是《石壕吏》《新安吏》《潼关吏》《新婚别》《无家别》《垂老别》。他的诗风古朴平淡，读来却如针刺心，因此杜甫又被后人称为"诗圣"。

（四）教学小贴士

教学激励机制的榜样策略

1. 教师榜样。作为一名教师，一定要严格要求自己，坚持学习，努力提高自身综合素质，使自己各方面都能成为学生的榜样。"榜样产生力量"，教师要用自己的言传身教去影响学生，让学生去模仿、学习。

2. 名人榜样。善于利用名人效应，教师要给学生讲一些名人故事，如贝多芬、爱迪生等，让学生受到这些名人的影响，从故事中学习他们坚持不懈，勇于克服困难，最终取得成功的精神和毅力，从而指导自己的学习，通过努力取得优异成绩。

3. 同学榜样。学生最熟悉的莫过于他们的同学了，教师要充分利用这一优势，经常跟学生讲同学中成功的例子，号召大家以这些同学为榜样，向他们学习，这样教师既表扬了这些同学，又能让其他学生产生学习动力，下意识地跟着这些同学认真学习。

五、听力文本

（三）目标激励

1. 听录音填空

截至目前，我国 4612 个国有林场改革任务基本完成，占国有林场总数的 95％。

本报合肥 1 月 10 日电 （记者顾仲阳）记者从此间召开的全国林业和草原工作会议上获悉：截至目前，我国 4612 个国有林场改革任务基本完成，占国有林场总数 4855 个的 95％，28 个省份完成省级自验收工作，改革总体进展顺利，保生态、保民生、创新体制、活化机制成效明显。

据介绍，国有林场改革启动以来，中央财政累计安排改革补助资金 158 亿元，有效解决国有林场职工参加社会保险和分离林场办社会职能问题，职工社会保险参保率较改革前平均提高 27 个百分点。累计安排国有林场全面停止天然林商业性采伐补助 138 亿元。

（节选自《人民日报》2019 年 01 月 11 日 10 版《数读》）

第七章　写景散文（一）

一、教学基础识记

1. 读一读：拼音教学游戏

（1）认一认大家的"姓"：先以板书形式呈现 b p m f z c s d t n l zh ch sh r g k h，然后老师任指其中一个声母并提问"谁的姓有这个声母，请举手。"举手同学的同桌判断他说的是否正确。

（2）看口形猜韵母：以板书形式呈现 a o e i u ü，然后老师不发声只做口形，让学生猜是哪个韵母。

（3）听声找音节：制作一些音节卡片，发放到学生手中，每个人手里拿到的卡片可以是不一样的。然后老师用手遮住嘴发音，如果学生听到的音节是自己手中的，就举起卡片，并展示给同学看，其他同学判断是否正确。

2. 辨一辨：辨析以下五组词语

（1）

高尚	释义	"高尚"侧重指不庸俗，道德水平高，常用来修饰人的道德、品质、情操，也可用于形容事物。
	例句	蜜蜂是渺小的，但它又是高尚的，它用自己的辛勤劳动，给人们的生活带来甜蜜。
崇高	释义	"崇高"侧重指不平凡，思想境界高，常用来修饰理想、精神、事业等。
	例句	这件事充分表现了他舍己为人的崇高精神。

（2）

估计	释义	"估计"可以是对事物发生的时间、可能性、作用的推测，也可以是对事物的质量、数量等的推测。
	例句	据初步估计，这项工程可在 10 月竣工。
估量	释义	"估量"多用于对事物的轻重、大小、强弱、数量等方面的推测。
	例句	破坏原始森林，会造成难以估量的损失。

(3)	会见	释义	"会见"的双方身份高低可以相同,也可以不同,因而比较客气,适用范围也较宽。
		例句	国家领导人昨天会见了美国总统。
	接见	释义	"接见"只适用于主语是身份较高的一方。
		例句	国家领导人亲切接见了参加奥运归来的运动员。

(4)	精心	释义	"精心"着重指用心用力,常作状语、定语,一般不作谓语,不受程度副词修饰。
		例句	这只鸽子的翅膀受伤了,我们要对它精心照料。
	专心	释义	"专心"着重指心思专一,不受干扰。可以受程度副词修饰。
		例句	老师教育我们上课时要专心听讲,不能东张西望。

(5)	连续	释义	"连续"多指事物或行动在空间或时间上的距离比较紧密、均衡。
		例句	连续几天的小雨,使空气变得很潮湿。
	陆续	释义	"陆续"指时间上有间隔,前后的连接不均衡。
		例句	开学了,同学们陆续地来到学校报名上课了。

3. 记一记：识记以下成语并造句

抑扬顿挫	释义	声音高低起伏和停顿转折。
	例句	小白朗读课文抑扬顿挫,十分有韵味。
抓耳挠腮	释义	① 形容焦急而又没办法的样子。 ② 形容欢喜而不能自持的样子。
	例句	这道数学题他怎么也解不出来,急得抓耳挠腮。 孙悟空听菩萨这么说,高兴得抓耳挠腮。
斩钉截铁	释义	形容说话办事坚决果断,毫不犹豫。
	例句	看他回绝得那么斩钉截铁,这事没希望了。
旁若无人	释义	好像旁边没有人,形容态度自然或高傲。
	例句	她在电影院里高谈阔论,旁若无人,实在不像话。
杯水车薪	释义	用一杯水去救一车着了火的柴,比喻无济于事。
	例句	这点帮助对这个不幸的家庭来说,只不过是杯水车薪。

4. 背一背：背诵以下课文

年级	课号	课文标题	背诵部分
三年级（上）	4	《山行》	
三年级（上）	4	《赠刘景文》	
三年级（上）	4	《夜书所见》	
三年级（上）	6	《秋天的雨》[节选]	秋天的雨，有一盒五彩缤纷的颜料……美丽的菊花在秋雨里频频点头。
三年级（上）	17	《望天门山》	
三年级（上）	17	《饮湖上初晴后雨》	
三年级（上）	17	《望洞庭》	

二、教学语言表达

本节将要学习到的内容主要涉及以下课文：

年级	课号	课文标题
一年级（上）	1	《秋天》
三年级（上）	1	《大青树下的小学》
三年级（上）	6	《秋天的雨》
三年级（上）	18	《富饶的西沙群岛》
三年级（下）	24	《火烧云》

（一）循序渐进，增加鼓励

——《秋天》

宋主任：咱们小学阶段语文教学的主要目的是让学生对语文感兴趣，积累语文知识，提高语文素养。其中第一点尤为重要，如果学生失去了学习语文的兴趣，那将直接导致我们教学上的失败，所以今天咱们就这个问题讨论一下。

阿老师：我觉得学生在小学阶段的语文学习不能着急，知识的积累、素养的提高都是需要时间的，我们应该循序渐进一步一步来。

艾老师：阿老师说得很有道理，我再补充一点，在学习兴趣的培养上，我认为老师应该多鼓励学生，特别是要鼓励他们充分发挥想象力。像《秋天》这篇课文，在识字等知识层面对学生并没有过高的要求，更重要的应该是通过老师的引导让学生体会秋天的情趣和描写这些情趣的文字之美。鼓励学生发挥自己的想象，用自己的语言来描述秋天的美。

宋主任：你们说得不错，我来综合一下你们的意见，学生在知识积累和素养的提高上要循序渐进，不能急于求成。同时要多采取鼓励的方式让他们对语文的学习感兴趣，积极参与课堂互动，勇于发挥想象力和表达自己的想法。

1. 下面这几段话节选自朱自清先生的散文《春》，请你读一读并找出你认为优美的句子，然后说一说在教学中怎样引导学生体会这些句子的美

　　一切都像刚睡醒的样子，欣欣然张开了眼。山朗润起来了，水涨起来了，太阳的脸红起来了。

　　小草偷偷地从土里钻出来，嫩嫩的，绿绿的。园子里，田野里，瞧去，一大片一大片满是的。坐着，躺着，打两个滚，踢几脚球，赛几趟跑，捉几回迷藏。风轻悄悄的，草软绵绵的。

　　桃树、杏树、梨树，你不让我，我不让你，都开满了花赶趟儿。红的像火，粉的像霞，白的像雪。花里带着甜味儿；闭了眼，树上仿佛已经满是桃儿、杏儿、梨儿。花下成千成百的蜜蜂嗡嗡地闹着，大小的蝴蝶飞来飞去。野花遍地是：杂样儿，有名字的，没名字的，散在草丛里，像眼睛，像星星，还眨呀眨的。

2. 运用以下句型，说一说怎样引导学生体会《秋天》这篇课文的情趣

句型　（在……的基础上，）感受课文从……来写秋天的特征。可以通过……等方式，体验和感受……。（再）通过……加深体会。

（二）运用多种教学手段，提高学生注意力

　　　　　　　　　　　　　　　　　　　　　　——《大青树下的小学》

语文课最忌枯燥地讲授和灌输知识。语文课本已经在内容上尽量选取了生动有趣的文章作

为课文,老师也应该积极思变。这里的"变"指的是教学手段的灵活多变,而且运用这些手段的目的是引发学生的主动思考,从而让他们在课堂上时刻保持注意力集中的状态。

在教一些思想感情比较强烈的课文时,我们可以通过设疑法来激发学生的好奇心与求知欲,如《大青树下的小学》这篇课文,作者为什么会产生自豪的感情呢?教师可以用这个问题引出课文的重点内容,让学生通过阅读课文并主动思考得出"这是一所美丽的学校,这更是一所团结的学校;大家虽然来自不同的家庭,不同的民族,但都是好朋友……"。这篇课文也同样适用感染法,通过深入挖掘课文中具有民族特色的"美"和"团结"来感染学生,使其获得与作者一样的自豪感。

总之,语文课堂的教学方法宜灵活多变,老师应尽可能地活跃课堂气氛,让学生带着兴趣主动在课文中找寻答案,这样的教学才能牢牢抓住学生的注意力,也自然是高效的。

1. 请找出下面一段话中的病句,改正过来,并分析这些病句的类型

这次学校组织的演讲比赛在学校的报告厅里,大厅里放满了观看比赛的观众。台上还有红的、黄的、粉的等五颜六色的花。这个比赛每个班都派一名同学参加,竞争非常猛烈。我们坐在第一排,大家都仔细地看着台上的同学演讲,最后我们班的同学得了第一名,大家的脸上露出了胜利的喜悦。

2. 从以下两个角度分析本章其他课文的教学应该用什么方法来提高教学效率

(1) 在教学手段的运用上要灵活多变。
(2) 要让学生产生兴趣和疑问,主动学习。

(三) 采用多种作业形式,按时检查作业

——《秋天的雨》

诗老师:金老师,咱们给学生布置的课后作业一般就是要求他们完成练习册里关于字、词、句的习题,这样固然对知识的积累和巩固有很大帮助,但缺乏了一些趣味性,难免会让学生失去学习语文的乐趣和兴趣,您有什么好办法吗?

金老师:这确实是个问题,我最近也在琢磨在作业的形式上做出一些变化,除了练习形式的作业,我们还可以用一些新的形式来帮助学生拓展学习。

诗老师:新的作业形式?您能具体给我讲讲吗?

金老师：就拿我最近正在讲的《秋天的雨》这课来说，拓展学习的可选角度很多。我们可以阅读一些描写秋天的文章并收集其中的优美词句，并根据这些词句的描述，展开想象，画一幅秋天的画；还可以围绕秋天开展一些活动，如"与爸爸妈妈一起到野外秋游"等，并在下一次上课时让同学们以口头作文的形式分享他们的秋游经历。

诗老师：您说的这几种作业形式对我很有启发，我再想想接下来的几篇课文可以布置什么形式的作业。

1. 听录音，回答以下问题

(1) 本文介绍了哪些作业形式？

(2) 针对这些形式，你觉得应该怎样来检验学生完成作业的质量？

2. 请使用以下关键词，说一说在你讲授以下课文后，会布置什么作业

《秋天》	天气 树叶 天空 大雁 景象 情趣
《大青树下的小学》	美丽 团结 家庭 民族 朋友 自豪
《富饶的西沙群岛》	生动 优美 形象 情感体验 好词佳句
《火烧云》	霞光 颜色 变化 特点 想象

（四）课上首先注意听讲，记笔记在第二位

——《富饶的西沙群岛》

语文课的课堂时间十分宝贵，老师一边要引导学生体验课文中的情境，体会作者表达的情感，一边还要帮助学生梳理知识，掌握重点。要实现老师的这些教学意图，需要学生积极地配合，而配合的前提是要注意力集中地听讲。

有些老师认为，评判一个学生上语文课是否认真，可以以学生在课上所做的笔记质量为依据。这种观点就有些本末倒置了，因为做笔记的主要目的是方便学生课后复习和消化知识，但如果为了尽可能把笔记写全，而在上课时把注意力放在机械地听和记录上，却没有跟随老师的引导去深刻地体会课文中词句的优美，即便课后再看笔记去复习，也只记得老师说这句话写得美，但

为什么美却完全想不起来了。再者如《富饶的西沙群岛》这样的课文,老师除了要让学生学习课文中优美的语言,感受海岛风光的美丽,更要培养学生热爱祖国的思想感情。对于过分专注记笔记的学生,这一切都无从谈起了。

因此,作为老师,我们应该鼓励学生记笔记,但同时也要告诉学生,上课认真听,比记好笔记更重要,做笔记可以提纲挈领地写一些老师讲的关键点,课后复习时再根据上课的体会和记忆补全,切不可逐字逐句地记笔记。

1. 根据上文回答问题

(1) 上课认真听讲对学生有哪些重要意义?

_____

_____

(2) 学生应该怎样记笔记?

_____

_____

2. 请编写一段话,谈一谈你认为什么是学生上课时最重要的任务,要求恰当地使用以下几个成语

本末倒置;无从谈起;提纲挈领

(五) 迟到早退,严格处理

——《火烧云》

宋主任:最近快过节了,我们学校有些班级的学生出现了迟到早退的现象,这是绝对不允许的。这不仅仅是学校的规定、纪律问题,同时也是对学生负责,我希望各位老师如果发现有学生不按时上课,一定要严肃处理。

金老师:您说得很对,这两天在我的语文课上就有学生迟到。我记得那天我的课是早上的第一节,讲的是《火烧云》这篇课文。课正上到一半,我引导学生一边读课文,一边展开想象,体会作者对霞光的描写。这时有一位同学敲门进来,说"老师,对不起,我迟到了"。很多同学的注意力一下子就转移到他那儿去了。我为了尽量不浪费课堂时间

就让他先坐到自己的座位上。下课以后我问他才知道是早上起晚了。我又问他知不知道自己这么一迟到都耽误什么了，他说这节课他少上了一半，我告诉他，这不仅耽误了自己的学习，还扰乱了正常的课堂秩序，对别的同学也产生了很不好的影响。后来我罚他写了一篇检讨，让他深刻地反省。

宋主任：我认为您处理得很好，小学阶段正是学生形成正确价值观的关键时期。如果在这个阶段他们没有养成正确的时间观念，这对他们将来的人生都会产生不良影响。

1. 请谈一谈如果你遇到上课迟到的学生会如何处理，并与其他老师一起讨论在处理方式上有没有什么需要改进的地方

2. 下面是一些描写四季的句子，请根据例句进行仿写

春	1. 春天的阳光格外明媚，春姑娘展开了笑脸，太阳红红的光束射过来，温柔地抚摸你，像年轻的母亲的手。
夏	2. 初夏时节，各色野花都开了，红的、紫的、粉的、黄的，像绣在一块绿色大地毯上的灿烂斑点；成群的蜜蜂在花丛中忙碌着，吸着花蕊，辛勤地飞来飞去。
秋	3. 枫叶像火，红叶飘飘，落叶就像红蝴蝶一样翩翩起舞，我伸手想接住一封秋姑娘写的信，但是却被这会"飞"的信灵巧地躲开了。
冬	4. 冬天，一层薄薄的白雪，像巨大的轻软的羊毛毯子，覆盖在这广漠的荒原上，闪着寒冷的银光。

词汇表（1）

序号	生词	释　义
1	急于求成	急着要取得成功
2	灵活多变	灵活，懂得变通，反义词是一成不变

续　表

序号	生词	释　义
3	挖掘	发现，发掘
4	固然	承认某个事实，引起下文转折
5	本末倒置	比喻把主要事物和次要事物或事物的主要方面和次要方面颠倒了
6	提纲挈领	比喻把问题简明扼要地提示出来。例：报刊标题提纲挈领，是新闻报道的灵魂。
7	逐字逐句	按次序一字一句地
8	价值观	关于价值的一定信念、倾向、主张和态度的观点

三、教学篇章阅读

对于教师来说，除了学科教学，学生管理也是不容忽视的。教育是为了学生的一切，那么教师的管理则是培养学生做人的重要一环。教师在进行学生管理工作中，应注意以下方面：

一、教师是学生管理的主体，在管理过程中，要做到：有爱心，有耐心，多细心，勤关心，常谈心。这样学生才会由衷地服从管理、尊敬老师，班主任自身的人格魅力是做好工作的前提。

二、要奖罚分明，在学生心目中树立公平公正的形象，既不要一味地批评，也不要一味地夸奖，每一次的奖惩应该起到立竿见影的作用，从而树立教师的个人威信。

三、要注意到学生的特殊性，每个学生的性格、思维方式、心理承受能力等都不同，教师要注意分析不同学生的不同问题，不可一概而论，要选择合适的方法、语言和态度。

四、做好学生心理辅导工作。除了教学、规范学生的行为，心理辅导也是不容忽视的。在学生处于叛逆期、迷茫期、青春期，甚至将要"误入歧途"之时，老师要能够抓住学生的心理症结，"对症下药"，为他们树立正确的心理导向。

教师在平时工作中要多看、多听、多问、多学，全方位地了解学生，多向有经验的教师请教，切忌急于求成，这样才能建立和谐、有道德感召力的班级。

根据课文，联系实际，回答以下问题

1. 以语文学科为例，说一说学生管理的重要性。
2. 说一说在进行学生管理时应注意哪些方面。

3. 说一说怎样才能做好学生的心理辅导工作。

4. 你在平时的教学中,是怎么进行学生管理的？

词汇表(2)

序号	词语	释　　义
1	由衷	出于本心
2	奖罚分明	该赏的赏,该罚的罚,绝不含糊
3	立竿见影	把竹竿立在太阳光下,立刻就看到影子;比喻收效迅速。例:他改进了学习方法,效果立竿见影,成绩提高了很多。
4	威信	威望和信誉
5	一概而论	指处理事情、问题不分性质,不加区别,一律看待
6	叛逆期	是青少年心理的过渡期,对任何事物都倾向于批判态度,迫切希望摆脱成人的监护
7	误入歧途	由于受煽惑而走上了错误的道路。例:他因为赌博误入歧途,在监狱里浪费了十几年的青春。
8	症结	比喻事情的纠葛或问题的关键所在

四、教学知识链接

（一）文言文拓展

1. 道

（1）路。

例:至易水上,既祖,取道。——《荆轲刺秦王》

（2）道义。

例:神莫大于化道,福莫长于无祸。——《劝学》

（3）主张,思想,学说。

例:是以牧民之道,务在安之而已矣。——《过秦论》

(4) 从，由。

例：沛公则置车骑，脱身独骑，与樊哙、夏侯婴、靳强、纪信等四人持剑盾步走，从郦山下，道芷阳间行。——《鸿门宴》

(5) 说，讲。

例：不足为外人道也。——《桃花源记》

2. 察

(1) 考察。

例：余忆童稚时，能张目对日，明察秋毫，见藐小之物必细察其纹理，故时有物外之趣。——《童趣》

(2) 观察，仔细看。

例：察邻国之政，无如寡人之用心者。——《寡人之于国也》

(3) 看清楚。

例：小大之狱，虽不能察，必以情。——《曹刿论战》

(二) 古文赏析

孙 权 劝 学

［北宋］司马光

初，权谓吕蒙曰："卿今当涂掌事，不可不学！"蒙辞以军中多务。权曰："孤岂欲卿治经为博士邪？但当涉猎，见往事耳。卿言多务，孰若孤？孤常读书，自以为大有所益。"蒙乃始就学。

及鲁肃过寻阳，与蒙论议，大惊曰："卿今者才略，非复吴下阿蒙！"蒙曰："士别三日，即更刮目相待，大兄何见事之晚乎！"肃遂拜蒙母，结友而别。

译文　　　一开始，孙权对吕蒙说："你现在手握权力了，不可以不学习！"吕蒙用军中事务繁多作为借口来推辞。孙权说："我难道是想要你研究儒家经典成为专管经学传授的学官吗？只是要你粗略地阅读，了解历史罢了。你说你事务繁忙，能比我事务多吗？我经常读书，自认为读书非常有益。"于是吕蒙就开始学习。

到了鲁肃来到寻阳的时候，鲁肃和吕蒙讨论事情，鲁肃非常惊奇地说："你现在的才干和谋略，已经不再是当年那个吕蒙了！"吕蒙说："分别多日，就要重新用新眼光来看待，兄长怎么了解事物这么晚呢！"于是鲁肃拜见吕蒙的母亲，与吕蒙结为朋友后就告别了。

（三）文学常识——诗魔白居易

白居易，号"乐天"，祖籍太原。29 岁时中进士，先后任过秘书省校书郎、左拾遗等官职，期间写了大量"讽喻诗"，代表作有《秦中吟》《新乐府》等，是中唐时期影响极大的诗人。白居易的诗题材广泛、形式多样、语言通俗平易、雅俗共赏，连普通的老太太也能听懂，因此流传甚广。他一生写了三千多首诗，"以至于口舌生疮、手指成胝"，因此有"诗魔"之称。最为后人称颂的《长恨歌》《琵琶行》，与以前的叙事诗相比，强化了抒情因素，在人物心理描写和环境气氛渲染上，如泼墨般尽情，其伤感、怅惘的情绪使读者如临其境。《卖炭翁》则深刻揭露了"宫市"的腐败本质，全诗描写具体生动，结尾戛然而止，含蓄有力，对统治者进行了有力的抨击，表达了对下层劳动人民的深切同情，有很强的社会典型意义。

（四）教学小贴士

树立"三心"意识　有效管理学生

第一，要有"爱心"，首先要热爱这份工作，要喜欢你所带的学生。给自己的定位至少是双重身份，既是一名老师，也是他们的朋友，更愿意为他们付出爱。

第二，要有"耐心"，教师是一种特殊的社会角色，与其他职业相比，教师承担的对班级管理和对学生教育的责任艰巨且有特殊意义。要出色地完成这一复杂的教育任务，就需要不急不躁、不愠不火，耐心地帮助学生，做到有的放矢。

第三，要有"细心"，细心就是对所管理班级的各项工作，要善于观察，勤于思考，细心研究学生心理，了解、指导学生。在繁琐的班级管理和教育工作过程中，要具有敏锐的观察力，及时发现班级中出现的各种迹象，进行周密准确的分析，及时解决问题。

五、听力文本

（三）采用多种作业形式，按时检查作业

1. 听录音，回答以下问题

这篇课文把秋雨作为一条线索，将秋天众多的景物巧妙地串起来，从整体上引出一个美丽、丰收、欢乐的秋天。使学生通过课文生动的描写，体会秋天的美好，感受课文的语言美，是其主要意图和教学重点。针对这篇课文的特点，课后教师可以让学生阅读一些描写秋天的文章，在这些文章中收集一些优美的词句，也可以根据课文中的描述，画一幅秋天的画，还可以和爸爸妈妈到野外去秋游，或根据当地的实际，围绕秋天这个主题开展一些课外活动，然后在下次上课时分享彼此的活动感受。这样不但把课后作业的形式变得丰富多样了，同时还增加了学习语文的趣味性，激发了学生的学习兴趣，让他们也体会到了学习语文的乐趣。你还知道哪些有意思的作业形式呢？

第八章 写景散文（二）

一、教学基础识记

1. 写一写：汉字笔画的种类

笔画是构成汉字字形的最小单位，不同的字就是由各种不同的笔画搭配构成的。我们写字的时候，从落笔到提笔，叫作一笔或一画，由一笔写成的各种形状的点和线就是笔画。汉字的基本笔画有 8 种：横、竖、撇、捺、折、点、提、钩。由于在使用过程中不断地发展变化，汉字的笔画演变为三十几种。如下表：

序号	笔画	名称	例字	序号	笔画	名称	例字
1	一	横	丛	13	乙	横折折	凹
2	╱	提	习	14	乙	横折弯	没
3	丨	竖	十	15	乙	横折弯钩	九
4	亅	竖钩	小	16	乙	横斜钩	飞
5	丿	撇	八	17	㇆	横折折撇	及
6	丶	点	立	18	㇅	横折折折	凸
7	╲	捺	人	19	㇅	横折折折钩	乃
8	⏋	横钩	买	20	㇈	横撇弯钩	那
9	㇇	横撇	水	21	㇗	竖提	长
10	┐	横折	口	22	㇄	竖弯	四
11	┐	横折钩	用	23	㇄	竖弯钩	儿
12	㇆	横折提	认	24	㇄	竖折	山

续　表

序号	笔画	名称	例字	序号	笔画	名称	例字
25	ㄣ	竖折折	鼎	29	く	撇点	女
26	ㄣ	竖折折钩	马	30	亅	弯钩	狗
27	ㄥ	竖折撇	专	31	㇃	斜钩	我
28	ㄥ	撇折	云	32	㇄	卧钩	心

2. 辨一辨：辨析以下五组词语

(1)

依靠	释义	"依靠"表示指望，不带褒贬色彩。
	例句	我应该依靠自己的力量来解决问题。
依赖	释义	"依赖"表示不能自立或自给，含有贬义。
	例句	她不喜欢依赖别人，自己的事情总是自己做。

(2)

渺小	释义	"渺小"指精神、思想、力量等。
	例句	一个人的力量是很渺小的，只有团结起来的力量才是无穷的。
微小	释义	"微小"着重于形体、数量，常形容具体事物，也形容作用等抽象事物。
	例句	对同学微小的进步，老师也要给予肯定和鼓励。

(3)

故意	释义	"故意"强调存心、有目的地去做。
	例句	做事情要互相谅解，不要故意为难对方。
特意	释义	"特意"着重指心理意愿，专门去做。
	例句	这支笔是我特意给你买的。

(4)

按照	释义	"按照"适用于各种文体，为常用词。适用于路线、方针、政策、规律、指示、精神、计划等方面。
	例句	按照学校的计划，运动会将在五月一日举行。
依照	释义	"依照"强调依原样照办，不得走样。多用于法律条文。
	例句	依照法律规定，他继承了父母的房产。

(5)

安静	释义	"安静"侧重强调周围安稳平静，没有吵闹和喧哗。多用于形容环境、心情或人的状态。
	例句	上自习时特别安静，仿佛教室里没有人。
安宁	释义	"安宁"侧重强调因没有骚扰而使人安心。常适用于社会秩序，也用于人的心情。
	例句	小镇上的人们一直过着安宁的日子。

3. 记一记：识记以下成语并造句

前所未有	释义	历史上从来没有过。
	例句	今年学校运动会的规模是前所未有的。
呕心沥血	释义	形容费尽心思。
	例句	白校长为教育事业呕心沥血。
哄堂大笑	释义	形容全屋子的人同时大笑。
	例句	他一句话把大家逗得哄堂大笑。
念念不忘	释义	牢记在心，时刻不忘。
	例句	他所念念不忘的是祖国的命运和民族的前途。
丰富多彩	释义	内容丰富，种类多样。
	例句	校庆仪式上，同学们准备了丰富多彩的文体活动。

4. 背一背：背诵以下课文

年级	课号	课文标题
三年级（上）	21	《大自然的声音》
三年级（上）	24	《司马光》
三年级（下）	1	《绝句》
三年级（下）	1	《惠崇春江晚景》
三年级（下）	1	《三衢道中》
三年级（下）	2	《燕子》

二、教学语言表达

本章将要学习到的内容涉及以下课文：

年级	课号	课文标题
四年级（上）	1	《观潮》
四年级（下） 五年级（上）	16/22	《海上日出》 《四季之美》
四年级（下）	2	《乡下人家》
五年级（下） 六年级（上）	19/2	《牧场之国》 《丁香结》

（一）培养爱岗敬业精神

——《观潮》

金老师：诗老师，这么晚了您怎么还不回去?

诗老师：今天我们班讲了《观潮》这课，学生们对"一条白线""犹如千万匹白色战马"等比喻句的理解不是很透彻，让他们实际运用这些句子的修辞手法描写其他景物就更难了。我想多准备一些钱塘江大潮的图片和视频，帮助学生直观地感受一下涨潮时的奇特和壮观。

金老师：您真是一位负责的老师。

诗老师：学生能不能学好语文，跟教师有很大的关系。教师的职责就是要传道，授业，解惑，尽自己最大的力量帮助学生。我觉得我们在教语文时，让学生理解课文是最基本的要求，除此之外，还应该培养他们语言运用的能力和高尚的情操。所以，我在课下应多做一些准备，这样才能更好地教书育人。

金老师：您说得太好了，教师的职责就是传道，授业，解惑。如果学生在遇到困惑时，教师置之不理，仍然按设计好的教案上课，那么就可能达不到教书育人的目的。您这样兢兢业业，为学生付出，学生一定会有很大的进步。

1. 阅读下面的古文,说一说教师如何做到传道,授业,解惑

师　说

韩　愈

古之学者必有师。师者,所以传道受业解惑也。人非生而知之者,孰能无惑? 惑而不从师,其为惑也,终不解矣。生乎吾前,其闻道也固先乎吾,吾从而师之;生乎吾后,其闻道也亦先乎吾,吾从而师之。吾师道也,夫庸知其年之先后生于吾乎? 是故无贵无贱,无长无少,道之所存,师之所存也。

嗟乎! 师道之不传也久矣! 欲人之无惑也难矣! 古之圣人,其出人也远矣,犹且从师而问焉;今之众人,其下圣人也亦远矣,而耻学于师。是故圣益圣,愚益愚。圣人之所以为圣,愚人之所以为愚,其皆出于此乎? 爱其子,择师而教之;于其身也,则耻师焉,惑矣。彼童子之师,授之书而习其句读者,非吾所谓传其道解其惑者也。句读之不知,惑之不解,或师焉,或不焉,小学而大遗,吾未见其明也。巫医乐师百工之人,不耻相师。士大夫之族,曰师曰弟子云者,则群聚而笑之。问之,则曰:"彼与彼年相若也,道相似也。位卑则足羞,官盛则近谀。"呜呼! 师道之不复可知矣。巫医乐师百工之人,君子不齿,今其智乃反不能及,其可怪也欤!

圣人无常师。孔子师郯子、苌弘、师襄、老聃。郯子之徒,其贤不及孔子。孔子曰:三人行,则必有我师。是故弟子不必不如师,师不必贤于弟子,闻道有先后,术业有专攻,如是而已。

李氏子蟠,年十七,好古文,六艺经传皆通习之,不拘于时,学于余。余嘉其能行古道,作《师说》以贻之。

译文　　古代求学的人一定有老师。老师,是用来传授道理、教授学业、解答疑难问题的。人不是生下来就懂得道理的,谁能没有疑惑? 有了疑惑,如果不跟从老师学习,那些成为疑难问题的,就始终不能理解了。生在我前面,他懂得道理本来就早于我,我把他当作老师;生在我后面,如果他懂得的道理也早于我,我也应该把他当作老师。我是向他学习道理啊,哪管他的生年比我早还是比我晚呢? 因此,无论地位高低贵贱,无论年纪大小,道理存在的地方,就是老师存在的地方。

唉,古代从师学习的风尚不流传已经很久了,想要人没有疑惑难啊! 古代的圣人,他们超出一般人很远,尚且跟从老师而请教;现在的一般人,他们的才智低于圣人很远,却以向老师学习为耻。因此圣人就更加圣明,愚人就更加愚昧。圣人之所

以能成为圣人，愚人之所以能成为愚人，大概都出于这吧？人们爱他们的孩子，就选择老师来教他，但是对于他自己呢，却以跟从老师学习为可耻，真是糊涂啊！那些孩子们的老师，是教他们读书，帮助他们学习断句的，不是我所说的能传授那些道理，解答那些疑难问题的。一方面不通晓句读，另一方面不能解决疑惑，有的向老师学习，有的却不向老师学习；小的方面倒要学习，大的方面反而放弃，我没看出那种人是明智的。巫医乐师和各种工匠这些人，不以互相学习为耻。士大夫这类人，听到称"老师"称"弟子"的，就成群聚在一起讥笑人家。问他们为什么讥笑，就说："他和他年龄差不多，道德学问也差不多，以地位低的人为师，就觉得羞耻，以官职高的人为师，就近乎谄媚了"。唉！古代那种跟从老师学习的风尚不能恢复，从这些话里就可以明白了。巫医乐师和各种工匠这些人，君子们不屑一提，现在他们的见识竟反而赶不上这些人，真是令人奇怪啊！

圣人没有固定的老师。孔子曾以郯子、苌弘、师襄、老聃为师。郯子这些人，他们的贤能都比不上孔子。孔子说："几个人一起走，其中一定有可以当我的老师的人。"因此学生不一定不如老师，老师不一定比学生贤能，听到的道理有早有晚，学问技艺各有专长，如此罢了。

李家的孩子蟠，年龄十七，喜欢古文，六经的经文和传文都普遍地学习了，不受时俗的拘束，向我学习。我赞许他能够遵行古人从师的途径，写这篇《师说》来赠送他。

2. 结合自身实际，从"备课和教学方法"两个方面，写一写怎样做到爱岗敬业

_____

_____

_____

_____

_____

（二）培养良好的学习素养

——《海上日出》《四季之美》

艾老师：阿老师，你一般周末都做什么呀？

阿老师：周末除了备课，我还会读一些教育教学类的书籍。

艾老师：作为新时代的教师，我们确实需要多多学习，树立终身学习的理念。终身学习是时代的要求，也是我们教师自身成长与发展的需要。

阿老师：是呀，随着课堂教学改革的深入，教师需要熟悉和掌握的东西越来越多。如果不加强学习，不主动去掌握新的知识技能，就无法胜任本职工作。

艾老师：说得对，教师拥有"一桶水"已经远远不够了，教师应该是"一条源源不断的清泉"！做有源之水，做一名适应新时代要求的学习型教师，将学习到的新的教学内容，新的教学方法，新的教学观念融入每天的课堂教学中。

阿老师：没错，最近我在教授《四季之美》时，就采用了新课标所倡导的"自主、合作、探究"的学习方式，为了能够更好地将这种学习方式运用于教学中，上课之前，我专门学习了相关的书籍、论文和教学案例，从而呈现了一堂比较完美的课堂教学。

艾老师：真是太好啦，我在教《海上日出》时，希望能使学生将语文学习与生活实际紧密结合起来，在生活情境中运用语文，突显语文课程实践性的特点，也是查阅并学习了大量相关资料文献，设计了一个教学实践活动。这个活动是让学生观察日出、日落、刮风、下雨等自然景象的变化过程，并写下来。这个活动培养了学生的观察能力，并促进了读写结合。

阿老师：你的这个活动设计得很好！我们还要继续不断学习、自我完善，更新自己的知识，用新的知识来充实自己的头脑，用新的观念来指导自己的行动，这样才能跟上时代发展的步伐，成为一名新时代的合格教师！

1. 作为一名新时代的语文教师，请谈一谈你平时是如何学习的？

_____

_____

_____

2. 工作之余,你通常会阅读哪些书? 如果请你向其他语文教师推荐一本书,你会推荐哪一本,并说一说推荐的理由

_____

_____

_____

（三）培养良好的身心素养

——《乡下人家》

诗老师：主任,您觉得我今天这节公开课讲得怎么样,有哪些地方还需要注意?

宋主任：总体效果还是不错的,对课文内容的把握、处理得当,学生参与度很高,学生对乡村生活的美好也有了一定的感知。不过,我看你有些疲惫,身体状态不太好。

诗老师：是的,最近我不仅要准备公开课,还要抽时间辅导几个学生参加作文比赛,所以晚上休息得比较晚。

宋主任：你要多注意身体啊,没有健康的身体,怎能承担起艰巨的教学任务呢?

诗老师：您说得对,我确实没有调整好自己的身体状态。我知道无论多么累,上了讲台,教师都应该神采飞扬、激情澎湃地引领学生,这一点我做得不够。

宋主任：好好调整一下工作方法,也许会减轻你的身体负担。另外,保持一份热爱生活、积极乐观的心情也很重要。很多时候,决定一个教师教育功效的重要因素不是学历,甚至也不是能力和经验,而是他的人生态度和人格魅力,这对学生人生观、价值观的初步形成起着非常重要的作用。所以,要想打造有活力、有温度的语文课堂,教师首先应该具备良好的身心素养。

诗老师：我明白了,主任。

1. 听录音,总结短文的主要意思,填写在横线处

(1) _____

(2) _____

2. 请使用关键词，说一说你在实际生活中怎样保持良好的身心状态

关键词　健康　疲惫　乐观　积极　活力　素养　神采飞扬　激情澎湃

（四）培养良好的信息素养

——《牧场之国》《丁香结》

信息化时代促进了教学方式和学习方式的变革，因此也必将给基础教育带来深刻变化。为了顺应时代的发展，小学语文教师必须具备符合时代要求的信息素养。首先，教师要有较强的信息意识，要具备从纷繁复杂的信息中提取有效信息的能力，并将这些信息创造性地整合成有效的教学资源进行使用。其次，面对信息时代成长起来的当今学生，教师必须要有全球化思维和互联网思维，要借助多媒体教室、数字化校园、数字图书馆等教育环境实现智慧化转型。第三，教师必须积极进行学习方式的变革，推行开放式教学，拓展学习空间，并展现多样化的课程形态。课程设计要数字化、立体化和整合化，将线上线下相融合，这样语文课才能真正走进学生心里。

以《牧场之国》和《丁香结》为例，备课时，教师应该查阅大量资料，找出对学生有价值的辅助资源，帮助学生理解课文。比如作者的基本情况、擅长的写作手法以及本文的写作背景都是有效信息，应该提取出来进行课前介绍。此外，针对《牧场之国》这篇课文，教师可以搜集一些荷兰水之国、花之国、风车之国的资料，为备课提供更加丰富的素材；针对《丁香结》这篇文章，教师可搜集一些丁香花形态的介绍及图片、描写丁香花的诗句以及中式衣襟盘花扣的图片，帮助学生直观感受"丁香结"的说法。其次，教师可以借助多媒体设备，播放课文的配乐朗诵，展示《牧场之国》中作者描述的荷兰田园生活美景，《丁香结》中作者描述的丁香花的色彩、形状、花香等特点，让学生感受大自然的美。另外，教师还可以组织教学实践活动，比如学完《牧场之国》，可以让学生搜集荷兰风光特点的资料，做一期异国风情的手抄报；学完《丁香结》可组织学生编织中国结，感受中国传统文化。通过教学实践活动，让学生切实体会作者描写的境界，做到线上线下相融合。

1. 请你写一篇描写"我的家乡"景色的散文，可以选用拟人、比喻、排比的表现手法，不少于600字

_____

_____

_____

_____

_____

_____

2. 说一说在教本章其他几篇课文的时候,可以通过网络搜索到哪些方面的信息用于课堂教学?

词汇表(1)

序号	生词	释　　义
1	传道	传授古代圣贤的学说
2	授业	传授学业、技艺
3	解惑	解答疑惑
4	置之不理	放在一边儿不理不睬
5	兢兢业业	形容做事谨慎、勤恳
6	终身学习	社会每个成员为适应社会发展和实现个体发展的需要,贯穿于人的一生的、持续的学习过程
7	学习方式	个体在进行学习活动时所表现出的具有偏好性的行为方式与行为特征,反映个体学习活动中的差异
8	疲惫	极度困倦,没有精神
9	神采飞扬	形容兴奋得意,精神焕发的样子
10	激情澎湃	形容强烈的具有爆发性的情感,像波涛一样声势浩大,汹涌奔腾
11	纷繁复杂	头绪、表象多而且复杂

三、教学篇章阅读

教师职业道德素养是指教师在其教学中,调节和处理与他人、与社会、与集体、与职业工作关系时所应遵守的行为规范或行为准则，以及在此基础上所表现出来的观念意识和行为品质。基本内容包括五个方面：教师思想行为规范、教师教学行为规范、教师人际行为规范、教师仪表行为规范以及教师语言行为规范。

1. 教师思想行为规范

首先，教师要做到热爱祖国、热爱人民、拥护社会主义。其次，教师要忠诚于教育事业，树立正确的人生观和价值观，发扬无私的精神，乐于奉献。最后，教师要加强职业道德修养，依法行教，不从事有偿家教。

2. 教师教学行为规范

首先，教师要端正教学态度，严肃对待教学工作，熟悉教材，认真备课，组织好课堂。其次，进行课堂教学时，教师要注意活跃课堂气氛，创造学习条件。最后，教师要认真批改作业，耐心辅导学生。

3. 教师人际行为规范

教师的职业特点决定了其工作的特殊性和复杂性，在教师的人际关系中，主要包括学生、同事以及学生家长等。无论面对什么样的对象，教师都要保持作为教师应有的基本规范。

4. 教师仪表行为规范

首先，要以学生的欣赏水平为前提。其次，要与自己的性格特点相得益彰。再次，要符合自己的年龄特点。最后，要与课堂教学的情境相适应。

5. 教师语言行为规范

首先，教师要使用国家通用语言。其次，教师的课堂用语、语法要规范。再次，教师的语义要明确，表达要清楚。最后，教师的语句要完整，上下连贯有逻辑性。

教师职业道德素养主要从教师的人格特征中显示出来，历代教育家提出的"为人师表""以身作则""循循善诱""诲人不倦""躬行实践"等，既是师德的规范，又是教师良好人格的体现。师德是教师和一切教育工作者在从事教育活动中必须遵守的道德规范和行为准则，以及与之相适应的道德观念、情操和品质。教师要把这些规范、准则逐步内化成为教师从事教育事业的准则。可以说，教师道德素质比教师文化素质更为重要。师德是教师的灵魂。

根据课文,联系实际,回答以下问题

1. 什么是教师职业道德素养?

2. 教师职业道德素养包括哪几个方面?

3. 请具体说一说教师语言行为规范包括哪些内容。

4. 想一想哪些行为是不符合教师职业道德素养的。

5. 用自己的话说一说良好的教师职业道德素养有哪些特点?

词汇表(2)

序号	词语	释义
1	相得益彰	两者互相配合或映衬,双方的长处和作用更能显现出来
2	为人师表	在人品学问方面作别人学习的榜样
3	以身作则	以自己的行为做出榜样
4	诲人不倦	教导别人极有耐心,不知疲倦
5	躬行实践	亲身实行或体验
6	情操	由感情和思想综合起来的,不轻易改变的心理状态

四、教学知识链接

(一) 文言文拓展

1. 朝

(1) (zhāo)早晨。

例:朝而往,暮而归,四时之景不同,而乐亦无穷也。——《醉翁亭记》

(2) (cháo)朝见。

例:强国请服,弱国入朝。——《过秦论》

(3) (cháo)朝廷。

例:于是入朝见威王。——《邹忌讽齐王纳谏》

(4) (cháo)拜见。

例：燕、赵、韩、魏闻之，皆朝于齐。——《邹忌讽齐王纳谏》

2. 诚

(1) 真心，不虚伪。

例：帝感其诚，命夸娥氏二子负二山，一厝朔东，一厝雍南。——《愚公移山》

(2) 确实，的确。

例：今天下三分，益州疲弊，此诚危急存亡之秋也。——《出师表》

(3) 表示假设，相当于现代汉语"果真"。

例：诚如是，则霸业可成，汉室可兴矣。——《隆中对》

（二）古文赏析

湖心亭看雪

[明末清初] 张 岱

崇祯五年十二月，余住西湖。大雪三日，湖中人鸟声俱绝。是日更定矣，余挐一小舟，拥毳衣炉火，独往湖心亭看雪。雾凇沆砀，天与云与山与水，上下一白。湖上影子，惟长堤一痕、湖心亭一点、与余舟一芥、舟中人两三粒而已。

到亭上，有两人铺毡对坐，一童子烧酒炉正沸。见余，大喜曰："湖中焉得更有此人？"拉余同饮。余强饮三大白而别。问其姓氏，是金陵人，客此。及下船，舟子喃喃曰："莫说相公痴，更有痴似相公者！"

译文　　崇祯五年十二月，我住在西湖边。接连下了三天的大雪，湖中行人、飞鸟的声音都消失了。这一天晚上初更时，我划着一叶扁舟，穿着毛皮衣服，带着火炉，独自前往湖心亭看雪。湖上漫着水汽凝成的冰花，天与云与山与水，浑然一体，白茫茫一片。湖上比较清晰的影子，只有淡淡的一道长堤的痕迹，一点湖心亭的轮廓，和我的一叶小舟，舟中的两三粒人影罢了。

到了湖心亭上，看见有两个人已铺好了毡子，相对而坐，一个童子正把酒炉里的酒烧得滚沸。他们看见我，非常高兴地说："在湖中怎么还能碰上您这样有闲情雅致的人呢!"他们拉着我一同饮酒。我尽力饮了三大杯,然后和他们道别。问他们的姓氏,得知他们是金陵人,在此地客居。等到回来时下了船,船夫嘟哝道:"不要说相公您痴,还有像您一样痴的人呢!"

(三)文化常识——宋代文学

宋王朝是中国封建史上最为辉煌的王朝之一,经济文化发达,社会生活繁荣,都城开封的人口达到150万。它不仅是中国政治、经济、文化的中心,也是当时世界上最繁华的大都市。史书以"八荒争凑,万国咸通"来描述当时的兴盛。北宋画家张择端的《清明上河图》,生动描绘了清明时节开封城汴河两岸的自然风光和热闹景象。宋代文学在中国文学发展史上处于承前启后的阶段,是中国文学从"雅"到"俗"的转变期。所谓"雅",主要是指流传于社会上层文人的文学,如诗、文、词;所谓"俗",主要指流传于社会底层的小说、戏曲等。因此宋代文学涵盖了很多样式,如宋词、宋诗、散文、话本小说、戏曲剧本等。其中词的创作成就最高,因此有"唐诗宋词"之说。词从隋唐发轫,至宋代进入鼎盛时期,唐圭璋先生所编《全宋词》收词人千家以上,词作两万首。词有"婉约""豪放"之说,豪放派词人代表有苏轼、辛弃疾等,婉约派代表有李清照、柳永等。

(四)教学小贴士

教师职业道德素养

一、爱国守法。热爱祖国,热爱人民,拥护中国共产党的领导,拥护社会主义。全面贯彻国家教育方针,自觉遵守教育法律法规,依法履行教师职责权利。不得有违背党和国家方针政策的言行。

二、爱岗敬业。忠诚于人民教育事业,志存高远,勤恳敬业,甘为人梯,乐于奉献。对工作高度负责,认真备课上课,认真批改作业,认真辅导学生。不得敷衍塞责。

三、关爱学生。关心爱护全体学生,尊重学生人格,平等公正对待学生。对学生严慈相济,做学生的良师益友。保护学生安全,关心学生健康,维护学生权益。不讽刺、挖苦、歧视学生,不体罚或变相体罚学生。

四、教书育人。遵循教育规律,实施素质教育。循循善诱,诲人不倦,因材施教。培养学生良好品行,激发学生创新精神,促进学生全面发展。不以分数作为评价学生的唯一标准。

五、为人师表。坚守高尚情操，知荣明耻，严于律己，以身作则。衣着得体，语言规范，举止文明。关心集体，团结协作，尊重同事，尊重家长。作风正派，廉洁奉公。自觉抵制有偿家教，不利用职务之便谋取私利。

六、终身学习。崇尚科学精神，树立终身学习理念，拓宽知识视野，更新知识结构。潜心钻研业务，勇于探索创新，不断提高专业素养和教育教学水平。

五、听力文本

（三）培养良好的身心素养

1. 听录音，总结短文的主要意思，填写在横线处

在很多小学，担任班主任最多的就是语文教师。而语文课往往是每周上得最多的课。此外，语文教师还要承担作文批改、试卷批阅、班级活动等工作，这些都是极其费时又相当费力的活儿。因此，语文教师往往是学校来得最早、走得最晚的群体。虽然，语文教师课下一脸的疲惫，但到了课堂，还得神采飞扬、激情澎湃地引领学生学习，因为，语文课不能没有感情！由此可见，语文教师身体素质非常重要！没有健康的身体，怎能不忘初心、始终站在自己热爱的那方讲台？没有强健的体魄，怎能从早到晚忙碌、扛下如此艰巨的重担？

仅仅身体好还不够。最近有数据表明，决定一个教师教育功效的重要因素不是学历，甚至也不是能力和经验，而是他的人生态度和人格魅力。小学语文教师作为学生的启蒙教师，对学生人生观、价值观的最初形成起着非常重要的作用。一个热爱生活、积极乐观、爱好广泛的语文教师，才可能带领学生以饱满的情绪、热情的态度、健康的方式投入学习和生活；一个有着感恩之心、敬业之心、苍生之情的语文教师，才有可能打造出有生命活力、有人文情怀、有温度的语文课堂。唯此，语文教师才能真正成为学生文化的传播者、心理的保健医生、灵魂的塑造师，身体力行诠释"健康生活"的真正内涵。

第九章　叙事散文（一）

一、教学基础识记

1. 写一写：汉字的笔顺规则

汉字笔顺反映了笔画的走向和次序，共有以下 9 条基本规则：

（1）从左到右。如"川"；

（2）从上到下。如"三"；

（3）先横后竖。如"丰"；多笔横、竖相交时，最后要先竖后横，如"王"；

（4）先撇后捺。如"八""入"等；

（5）先撇后折。如"九""勺"等；不过，"刀""女"等字是先折后撇；

（6）先外后内。如"寸""疗""司""闪"等；不过含"辶""廴"的两面半包围字和缺口在上的三面半包围字，要先内后外，如"进""延""凵"等；

（7）先外后内再封口。全包围结构字都是先写三面，接着写内部，最后封口。如"田""园"；

（8）先中间后两边。如"办""承""率"；

（9）包在主体内的点和右上角的点最后写。如"瓦""兔"和"犬""求"。

2. 辨一辨：辨析以下五组词语

（1）

气候	释义	"气候"指一定地区多年概括出的气象情况，它的比喻用法指动向、情势。
	例句	我国地域辽阔，南北气候差异很大。
天气	释义	"天气"着重一定时间内的各种气象变化，多指每天、一旬等。
	例句	如果明天天气好，我们就去爬山。

（2）

毕竟	释义	"毕竟"侧重表示对某一状况确定的认识。多用于书面语，多用于陈述句。
	例句	爷爷毕竟是上了年纪，腿脚已经大不如前。

| 到底 | 释义 | "到底"侧重表示经过较长过程,最后出现某种结果。多用于口语,既可用于陈述句,也可用于疑问句。"到底"除了副词的用法外,还可以作动词。 |
| | 例句 | 到底什么才是真正的幸福? |

(3)

偶尔	释义	"偶尔"指有时候,跟"经常"相对。
	例句	她星期天经常在家学习,偶尔也会外出玩一玩。
偶然	释义	"偶然"指事情发生意外,跟"必然"相对,它还有形容词用法。
	例句	一个偶然的机会,他结识了这位大学教授。

(4)

颤抖	释义	"颤抖"一般形容人在担心、害怕、寒冷时肢体的抖动。
	例句	他气极了,手一直在颤抖。
颤动	释义	"颤动"一般形容人和物体在外力的作用下而发生的振动。
	例句	雨点落在树上,树叶不停地颤动。

(5)

猛烈	释义	"猛烈"强调勇猛、强大,多形容事物、动作的规模和变化状态,也指社会生活中某种政治力量和形势的不可抗拒。"猛烈"常与风势、炮火、斗争等词搭配。
	例句	他顶着猛烈的炮火前进。
激烈	释义	"激烈"强调程度深、幅度大,多指动作快速、迅猛,语言尖锐、犀利。"激烈"常与言辞、竞争、冲突、战斗等词搭配。
	例句	这次比赛竞争激烈,我一定要全力以赴。

3. 记一记:识记以下成语并造句

三言两语	释义	指很少的几句话。
	例句	这个问题很复杂,不是三言两语说得清楚的。
争奇斗艳	释义	竞相展示形貌、色彩的奇异、艳丽,以比高下。
	例句	植物园中,百花盛开,争奇斗艳。
古往今来	释义	从古代到现在。
	例句	古往今来,中国人是有助人为乐的美德的。

大显身手	释义	充分显露自己的本领。
	例句	运动员在赛场上大显身手。
左顾右盼	释义	向左右两边看。
	例句	他走得很慢，左顾右盼，像在寻找什么。

4. 背一背：背诵以下课文

年级	课号	课文标题
三年级（下）	3	《荷花》
三年级（下）	5	《守株待兔》
三年级（下）	9	《元日》
三年级（下）	9	《清明》
三年级（下）	9	《九月九日忆山东兄弟》
三年级（下）	13	《花钟》第一节
三年级（下）	18	《童年的水墨画》之《溪边》

二、教学语言表达

本节将要学习到的内容主要涉及以下课文：

年级	课号	课文标题
一年级（下）	4	《四个太阳》
二年级（下）	11	《我是一只小虫子》
三年级（上）	15	《搭船的鸟》
三年级（上）	23	《父亲、树林和鸟》
四年级（上） 五年级（上）	17/5	《爬天都峰》 《搭石》

（一）实物导入

——《四个太阳》

老师：同学们，你们看天空中有什么？

生1：白云、太阳。

老师：那太阳有几个？

生2：只有一个。

老师：对，那太阳是什么颜色的？

生1：金色的。

生2：红色的。

生3：白色的。

生2：现在是金色的，晚上是红色的，早上是白色的。

老师：你们能想到太阳有这么多颜色，真棒！今天我们要学习的课文里一共有四个太阳，每个太阳都有一种颜色。

生1：四个太阳？四种颜色？

老师：为什么会有四个太阳呢？又是怎样的四个太阳呢？下面我们就来学习《四个太阳》。

1. 请阅读下面这篇散文，回答文中都运用了哪些修辞手法，并找出相应的语句

节选自《紫藤萝瀑布》

宗　璞

从未见过开得这样盛的藤萝，只见一片辉煌的淡紫色，像一条瀑布，从空中垂下，不见其发端，也不见其终极，只是深深浅浅的紫，仿佛在流动，在欢笑，在不停地生长。紫色的大条幅上，泛着点点银光，就像迸溅的水花。仔细看时，才知那是每一朵紫花中最浅淡的部分，在和阳光互相挑逗。

这里春红已谢，没有赏花的人群，也没有蜂围蝶阵，有的就是这一树闪光的、盛开的藤萝。花朵儿一串挨着一串，一朵接着一朵，彼此推着挤着，好不活泼热闹！

"我在开花！"它们在笑。

"我在开花!"它们嚷嚷。

每一穗花都是上面的盛开,下面的待放。颜色便上浅下深,好像那紫色沉淀下来了,沉淀在最嫩最小的花苞里。每一朵盛开的花像是一个张满了的小小的帆,帆下带着尖底的舱。船舱鼓鼓的,又像一个忍俊不禁的笑容,就要绽开似的。那里装的是什么仙露琼浆?我凑上去,想摘一朵。

但是我没有摘。我没有摘花的习惯。我只是伫立凝望,觉得这一条紫藤萝瀑布不只在我眼前,也在我心上缓缓流过。流着流着,它带走了这些时一直压在我心上的焦虑和痛楚,那是关于生死谜、手足情的。我沉浸在这繁密的花朵的光辉中,别的一切暂时都不存在,有的只是精神的宁静和生的喜悦。

这里除了光彩,还有淡淡的芳香,香气似乎也是浅紫色的,梦幻一般轻轻地笼罩着我。忽然记起十多年前家门外也曾有过一大株紫藤萝,它依傍一株枯槐爬得很高,但花朵从来都稀落,东一穗西一串伶仃地挂在树梢,好像在察颜观色,试探什么。后来索性连那稀零的花串也没有了。园中别的紫藤花架也都拆掉,改种了果树。那时的说法是,花和生活腐化有什么必然关系。我曾遗憾地想:这里再看不见藤萝花了。

2. 请根据上文,说一说你会如何用实物导入下面这篇文章

文具的家
圣　野

铅笔,只用了一次,不知丢到哪里去了。

橡皮,只擦了一回,再想擦,就找不着了。

贝贝一回到家,就向妈妈要新的铅笔、新的橡皮。妈妈说:"你怎么天天丢东西呢?"贝贝眨着一双大眼睛,对妈妈说:"我也不知道。"

妈妈说:"贝贝,你有一个家,每天放学后,你都平平安安地回家。你要想想办法,让你的铅笔、橡皮和转笔刀,也有自己的家呀。"

贝贝想起来了,她书包里的文具盒,就是这些文具的家。

从此,每天放学的时候,贝贝都要仔细检查,铅笔呀,橡皮呀,转笔刀哇,所有的小伙伴是不是都回家了。

（二）讨论导入

——《我是一只小虫子》

老师：同学们，你们有没有观察过蚂蚁之类的小虫子？

生1：蚂蚁虽然小，但力气很大，能搬动比自己大很多的东西。

老师：你们观察得很仔细。除了蚂蚁，你们还认识哪些虫子呢？你们认识它们吗？

（出示图片：屎壳郎、蟋蟀等）

生2：那是蟋蟀。

生3：最后一只是什么虫子啊？我没见过。

老师：它叫屎壳郎。同学们认识这么多小虫子呢，太好了。那如果你们能变成一只小虫子，你们愿意吗？当一只小虫子好不好？

生1：不好，因为太小了，其他动物注意不到我，一不小心就会撞到我，甚至会有生命危险。

生2：当一只小虫子挺好的，我不用自己走路，只要跳到小猫的身上，就可以搭顺风车了。

生3：……

老师：课文里就有一只小虫子，我们来看看它是怎么想的？下面我们就来学习《我是一只小虫子》。

1. 请参考本章第一部分，说一说你会如何教授学生"笔顺规则"

2. 请为本章其他几篇课文各设计一个讨论法导入的环节

句型　如果你们可以……，你们愿意吗？

如果你是……，你会怎么做？

你们觉得做……好还是不好？

（三）借助其他学科知识导入

——《搭船的鸟》

老师：同学们，你们认识图片上的小动物吗？（出示袋鼠妈妈和小袋鼠图片）

生 1：是袋鼠。

老师：小袋鼠怎么出行呢？

生 2：小袋鼠太小了，只能靠袋鼠妈妈带着它一起行走。

老师：对，就像我们乘坐公交车一样。今天课文里也有一只小鸟，它跟小袋鼠一样，不是靠自己出远门，我们看看它是坐什么交通工具出行的？下面我们就来学习《搭船的鸟》这篇课文。

1. 听录音，回答教师应忙在哪些方面，为什么

2. 请从本章其他几篇课文中挑选一篇，设计借助其他学科知识导入的环节

句型 你们知道……吗？

这也同样适用于这节课（语文学科）。

（四）借助媒体导入

——《父亲、树林和鸟》

老师：同学们，在学习新课之前，我们先来看一段视频（播放视频：清晨的树林）。（看完视频后）同学们，清晨的树林是什么样的？

生 1：树林里有雾气，树叶上有露水。

老师：很好，同学们看得很认真，那你们听到什么声音了吗？

生 2：有鸟叫声。

老师：清晨的树林，小鸟在里面欢快地歌唱，会发生什么样的事呢？下面我们就来学习《父亲、树林和鸟》。

1. 请找出下面各句中有语病的地方，改正并说说原因

(1) 他很善于发现问题，如果自己想不明白就不耻下问地向老师请教。

(2) 这次竞赛他是最后一名，表现差强人意。

(3) 我们是朋友，如果你有困难，我一定会鼎力相助的。

(4) 我家孩子特别淘气，一到别人家就登堂入室，东看西看的。

(5) 泰山为五岳之首，气势雄伟，风景壮丽，真可以算是巧夺天工。

2. 请为本章其他几篇课文各设计一个借助媒体导入的环节，说一说你会使用什么方式导入，并设计教学过程

句型　请大家先看一段视频，一会儿说一说你们看到了什么？感受到了什么？

大家先听一段音乐，说一说你们感受到的画面。

请大家看图片，你们认识图片上的××吗？

（五）情境导入

——《爬天都峰》《搭石》

（公开课）

艾老师：同学们，请闭上眼睛，想象这样一幅画面：在一个小山村，那里有青砖瓦房，有热闹的集市，有勤劳的人们，还有一条小溪，夏天时人们可以怎么过河呢？

学生 1：直接趟过去。

艾老师：夏天过去了，秋天的河水凉极了，这时人们该怎么办呢？

学生 2：建一座小桥。

艾老师：这个想法不错，但那时经济条件不允许，而且小溪很窄，溪水也不深，所以人们想到了一个更好的办法。下面我们就来学习《搭石》这篇课文，看看那里的人们是怎么过小溪的？

……

（课下）

宋主任：艾老师，您今天的这节公开课很成功啊。尤其是一开始的情境导入，仿佛将学生们真正带入了那个小村庄，并且让他们带着问题学习课文，效果非常好。

艾老师：谢谢主任。情境导入是我课上经常用到的方法，我觉得这样不仅能够吸引学生的注意力，还能拓展思维，激发他们的想象力。

宋主任：没错。除了让学生想象情境外，还可以通过图片、视频等资源带入情境。比如《爬天都峰》这课，我先向学生展示了天都峰的图片，让他们讨论天都峰的自然特点，然后播放了登山活动的视频，让学生分享自己登山的感受。这样能够帮助学生更好地理解课文主题。

艾老师：是的，情境导入的方法多种多样，以后我会继续探索。

1. 下面是一篇小学二年级学生写的作文,请给出修改意见

我喜欢的小动物

我最喜欢的动物是小狗,我家就养了一只,它叫斑斑,还不到一岁,我非常喜欢它。它身上是白色的,但有的地方是黑色,一块一块的,眼睛很大很圆,头和尾巴是棕色的,

它吃东西时很有趣,我太喜欢它了。它也非常喜欢我,我写作业的时候也跟着我,让我跟它一起玩儿,防碍我写作业。我们俩就像一对好朋友。有一次放暑假的时,我们全家去海南渡假,不能带它一起去,我很舍不得它,在海南的时候,我非常想它。但在海南,我和爸爸妈妈都玩儿得很开心,明年我还要去那儿看海。

我喜欢斑斑,我希望它快乐地生活,茁壮成长。

2. 请为本章其他几篇课文各设计一个情境导入的环节

> **句型**　请大家闭上眼睛,想象这样一幅画面……
>
> 　　　　……在这种情况下,你们会怎么做呢?

词汇表(1)

序号	生词	释　义
1	屎壳郎	蜣螂的俗称,其主要以动物粪便为食,有"自然界清道夫"的称号
2	蟋蟀	一种昆虫,身体黑褐色,触角很长,后腿粗大,善于跳跃
3	搭顺风车	乘坐顺路的人(通常是陌生人)的汽车或其他车辆到目的地
4	不耻下问	不因向地位、学问不如自己的人请教而感到丢面子
5	差强人意	大体上还能使人满意
6	鼎力相助	大力相助
7	登堂入室	比喻学问或技能由浅到深,循序渐进,达到很高的水平
8	五岳之首	五岳是中国传统文化中五大名山的总称,泰山是五岳之首
9	巧夺天工	精巧的人工胜过天然,形容技巧的高超(多指工艺美术)
10	青砖瓦房	一种传统民居建筑,房屋因用瓦盖顶而得名
11	趟	在较浅的水里走

三、教学篇章阅读

　　课堂导入是指在讲解新知识或教学活动开始之前，教师有意识地、有目的地引导学生进行学习的方式，是课堂教学的开始环节。有效的课堂导入，可以激发学生兴趣，引发学生思考，使课堂过渡自然，提高教学效果。导入的方式有很多，最常用的有以下几种：

　　1. 直接导入法，这是最常见的一种导入方式，教师直接阐明对学生的要求，简单明快地设问、讲述，引起学生注意，使学生明了本课的重难点及主要内容。

　　2. 复习导入法，是以学生学过的旧知识为基础，从而引出新的教学内容，达到温故而知新的效果。这种导入方式能够建立新旧知识的联系，既复习了旧知识，又为新知识做了铺垫，水到渠成。

　　3. 情景导入法。这种导入法根据教学内容的特点，运用图片、动画等手段，创设一定的情景来渲染气氛，激发学生的好奇心和求知欲，引导学生发现现实生活中的常见问题。以现实的、常见的实际问题为任务驱动，促使学生自觉运用已有经验去探索新的知识。

　　此外，还有趣味导入法、设疑导入法等。但不管怎样的导入方式，都是为学习新内容服务的，教师不应本末倒置，为了新颖有趣而忽视教学内容，或使导入占用大量的教学时间。可以说，课堂教学的导入能力是教师教学创新能力的充分体现。

根据课文，联系实际，回答以下问题

1. 以语文学科为例，说一说什么是课堂导入？

2. 说一说课堂导入有哪几种方法？

3. 选择教材中的某一课，使用情景导入法进行导入，并具体说一说。

4. 你在平时的教学中，都使用过哪些导入法？可以以某一课为例说一说。

词汇表（2）

序号	词语	释　　义
1	阐明	讲明白道理或事件
2	温故知新	温习学过的知识而得到新的理解和心得

续　表

序号	词语	释　　义
3	水到渠成	比喻有条件之后,事情自然会成功,即功到自然成
4	渲染	比喻夸大地形容
5	驱动	施加外力,使动起来

四、教学知识链接

（一）文言文拓展

1. 非

(1) 不对的,不合理的,与"是"相对。

　　例:贵为天子,富有四海,身在于戮者,正之非也。——《过秦论》

(2) 非难,责怪。

　　例:且举世誉之而不加劝,举世非之而不加沮,定乎内外之分,辩乎荣辱之境,斯已矣。——《逍遥游》

(3) 不是。

　　例:假舟楫者,非能水也,而绝江河。——《劝学》

(4) 无。

　　例:诸郎中执兵,皆陈殿下,非有诏不得上。——《荆轲刺秦王》

2. 归

(1) 返回。

　　例:朝而往,暮而归,四时之景不同,而乐亦无穷也。——《醉翁亭记》

(2) 归到一处。

　　例:若夫日出而林霏开,云归而岩穴暝,晦明变化者,山间之朝暮也。——《醉翁亭记》

(3) 归附,归属。

　　例:微斯人,吾谁与归? ——《岳阳楼记》

（4）归趋，归宿。

例：男有分，女有归。——《大道之行也》

（二）古文赏析

大道之行也

[先秦]礼　记

大道之行也，天下为公，选贤与能，讲信修睦。故人不独亲其亲，不独子其子，使老有所终，壮有所用，幼有所长，鳏、寡、孤、独、废疾者皆有所养，男有分，女有归。货恶其弃于地也，不必藏于己；力恶其不出于身也，不必为己。是故谋闭而不兴，盗窃乱贼而不作，故外户而不闭，是谓大同。

译文　　在大道施行的时候，天下是人们所共有的，把品德高尚的人、能干的人选拔出来，人人讲求诚信，培养和睦的相处氛围。因此人们不单奉养自己的父母，不单抚育自己的子女，使老年人能安享晚年，使壮年人能为社会效力，让年幼的孩子有可以健康成长的地方，使老而无妻的人、老而无夫的人、幼而无父的人、老而无子的人、残疾人都有人供养。男子有职务，女子有归宿。人们不愿让财物委弃于无用之地，但不一定要私藏在自己家里。人们担心有力使不上，但不一定是为了自己。因此，阴谋诡计被抑制而无法实现，劫夺偷盗作乱害人的坏事不会出现，所以连住宅外的大门也可以不关。这就叫作理想社会。

（三）文化常识——苏轼

苏轼，号东坡居士，世称苏东坡，四川眉山人，北宋著名的文学家、书法家、画家。他是北宋中期的文坛领袖，在诗、词、散文、书、画等方面都取得了很高成就。苏轼的审美态度为后人提供了富有启迪意义的审美范式，他认为凡物皆有可观，到处都能发现美的存在。这种范式在题材内容和表现手法两方面为后人开辟了新世界。苏轼的人生态度也成为后代文人景仰的范式：进退自如，宠辱不惊。苏轼在词作上取得了非凡成就，他对词体进行了全面改革，将传统表现女性柔情之词扩展为表现男性的豪情之词，使词像诗一样可以充分表现作者的性情怀抱和人格个性，提高了词的文学地位,使词从音乐的附属品转变为一种独立的抒情诗体,从根本上改变了词史的发展方向。苏轼的词挥洒如意,表现出充沛的激情,丰富的想象力和变化自如、多姿多彩的语言风格。代表作有《水调歌头》《定风波》等。

(四) 教学小贴士

设计教学导入语时应注意的问题

1. 忌同一模式,千篇一律。千篇一律、缺乏变通的导入方法,会使学生产生厌倦。教师应根据每堂课的需要,采用不同的教学导入以期引发学生的学习兴趣。设计教学导入语时,既可以单独使用某一方法,也可多种方法互相配合、交叉使用,做到因课、因人、因时而变。

2. 忌缺乏风格,千人一面。导语的设计应与个人风格相符合,应考虑到学生的学习心理,切忌全盘照搬。在实际教学中,教师备课时多是移植他人的优秀教学案例,这一方面反映出教师本人对设计教学的信心不足,另一方面也反映教师没有充分认识到教学有法,但无定法。

3. 忌哗众取宠,空穴来风。教学导语不是教师个人魅力的展示,而是为了使学生快速进入教学情境中的一种手段,导入语的设计不仅要立足于教学文本与教学内容,更重要的是具有自然性、理解性、交流性,能与教学内容完美结合。

4. 忌纯粹演戏,缺乏情感投入。许多老师如同蹩脚的演员,不是把功夫下在对教学文本的研读与教学过程的设计上,而是一味地将他人的教学设计移植到自己的课堂上。一些教师在移植过程中不仅缺乏结合自身教学条件与教学风格的加工与内化,而且也难以从所呈现的语言表述中深入理解他人如此设计的妙处与意图所在,更不知他人如何在课堂上恰当有效地呈现。

五、听力文本

(三)借助其他学科知识导入

1. 听录音,回答教师应忙在哪些方面,为什么

我们的课堂现场是教师太忙——忙于提问,忙于将一个个知识拆解成无数问题抛给学生;再者,教师在课上忙于讲解。可是课上教师不能太忙,教师应该忙在课外。要实现教师课堂"忙"的重心转移——从忙于"问"与"讲"向忙于"收集信息"转移,有一个前提条件就是教师的教学设计

要与之配套,特别是要设计有思考价值的学习任务。这些学习任务不是通过简单回答就能实现的,而是要经过整块时间的苦苦思索才能有所得。这样的任务设计本身就不是一件容易的事,需要教师付出智慧和时间。所以,教师的忙,要从课前的忙开始,做好教学设计,才能促进学习,让学生在课堂忙起来。教师如果不在课前做足功课,那么在课上就会手忙脚乱。当然,即使教师这样做了,课上依旧可能手忙脚乱,这是因为教师对信息的敏感度不够,不会收集信息或无法对信息进行准确判断。怎么办? 这些问题解决的主要渠道是课后反思,教师要通过不断地做"事后诸葛亮",慢慢地成为"事前诸葛亮"。所以,课堂教学结束时,又是教师脑力劳动开始忙碌之时。如果一个教师从来就是课上忙于"问"忙于"讲",下课就把课上的信息抛到九霄云外,那么他一定不可能成为专业教师,因为教师专业化有一条绕不开的路,就是反思。

（节选自《中国教育报》2019 年 01 月 16 日 7 版《教师应忙在课外》,文中稍有改动）

第十章 叙事散文（二）

一、教学基础识记

1. 写一写：易错笔顺

下表中总结了一些常见的笔顺易错字：

汉字	笔顺	汉字	笔顺
九	丿 九	力	𠃌 力
乃	𠃌 乃	女	𡿨 𡿨 女
义	丶 丿 义	叉	𠃍 又 叉
及	丿 乃 及	方	丶 一 方 方
火	丶 丶 丷 火	比	一 比 比 比
丹	丿 𠃌 月 丹	丑	𠃌 刀 刃 丑
可	一 丁 гг гг 可	世	一 十 卅 卅 世
为	丶 丿 力 为	山	丨 凵 山
再	一 厂 丌 再 再 再	凹	丨 𠃍 冂 冋 凹
凸	丨 丨 丨 凸 凸	贯	𠃍 口 毌 毌 毌 贯 贯 贯
官	丶 丶 宀 宀 宁 官 官 官	脊	丶 丶 丷 丷 癶 癶 癶 癶 脊 脊
兜	丿 𠂊 𠂉 白 白 白 臼 臼 皃 兜	爽	一 ㇇ ㇇ 爻 爻 爻 爽 爽 爽 爽

128

2. 辨一辨：辨析以下五组词语

(1)

神情	释义	"神情"侧重指内心活动在脸上表现出的感情,特征较为抽象含蓄。一般只用于人。
	例句	见到久别的亲人,他神情显得有些激动。
神态	释义	"神态"侧重指内心活动在脸上表现出的面色和态度,特征较为具体、明显。可用于人,也可用于兽或以人格化的方式来描写的景物。
	例句	桂林山水那种清奇峭拔的神态,真是世间少有。

(2)

体会	释义	"体会"的对象多是文件、方针、政策等的思想内容,又常指别人所表达的思想感情,还有名词用法。
	例句	我们可以从字里行间中体会作者的思想。
体验	释义	"体验"的对象常是生活、现实等。
	例句	作家只有深入地体验生活,才能找到创作的灵感。

(3)

坚强	释义	"坚强"是褒义词,适用于意志、信念、性格、精神、力量或组织、集体等,形容坚固有力、不可动摇或摧毁。
	例句	张海迪是一个意志坚强的青年。
顽强	释义	"顽强"是中性词,一般用来形容人的行动、态度、精神等固定不变,坚持不懈。
	例句	小家伙很顽强,摔倒了一次又一次还是坚持爬了起来。

(4)

慈祥	释义	"慈祥"侧重于外表的神态。一般指老人自身的容貌、神态和蔼安详。
	例句	爷爷那慈祥的目光,使我感到温暖和幸福。
慈爱	释义	"慈爱"侧重于内在的感情。一般指年长者对年幼者仁慈喜爱的情感。
	例句	奶奶总是用慈爱的目光看着我。

(5)

成绩	释义	"成绩"侧重于一般工作或学习的收获,主要指工作、学习、体育等方面。
	例句	我的学习成绩比以前有很大进步。
成就	释义	"成就"侧重于重大事情所获得的巨大进展和优异成果,主要指革命、建设、科技等方面。
	例句	改革开放以来,我国的航天事业取得了辉煌的成就。

3. 记一记：识记以下成语并造句

不拘一格	释义	不局限于一种规格或方式。
	例句	他写的文章取材新颖、不拘一格。
分门别类	释义	根据事物的特性分成各种门类。
	例句	老师让我们把收集的标本分门别类地摆出来。
奇形怪状	释义	不正常的,奇奇怪怪的形状。
	例句	在石灰岩洞里,到处是奇形怪状的钟乳石。
琳琅满目	释义	比喻各种美好的东西很多(多指书籍或工艺品)。
	例句	商店里,各色各样的珠宝首饰琳琅满目。
漫山遍野	释义	遍布山野,形容很多。
	例句	漫山遍野的枫叶好像一片燃烧的火。

4. 背一背：背诵以下课文

年级	课号	课文标题	背诵部分
三年级(下)	24	《火烧云》[节选]	这地方的火烧云变化极多……可是一转眼就变了,再也找不着了。
四年级(上)	1	《观潮》[节选]	午后一点左右……好像大地都被震得颤动起来。
四年级(上)	2	《走月亮》[节选]	细细的溪水……看看我采过野花的地方。
四年级(上)	9	《暮江吟》	
四年级(上)	9	《题西林壁》	
四年级(上)	9	《雪梅》	
四年级(上)	13	《精卫填海》	
四年级(上)	21	《出塞》	

二、教学语言表达

本节将要学习到的内容主要涉及以下课文:

年级	课号	课文标题
五年级(上) 五年级(下)	2/2	《落花生》 《祖父的园子》
四年级(下) 六年级(下)	14/8	《母鸡》 《匆匆》
五年级(上)	19/26	《父爱之舟》 《忆读书》
六年级(下)	1	《北京的春节》

（一）学习新知

——《落花生》《祖父的园子》

老师：今天我们继续学习《落花生》这篇课文。上次课我们已经学习了本课的生词，并初读了课文，这篇课文围绕花生写了哪几件事呢？

生1：写了种花生、收花生、吃花生和议花生。

老师：大家说得很好，作者按事情发展顺序写了这几件事，重点写了哪件事呢？

生2：重点写的是议花生。

老师：说得对，作者重点写了议花生，其他几件事写得比较简略。哥哥、妹妹、"我"和爸爸是怎样议花生的呢？我们找几位同学来扮演这几个人物，读一读他们的对话，其他同学读旁白。

学生：（略）

老师：听了他们的议论，谁的话让你印象最深？

生1：父亲的话。

老师：妹妹说花生的味道美，哥哥说花生可以榨油，"我"说花生价钱便宜。爸爸认为花生的可贵之处是什么呢？请同学们再读一读爸爸的话，然后抓住关键词句来理解和回答。

生2：埋在地底。

生3：默默无闻、朴实。

老师：说得不错，爸爸在赞美花生之前还说了苹果、石榴、桃子，这些话能不能删去呢？

生1：不能，这是跟花生对比的。

老师：没错，通过对比衬托出花生的默默无闻、朴实、不炫耀、无私奉献等品质。那么作者这样赞美花生的真正目的是什么呢？

生2：希望我们学习花生的品质，做有用的人，不做只讲体面，而对别人没有好处的人。

老师：对，老师也希望你们长大以后做这样的人。

1. 课本中还有一篇《祖父的园子》，是运用借景抒情的表现手法来传递作者的思想感情的，而《落花生》是运用借物喻人的表现手法来讲做人的道理与作者的思想感情的，请使用以下句型谈谈怎么引导学生理解和学习这些道理以及如何区分运用这两种表现手法

句型1：（借物喻人）

为了表现……，作者先是把……做了对比，通过对比烘托出……，又把……引到……的问题上，把……比作……。这就是……的表现手法。

句型2：（借景抒情）

通过对……情景的生动描述，赋予客观景物以浓厚的主现色彩，描写……借……引出……，表现出作者……的神情以及……的思想感情。这就是……的表现手法。

2. 结合本章其他课文，运用以下关键词，说一说你是怎样通过"设置疑问"引导学生学习新知识的

关键词　初读　围绕　顺序　重点　关键词　回答　真正目的

（二）巩固练习

——《母鸡》《匆匆》

老师：我们刚刚学习了《匆匆》这一课，现在来做几个练习。先请大家看黑板，根据课文内容填空。

　　1. 燕子去了，_____；_____，有再青的时候；桃花谢了，_____。但是，聪明的，你告诉我，_____？

　　2. 于是——洗手的时候，_____；吃饭的时候，_____；默默时，_____。

学生：（略）

老师：朱自清先生的《匆匆》是一篇优美的散文，作者把看不见、摸不着的时间生动形象地描述了出来。这篇散文表达了作者怎样的思想感情？

生1：表达作者对时光逝去而无法挽留的无奈和对已逝日子的深深留恋之情。

老师：说得很好。这篇散文运用了哪些修辞手法？

生2：这篇散文运用了排比、拟人、比喻等多种修辞手法。

老师：嗯，不错，哪位同学具体说一说课文中哪些句子运用了排比的修辞手法，并对这些句子做简要分析。

生1：燕子去了，有再来的时候；杨柳枯了，有再青的时候；桃花谢了，有再开的时候。这组排比句通过将自然界生命的轮回与我们的时间一去不复返形成对比，突出了对时间来去匆匆的惋惜。

生2：洗手的时候，日子从水盆里过去；吃饭的时候，日子从饭碗里过去；默默时，便从凝然的双眼前过去。作者从生活细节入手，同时用了拟人手法，把日子的流逝化为具体可感的形象，说明时间和我们形影不离，却又转瞬即逝。

老师：都说得很好。请大家仿照"_____的时候，日子从_____过去"这样的句子，仿写几句话。

生3：走路的时候，日子从脚下过去；弹琴的时候，日子从指间过去；看手机的时候，日子从屏幕上过去。

老师：仿写得很好。请大家纵观一下全文，看看文章结尾有什么特点？

生4：首尾呼应，照应开头，在结构上保持文章的完整性，在情感上突出作者对时光匆匆的感慨。

老师：说得真好。同学们，今天我们学完了《匆匆》这篇散文，想必大家也意识到了时间的重要性，以后在生活的小细节中要懂得珍惜时间，提高办事的效率，同时也要把时间花在更有意义的事情上！

1. 请找出下面这段话中的病句，改正过来，并分析这些病句的类型

我妈妈常说，下雨以后空气好，我不信，出来一看，我信了，妈妈说的对。

下了大雨，我一出门，嘿，空气真凉快，花在土里更美丽了，草好像也绿油油了，砖头的橙色也更橙艳了。花草树木都像水洗过那么干净，举头看一看，啊！天空真蓝极了，还有一朵朵云朵像棉花糖似的，看起来特别软特别好吃，可惜太高了！低头看一看，房檐上哗哗的掉着像断了线的水珠子似的雨水，掉在地上就变成了一个小水坑，又好听又美丽。路边也有很多大大小小的水

坑,从水坑里也能看见蓝蓝的天空和白白的云。我要赶快把这些美丽的景色拍几张照片,明天给老师和同学们看。

2. 请编写一份关于《母鸡》这篇课文的巩固练习题

（三）课堂小结

——《父爱之舟》《忆读书》

教完一篇课文,教师要进行小结,帮学生梳理和巩固知识。如果老师在小结时只问"这节课同学们有什么收获?"然后听听学生们的感想,就草草收尾,肯定是不到位的。课堂总结应该是对本次所教内容有针对性的回顾、整理、归纳和深化,以精心设计的新颖有趣、耐人寻味的内容作为结尾,这样才能使教学质量得到保证。

以《父爱之舟》为例,我们可以先带领学生一起回顾"我"梦中出现的种种场景,包括卖茧子、住旅店、送"我"考学、逛庙会、背"我"上学、缝补棉被等生活场景。这些生活场景表现出父亲对"我"深沉的爱,表达了作者对父亲深深的感激与怀念之情。接着总结文章的写法,文中选取的都是生活中平凡的小事,而这些平凡的小事恰恰更能体现父爱的深沉与伟大,起到以小见大的效果。最后给学生留一个小练笔的任务:请同学们试着运用"以小见大"的写法,描写自己与父亲相处的一个片段。这样可以让学生将学到的方法迁移运用,巩固内化。

而针对《忆读书》这篇课文,我们可以先总结这篇课文的主要内容及表达的情感:作者在这篇散文中按时间顺序,回忆了自己从四岁直至八十多岁,长达八十年之久的读书经历,以及多年的读书经验、选书标准和读书方法,表达了"读书是我生命中最大的快乐""读书好,多读书,读好书"等感悟。接着教师可以升华本课主题,对学生进行鼓励和引导,读书是获得人生经验不竭的源泉,能够弥补缺失、丰富心灵、完善自我。所以,我们要多读书,读好书。最后,教师可以让学生思考并交流自己从小到大的读书体会,谈谈哪本书对自己的帮助最大。

当然,如果学生对这一课所学的内容还有疑问也应该及时告诉老师,这样不但能让老师帮他答疑解惑,也能让老师反思自己的教学。

1. 听录音,回答以下问题

（1）对课堂小结不重视会带来哪些影响?

（2）好的课堂小结可以包含哪些内容？

2. 请使用以下关键词，说一说你在讲授以下课文时，要怎样设计小结

《祖父的园子》	花园美景　园中活动　自由快乐　喜爱　依恋　语言
《母鸡》	生活习性　伟大的母爱　情感变化　赞美母亲
《匆匆》	时间流逝　语言美　修辞　珍惜时间
《丁香结》	特点　借景抒情　丁香结　象征　人生感悟
《落花生》	顺序　重点　议花生　可贵之处　做人　借物喻人

（四）教学反思

——《北京的春节》

今天我教了《北京的春节》，这篇课文篇幅很长，内容也十分丰富。在教学时，我先让学生熟读课文，并学习了生字词。接着让学生速读课文，理清作者的写作逻辑，明确作者是按时间顺序叙述的。然后再让学生找到在不同的日子里，人们都有哪些风俗习惯，并找出哪几天是作者描述的重点。另外还让学生找了自己最感兴趣的部分，并通过这些部分来体会过春节的感受。最后再回顾全文，把握文章的主题。

在课堂教学中既要让学生学习很多生字、生词，又要了解诸多文化风俗，同时还要了解作者在语言表达上的特点，很难做到面面俱到。因此我在备课时已经在策略上分清主次，最后在课堂小结时通过学生的反馈来查漏补缺。

我认为自己做得比较好的是让学生通过"读悟"的方式磨炼阅读技能，主动学习课文内容。但方法比较单一，在课堂的后半段，学生阅读和感悟的速度都有所下降。下次在讲类似的课文时我会注意采用更为丰富的教学方法。

1. 根据上文从下面两个角度谈谈自己的认识

（1）为什么要进行教学反思？

（2）教学反思应该注意哪些方面？

2. 请任选你最近教授的一篇课文，从教学内容、教学设计、教学方法、课堂活动和课堂效果等几个方面反思你在实际教学中有哪些不足

词汇表（1）

序号	词语	释　义
1	草草收尾	匆忙地结束、收场
2	耐人寻味	意味深长，值得让人仔细体会、琢磨
3	面面俱到	各方面都照顾得很周到
4	分清主次	主就是更重要的事，要先去完成，次要的事情可以等一等
5	查漏补缺	查找漏洞填补空缺。例：复习能让学生及时查漏补缺，发现问题并解决问题。
6	浑然一体	形容完整不可分割
7	画龙点睛	比喻作文或说话时在关键地方加上精辟的语句，使内容更加生动传神。例：文章的结尾画龙点睛，点明了中心思想。

三、教学篇章阅读

教学模式是教师在课堂上针对学生学习而使用的教学方法，教师在不同课堂对待不同学生

采取不同的教学模式会取得更好的效果,也就是孔子说的"因材施教"。教学模式是教学实践概括化的形式和系统,具有多样性和可操作性,因此教师对教学模式的选择和运用是有一定要求的,教学模式必须要与教学目标相契合,要考虑实际的教学条件,针对不同的教学内容来选择教学模式,下面简单介绍几种:

一、传递——接受式

该教学模式源于赫尔巴特的四段教学法,后由凯洛夫等人进行改造传入我国,在我国广为流行。该模式以传授系统知识、培养基本技能为目标,强调教师的指导作用,认为知识是教师到学生的一种单向传递,非常注重教师的权威性。这种方式受斯金纳操作性条件反射训练心理学的影响,强调控制学习者的行为达到预定目标,认为只要通过"联系——反馈——强化"这样反复的循环过程就可以塑造有效的行为目标。教学程序是复习旧课——激发学习动机——讲授新课——巩固练习——检查评价——间隔性复习。

二、自学——辅导式

自学辅导式教学模式是学生在教师指导下自己独立进行学习的模式。这种教学模式能够培养学生的独立思考能力,它从人本主义出发,注意发挥学生的主体性,以培养学生的学习能力为目标。这种教学模式先让学生独立学习,然后教师根据学生的具体情况进行指导。它承认学生在学习过程中试错的价值,培养学生独立思考和学会学习的能力。教学程序是自学——讨论——启发——总结——练习巩固。

三、探究式教学

探究式教学以问题解决为中心,注重学生的独立活动,着眼于学生的思维能力的培养。依据皮亚杰和布鲁纳的建构主义理论,注重学生的认知和体验式教学,培养学生的探究和思维能力。教学的基本程序是问题——假设——推理——验证——总结提高。教师首先创设一定的问题情境提出问题,然后组织学生对问题进行猜想,做出假设性解释,再设计实验进行验证,最后总结规律。

根据课文,联系实际,回答以下问题

1. 以语文学科为例,说一说什么是教学模式?
2. 常见的教学模式有哪几种,请做简要介绍。
3. 选择教材中的某一课,请用探究式教学进行教学设计。
4. 你在平时的教学中,常使用哪种模式? 说一说优缺点。

词汇表（2）

序号	词语	释　义
1	契合	投合,意气相投。例：这款软件之所以流行,是因为契合了大众的需求。
2	操作性条件反射	由美国心理学家斯金纳命名,是一种由刺激引起的行为改变。如果一个操作发生后,接着给予一个强化刺激,那么其强度就会增加
3	反馈	信息、反映等返回
4	塑造	用语言文字或其他艺术手段表现人物形象
5	人本主义	一种理论,代表人物是马斯洛和罗杰斯,人本学派强调人的尊严、价值、创造力和自我实现
6	试错	根据已有经验,采取系统或随机的方式,去尝试各种可能的答案
7	建构主义	一种关于知识和学习的理论,强调学习者的主动性,认为学习是学习者基于原有知识经验生成意义、建构理解的过程

四、教学知识链接

（一）文言文拓展

1. 何

（1）怎么,为什么。

　　例：何不作衣裳? ——《孔雀东南飞》

（2）疑问代词。什么。

　　例：先生不知何许人也,亦不详其姓字。——《五柳先生传》

2. 知

（1）知道。

　　例：先生不知何许人也,亦不详其姓字。——《五柳先生传》

（2）了解,赏识。

　　例：其真不知马也! ——《马说》

（3）通"智"。聪明,智慧。

例：孰为汝多知乎？——《两小儿辩日》

（二）古文赏析

爱 莲 说
［宋］周敦颐

水陆草木之花,可爱者甚蕃。晋陶渊明独爱菊。自李唐来,世人甚爱牡丹。予独爱莲之出淤泥而不染,濯清涟而不妖,中通外直,不蔓不枝,香远益清,亭亭净植,可远观而不可亵玩焉。

予谓菊,花之隐逸者也；牡丹,花之富贵者也；莲,花之君子者也。噫！菊之爱,陶后鲜有闻。莲之爱,同予者何人？牡丹之爱,宜乎众矣！

译文　　水上、陆地上的各种花草树木,值得喜爱的非常多。晋代的陶渊明唯独喜爱菊花。唐朝以来,世人大多喜爱牡丹。我唯独喜爱莲花,它从积存的淤泥中长出却不被淤泥污染,经过清水的洗涤却不显得妖媚。荷花的茎中间贯通外形挺直,不生枝蔓,也不长多余的枝节。香气传播更加清香,笔直洁净地竖立在水中。人们可以远远地观赏莲花,而不可轻易地玩弄它啊。

我认为菊花是花中的隐士；牡丹是花中的富贵者；莲花是花中的君子。唉！对于菊花的喜爱,在陶渊明以后很少听到了。对于莲花的喜爱,和我一样的还有谁？对牡丹的喜爱,人数当然就很多了！

（三）文化常识——辛弃疾

辛弃疾,号稼轩,今山东济南人。南宋前期豪放派词人、将领,有"词中之龙"之称。与苏轼合称"苏辛",与李清照并称"济南二安"。辛弃疾生于金国,少年抗金归宋,曾任江西安抚使等职。因与当政的主和派意见不合,退隐山居。辛弃疾一生命运多舛、壮志难酬,但他始终没有动摇恢复中原的信念,而是把满腔激情和对国家兴亡、民族命运的关切、忧虑,寄寓于词作之中。辛词以豪放为主,但又不拘一格,沉郁、明快、激励、妩媚,兼而有之。他善于运用比兴手法和奇特想象,对自然界的山、水、风、月、草、木都赋予情感和性格,并有所寄托。强烈的爱国主义思想和战斗精神是辛词的基本思想内容,在豪情壮志被激发的同时,他也大发英雄无用武之地的感慨。理想与现实的激烈冲突,为他的词构成悲壮基调。辛词现存六百多首,是两宋存词最多的作家。代表作有《水龙吟》《水调歌头》《满江红》等。

(四)教学小贴士

模拟教学应注意的几方面问题

1. 礼仪方面:上台的问好、下台的结束语要恰到好处。态度要恳切,不能做作,表情要自然、有礼貌。

2. 教态方面:教态要大方。手不能插兜里、双手不能撼桌上,手势不能过频,有的人往往手没地方放,让人感觉很紧张或太随意;手里不能拿着教案一直看,要给评委和听课者一种"教案在心中"的感觉。

3. 师生互动方面:要让人觉得讲课教师是在给学生上课,要有与学生交流的体现,要体现以学生为主体的新课程理念。大部分教师都能体现对学生回答问题的评价,但在给学生评价时,不要是简单的"你真棒""你真行"等。

4. 教学语言方面:因为模拟课堂没有学生参与,焦点全部集中在讲课教师一人身上。这时教师的每一句话、每一个字显得非常重要,非常突出。教师要注意体现语言的流畅性、准确性,还有衔接语、过渡语、评价语、激励语等各方面都要注意。

5. 板书设计方面:板书可以说是"微型教案",浓缩了一堂课的精华,要抓住重、难点,巧妙设计,力求简洁,让人看了一目了然,同时还要讲究艺术性、美观性、科学性。字体也是教师基本素质的体现,好的字体也会给评委带来视觉上的享受。

五、听力文本

(三)课堂小结

1. 听录音,回答以下问题

如果老师认为课堂教学的小结可有可无,那么分散的、零碎的知识就会得不到归纳和整理;

学生认识模糊的、有偏差的地方也得不到纠正。这样就容易造成学生对课堂教学内容认识不深、理解不透，从而影响整节课的教学效果。完美的小结，可以使知识得到概括、深化，可以让整个课堂教学结构严谨，浑然一体，还可以引导学生积极思维，对课文进行深入探究。可以说它是一堂课的"画龙点睛"之笔。教师在小结时，可以引导学生概括本课的内容、重点、关键，或对学生自己获得的结论进行反思，看是否总结得正确、全面等。小结可让学生在反思中将新知识内化，并逐渐建立起良好的认知结构。

第十一章　记事记叙文（一）

一、教学基础识记

1. 写一写：汉字偏旁与部首

（1）偏旁是汉字形体的基本结构单位，它是合体字的组成部分，我们把一个字中上下左右能独立的部分，统称为偏旁。如：形声字的形旁和声旁都是偏旁，"把"可以分为"扌"和"巴"，"队"可以分为"阝"和"人"，其中"扌、巴、阝、人"都是偏旁。在偏旁中，有的偏旁本身是一个汉字，如"巴、人"；有的不成字，如"宀、氵"；有的字在做偏旁时变了形，如"扌"是"手"的变形，"水"在做偏旁时变形为"氵"，"刀"在做偏旁时变形为"刂"。

（2）部首是字典、词典中对汉字进行归类时使用的，把同一偏旁的字归为一类，这个偏旁就是这类字的部首。部首多是形声字的形旁，如"江、洒、河、海、流"等字都和水有关，就用"氵"做部首；"跑、跳、踢、距、跨"等字和脚有关，就用变形的"足"做部首。

2. 辨一辨：辨析以下五组词语

（1）

叮咛	释义	"叮咛"强调嘱咐的次数多，多用于长对幼，上级对下级。有时也用于平辈或自身。
	例句	虽然离开了家，但妈妈的叮咛仿佛还萦绕在耳畔。
嘱咐	释义	"嘱咐"侧重表示抱着关切的态度告诉别人记住如何行动，强调的内容重大，口气较郑重。
	例句	老师一再嘱咐我们，上窗台擦玻璃一定要小心。

（2）

关心	释义	"关心"泛指常挂在心上，重视，注意，对象较广，对人对物都可用。
	例句	对孩子要关心、爱护，但不能过分溺爱。
关切	释义	"关切"比"关心"更进一层，含亲切意味，多用于别人对自己，有时也用于对别人、对事物。
	例句	李老师关切地叮嘱我们天气冷了要多穿点衣服，免得受凉了。

(3)	迟疑	释义	"迟疑"从时间角度说,在应该拿主意的时候拿不定主意。
		例句	他迟疑片刻,终于下了决心。
	犹豫	释义	"犹豫"泛指拿不定主意。多指内心活动,也指行动。
		例句	去不去参加夏令营呢? 小明还在犹豫。

(4)	锋利	释义	"锋利"原指武器、工具等的刃口很快,引申为言论、文笔等尖锐、深刻。
		例句	这把菜刀很锋利,你使用时要小心。
	锐利	释义	"锐利"原指锋刃尖而快,引申为眼光、文笔敏锐而深刻。
		例句	他用锐利的目光扫视着在场的每一个人。

(5)	年龄	释义	"年龄"指生存的年数,运用范围比"年纪"大,常用于人,也可用于动植物。
		例句	我们班同学的年龄都在 9 岁左右。
	年纪	释义	"年纪"则一般只用于人。
		例句	奶奶年纪大了,已经有点耳背了。

3. 记一记：识记以下成语并造句

美不胜收	释义	美好的东西太多,一时接受不完或看不过来。
	例句	九寨沟的自然风光美不胜收,是旅游的好去处。
耐人寻味	释义	意味深长,值得仔细体会琢磨。
	例句	这真是一本耐人寻味的好书!
诗情画意	释义	诗画一般的美好意境。
	例句	这幅摄影作品富有诗情画意。
锲而不舍	释义	雕刻一件东西一直不放手,比喻有恒心有毅力。
	例句	在学习上就是应该有锲而不舍的精神。
马马虎虎	释义	形容做事随随便便,勉强,凑合。
	例句	他做事情总是马马虎虎。

4. 背一背：背诵以下课文

年级	课号	课文标题
四年级（上）	21	《凉州词》
四年级（上）	21	《夏日绝句》
四年级（上）	25	《王戎不取道旁李》
四年级（下）	1	《四时田园杂兴（其二十五）》
四年级（下）	1	《宿新市徐公店》
四年级（下）	1	《清平乐·村居》

二、教学语言表达

本节将要学习到的内容主要涉及以下课文：

年级	课号	课文标题
一年级（上）	11	《项链》
一年级（下）	16	《一分钟》
二年级（下）	18	《太空生活趣事多》
四年级（上）	19	《一个窝囊的大老虎》
四年级（下）	23	《"诺曼底号"遇难记》
六年级（上）	9/16	《竹节人》 《盼》

（一）组织多样的课前演讲活动

——《项链》

金老师：阿老师，上次教研会上，主任要求我们多组织一些课堂活动，你是怎么开展的？

阿老师：我正在尝试组织班里的学生进行课前三分钟演讲，从目前的情况看，学生们对这种活动形式很感兴趣，口头表达能力和思维创新能力提高不少。

金老师：演讲的内容是以课文为主吗？

阿老师：不完全拘泥于课文，也可以是优秀诗文、成语故事、名言警句等，还可以是即兴演讲。内容和形式是多种多样的，充分给予学生自由发挥的空间，调动大家的参与热情。

金老师：一年级的学生文学积累不是很多，有时候朗读课文对他们来说有些困难。我昨天上了《项链》这课，课文中有很多叠词，像"蓝蓝的、雪白雪白的、哗哗地笑着"这些词，学生读起来不是很流利。所以，对于低年级学生，演讲的内容是不是应该以课文为主，教师有意识地扩充一些与课文相关的短小文章，让学生课下训练。

阿老师：当然可以，从学生的实际情况考虑，选择适合的内容。但是我不建议总是让学生讲课文内容，这样久而久之就会形成思维定式，从而失去兴趣。在以课文为主训练一段时间以后，教师还是应该适当地扩充一些其他内容，这对提高学生的文学素养、口语表达能力和创新能力都有帮助。

1. 阅读短文，请以此文为例，根据提示说一说如何培养小学生演讲技巧

吃亏的小猴

动物学校在山坡上种了一片苹果树，大家施肥浇水，苹果树结了很多苹果。

秋天，苹果熟了，大象老师领同学们去摘苹果。小鹿、小牛、小山羊都很卖劲，不一会儿就把筐子装满了。小猴爬到树顶上，专拣最大最红的苹果摘，摘一个吃一个。快下山了，别人的苹果筐都是满的，小猴才摘了几个苹果。小猴怕背起来沉，灵机一动，又想出一个鬼主意。他趁大象老师不注意，抓了几把干草垫在筐子里，上边放上苹果。回到学校，大家把苹果筐摆在操场上，苹果真是丰收了呀。大象老师说："谁摘的苹果就归谁了，快拿回家去吧！"大家高兴地鼓起掌来。

小猴后悔了，可他又能说什么呢？

提示　　培训小学生演讲的方法：

首先，演讲讲究自然，演讲时所表露的感情，应与内容相吻合，只有真情实意才能抓住听众，打动听众。演讲的节奏要紧凑，不能慢条斯理。

其次，开头要有吸引力，不说多余话，开门见山，单刀直入，抓住听众的"心"。

最后，用适当的姿势辅助演讲，因为丰富多样又适当的手势或姿态，不仅能吸引听众的注意力，而且也会给听众留下深刻的印象。

2. 运用所给句型,说一说教授本章其他课文时你会怎样引导学生选择适合的演讲内容

句型 从……考虑,选择适合……。演讲内容可以是……,也可以是……,……,……等,还可以是……。总之,……是多种多样的,充分给予……,调动……。

(二)组织激烈的辩论活动

——《一分钟》

宋主任:阿老师,听说你们班最近组织了一次辩论赛,效果不错,你给大家分享分享经验?

阿老师:好的。我觉得辩论赛是丰富语文教学活动的一种手段,也是培养学生思辨能力的有效途径。所以,我会定期组织学生开展辩论赛。首先,围绕适合的课文主旨,选择辩题。其次,教师要起好引导作用,为了保证辩论赛的顺利进行,课前教师应该指导学生收集有关资料,不但要收集课内课外知识,还必须运用生活中的例子进行论证,学生由此增长了见识,强化了记忆,拓宽了知识面。最后,教师应该及时给出评价,多鼓励大家参与到活动中来。

艾老师:选择辩题时有哪些需要注意的地方?

阿老师:辩题应该跟当前讲的课文有联系,这样能够让学生学有所思。另外,辩题应该贴近学生的生活,抓住学生的兴趣点。比如《一分钟》这课的教学目标是让学生联系生活实际,初步学习管理时间。但是,在实际生活中,仍然有一些学生出现迟到、早退的情况,那么讲到这课时,就可以组织一场以"时间管理重不重要"为题的辩论赛。

诗老师:辩论时间有什么样的要求?

阿老师:在做好充分准备的前提下,我一般讲完课后,会给学生留出 10 到 15 分钟的时间辩论,然后再进行点评。

1. 请找出下面句子中的语病,改正过来,并分析这些病句的类型

(1) 爷爷虽然已经五十多了,可是整天乐呵呵的。

_____

(2) 爸爸的工作特别忙,他不得不改善爱看球赛的习惯。

_____

（3）经常熬夜不利于身体健康，我们应该养成早睡早起。

_____

（4）李明回答不出问题，急得眼里冒出了红光。

_____

（5）会场上挤满了人，黑压压的一片，就像虫子一样蠕动着。

_____

2. 请你根据主旨，为以下几篇课文确定一个合适的辩题，并说一说应该指导学生收集哪些材料

《太空生活趣事多》_____。

《一个窝囊的大老虎》_____。

《"诺曼底号"遇难记》_____。

《竹节人》_____。

《盼》_____。

（三）组织生动的表演活动

——《太空生活趣事多》

老师：同学们，读了《太空生活趣事多》这篇课文，你们有什么感想？

生1：老师，我觉得太空生活太有趣了，人们不借助任何外力就能飘浮在空中，我真想去太空中感受一下。

生2：我觉得宇航员太伟大了，他们克服了那么多困难，为航空事业做出了伟大的贡献，我以后也想当一名宇航员。

老师：大家说得很好，通过学习，你们知道太空生活中那些有趣现象的科学原理吗？

学生：知道了。

老师：不错，为了加深大家对太空中科学现象的理解，下节课我们上一节活动课。大家需要发挥自己的想象，把课文改编成剧本表演出来。咱们全班分为6个小组，每个小组成员都要参与进来，每组的演出时间是10分钟。

生1：老师，怎么把课文改编成剧本啊？

老师：在改编剧本时，大家首先可以确定自己的角色，你可以是宇航员，也可以是外星人。课文内容以对话的形式展现出来，可以适当删减。另外，你们可以根据自己的角色，创造一些突出人物性格的对话和动作。大家要分工合作，齐心协力，争取呈现一个精彩的舞台表演。

生2：那怎么知道哪组表演得最好呢？

老师：咱们采用投票的方式选出最佳表演组，每组表演时，其他小组要从"剧本内容、语言表现、形体动作"三个方面综合考虑，把票投给你认为最棒的小组。当然，老师也会根据你们的表现为大家投票。

学生：明白了，我们一定会好好准备。

1. 听录音，运用关键词总结文章的中心思想

关键词　改革　创新　和谐　教学相长　互相　表演　创作　热情　潜力

2. 请从以下课文中任选一篇，改编成表演剧本，供学生参考

(1)《项链》　(2)《一分钟》　(3)《一个窝囊的大老虎》

(4)《"诺曼底号"遇难记》　(5)《竹节人》　(6)《盼》

_____

_____

_____

_____

_____

（四）组织热烈的阅读分享活动

——《一个窝囊的大老虎》

诗老师：这次考试，我们班学生发挥得不太好，阅读题失分太多，你们班考得怎么样？

艾老师：我们班考得还可以。平时我会组织一些阅读分享活动，这对学生阅读能力的提高帮助不少。

诗老师：我正为学生课外阅读量不够发愁呢，你快说说你是怎么开展这个活动的？

艾老师：每学完一课，我会要求学生课下搜集相关的阅读资料进行阅读。以《一个窝囊的大老虎》为例，我让学生们课下搜集关于名人童年趣事的文章来阅读。这种阅读并不是无目的的，而是要让学生带着目标读。一是能够大致叙述出文章的内容，二是让学生说明文章的中心思想，三是让学生说说对自己的启示。第二天讲课前，我会随机点三名学生进行课上分享，其他学生要做好分享笔记。

诗老师：我担心搜集阅读资料对学生来说有困难，老师是不是可以指定一些阅读篇章让学生读，第二天的课前活动可以让大家分享各自的心得体会？

艾老师：这也是个好办法！大家读同一篇文章，得出的感想不一定相同，通过交流能够拓宽学生们的思路，增加思维的广度，防止片面地认识问题。

诗老师：哈哈，你说得对！不光是学生要经常交流，咱们老师也要多交流，你看通过刚才的交流，咱们又拓宽了教学思路！

1. 请你以"童年趣事"为主题，写一篇记事记叙文，作为学生的补充阅读资料

_____

_____

_____

_____

2. 结合本章其他课文，用下面的句型说一说如何组织有效的阅读分享活动

句型　每学完一课，我会……。以……为例，我让学生搜集关于……文章来阅读。这种阅读并不是……，而是……。一是……，二是……，三是……。第二天讲课前，我会……。

（五）组织有效的小组活动

——《盼》《竹节人》

我国古代伟大的教育家孔子曾经说过："独学而无友，则孤陋而寡闻。"* 又曰："三人行必有我师。"其实这也是古代对合作学习的提倡。当前的新课程提倡学生采用自主、合作、探究的学习方式，小组合作学习是课程改革积极倡导的学习方法之一。组织有效的小组活动，有利于改善小学

语文课堂教学面貌,有利于培养学生的交际能力,有利于确立学生的自尊心、自信心和自主意识,有利于引发学生强烈的学习动机,培养学生的发散性思维和创造性思维。

在讲《盼》这篇课文时,我让学生运用本文寓情于景的写作特点,以"童年趣事"为话题写篇作文,然后将全班学生分成 6 个组,小组里互评作文。在活动前,我提出明确的要求,在组员读作文时,其他同学要认真听,边听边想他的作文有哪些优点,有哪些不足。读完作文后,其他组员要发表自己的看法,提出修改建议。这样一来,学生明白自己要做些什么,小组活动就能更有效地开展了。

在讲《竹节人》这篇课文时,我让学生进行分组探究式学习,先分成两大组形成竞争组,每大组分成三个小组,分别有不同的任务,而任务之间也有关联,使得学生能增强沟通能力和小组协作能力。如一组:写出竹节人制作指南,教别人玩这种玩具。二组:体会竹节人给人们带来的快乐,说给大家听。三组:讲一个有关老师和竹节人的故事。

总之,小组合作学习是调动学生学习兴趣,优化学习方式,提高学习效率的有效方式,教师应该积极组织学生运用小组合作的形式进行交流,让语文课堂越来越精彩。

* 独学而无友,则孤陋而寡闻:指如果学习中缺乏朋友之间的交流切磋,就必然会导致知识狭隘,见识短浅。

1. 如果你要把以下这篇作文作为范例在课堂上进行作文点评,你会如何点评

我 的 家 乡

回想起小时候,我在村庄里过的那段美好时光,抑制不住乐上心头。姥爷家在涿鹿的一个小村庄里,那里不像城市热闹繁华,商品应有尽有,却别有一番乐趣。

姥爷家的小院,坐北朝南。小院四周围着夯实的土墙。走进那贴着姥爷自己写的对联的木门,是五间红砖青瓦的住房。院里种着许多蔬菜,有玉米、辣椒、豌豆、黄瓜、萝卜……

记得有一次,我来到姥爷的小院里。正巧,表妹也在,我便和她一起玩。玩着玩着,我忽然眼前一亮,大喊:"妹妹,快过来!这儿有蘑菇!"表妹闻声赶来,说:"姐姐,我们一起采吧。"说完,她就跑进长着蘑菇的玉米地里,我边喊边追她:"哎,等等我啊!"我们采啊采,这时,我听见妹妹喊我:"姐姐,你快来看,好大一朵蘑菇啊!"我连忙跑过去,真的,好大的蘑菇啊!我从来没有见过这么又白又大的蘑菇,就赶紧小心翼翼地把这朵蘑菇采下,放进小筐里。最后,我们采了满满一小筐。进屋后,姥爷帮我们把能吃的蘑菇挑出来,说中午做凉拌鲜蘑,我和妹妹高兴地一蹦三尺高。

午饭时,我们吃到了自己亲手采的蘑菇,心里别提有多高兴了,我从来都没有吃过这样的美味。

像这样快乐的事还有很多,让我数不胜数。

我爱我的家乡,爱她一望无际的田野,爱她浓荫密布的树林,更爱家乡留给我的无边快乐……

2. 写一写你在教本章其他课文时,组织了哪些小组活动

_____

_____

词汇表（1）

序号	生词	释　义
1	拘泥	固执,不知变通
2	即兴	未经事前酝酿,就眼前的情景、感受进行创作、表演、讲话
3	学有所思	学习的同时也在不断思考,有所领悟
4	齐心协力	思想认识一致,共同努力
5	倡导	带头提倡

三、教学篇章阅读

组织课堂教学是贯穿整个教学过程的教学行为。课堂教学组织也会直接影响教学质量的高低和教学效果的好坏。组织好课堂教学需要老师敏锐的观察力、睿智的应变能力和高超的调控能力。既要创建轻松和谐的学习环境,又让学生集中精力去学习,这不是一件容易的事情,需要老师们在实践中多探索和总结。

要做好课堂教学组织,首先必须管理好课堂秩序,建立良好的行为标准。"无规矩不成方圆",混乱的课堂秩序不仅无法保证教学的顺利进行,同时也会让学生养成不良的行为习惯。但是教师也要注意将严格要求与体贴爱护结合起来,在严厉严肃的同时,给予学生以一定的尊重和信任,鼓励和表扬。

其次,要集中学生的注意力,保证学生学习精力的有效投入。学生的注意力不可能在一堂课

中完全集中,尤其是小学生,因此教师要能够把握和控制教学节奏,做到层次分明,重点突出。教师可以运用多种教学方法相结合的方式来控制教学节奏。

最后,课堂教学组织需要一定的教学技巧,如目光注视法、表情感染法、趣味激发法、设疑引导法、停顿吸引法、鼓励激励法、暗示提醒法、活动刺激法等。课堂的变化要能够引起学生的注意,使他们自觉纠正自己的行为。

课堂组织的技巧是多种多样的,教师必须根据课堂和学生情况灵活处理。总之,课堂组织要以激发学生学习兴趣和积极性为主,教师要做好课堂的管理者和组织者,这样才能保证课堂教学计划顺利完成。

根据课文,联系实际,回答以下问题

1. 以语文学科为例,说一说组织课堂教学的重要性。

2. 说一说在组织课堂教学时应注意哪些方面?

3. 你觉得好的课堂教学组织有哪些特点?

4. 你在平时的教学中,都是怎么组织教学的? 跟大家分享一下。

词汇表(2)

序号	词语	释　义
1	贯穿	穿过;连通
2	睿智	英明有远见
3	无规矩不成方圆	强调做任何事都要有一定的规矩、做法,否则无法成功
4	层次分明	事物的次序界限清楚

四、教学知识链接

(一) 文言文拓展

1. 是

(1) 正确。与"非"相对。

例:使目非是无欲见也,使耳非是无欲闻也,使口非是无欲言也,使心非是无欲虑

也。——《劝学》

（2）这样看来，由此看来。

例：是进亦忧，退亦忧。——《岳阳楼记》

（3）指示代词。这，这个，这样。

例：是日也，天朗气清，惠风和畅。——《兰亭集序》

（4）系词。是。

例：斯是陋室，惟吾德馨。——《陋室铭》

2. 见

（1）拜见，谒见。

例：项伯即入见沛公。——《鸿门宴》

（2）看见。

例：孔子东游，见两小儿辩斗，问其故。——《两小儿辩日》

（3）出现。

例：天见其明，地见其光，君子贵其全也。——《劝学》

（二）古文赏析

曹 刿 论 战

［春秋］《左传》

十年春，齐师伐我。公将战，曹刿请见。其乡人曰："肉食者谋之，又何间焉？"刿曰："肉食者鄙，未能远谋。"乃入见。问："何以战？"公曰："衣食所安，弗敢专也，必以分人。"对曰："小惠未遍，民弗从也。"公曰："牺牲玉帛，弗敢加也，必以信。"对曰："小信未孚，神弗福也。"公曰："小大之狱，虽不能察，必以情。"对曰："忠之属也。可以一战。战则请从。"

公与之乘，战于长勺。公将鼓之。刿曰："未可。"齐人三鼓。刿曰："可矣。"齐师败绩。公将驰之。刿曰："未可。"下视其辙，登轼而望之，曰："可矣。"遂逐齐师。

既克，公问其故。对曰："夫战，勇气也。一鼓作气，再而衰，三而竭。彼竭我盈，故克之。夫大国，难测也，惧有伏焉。吾视其辙乱，望其旗靡，故逐之。"

译文 　　鲁庄公十年的春天,齐国军队攻打我们鲁国。鲁庄公将要迎战。曹刿请求拜见鲁庄公。他的同乡说:"当权的人自会谋划这件事,你又何必参与呢?"曹刿说:"当权的人目光短浅,不能深谋远虑。"于是入朝去见鲁庄公。曹刿问:"您凭借什么作战?"鲁庄公说:"衣食这一类养生的东西,我从来不敢独自专有,一定把它们分给身边的大臣。"曹刿回答说:"这种小恩小惠不能遍及百姓,老百姓是不会顺从您的。"鲁庄公说:"祭祀用的猪牛羊和玉器、丝织品等祭品,我从来不敢虚报夸大数目,一定对上天说实话。"曹刿说:"小小信用,不能取得神灵的信任,神灵是不会保佑您的。"鲁庄公说:"大大小小的诉讼案件,即使不能一一明察,但我一定根据实情合理裁决。"曹刿回答说:"这才尽了本职之事,可以凭这个打一仗。如果作战,请允许我跟随您一同去。"

　　到了那一天,鲁庄公和曹刿同坐一辆战车,在长勺和齐军作战。鲁庄公将要下令击鼓进军。曹刿说:"现在不行。"等到齐军三次击鼓之后。曹刿说:"可以击鼓进军了。"齐军大败。鲁庄公又要下令驾车马追逐齐军。曹刿说:"还不行。"说完就下了战车,察看齐军车轮碾出的痕迹,又登上战车,扶着车前横木远望齐军的队形,这才说:"可以追击了。"于是追击齐军。

　　打了胜仗后,鲁庄公问他取胜的原因。曹刿回答说:"作战,靠的是士气。第一次击鼓能够振作士兵们的士气。第二次击鼓士兵们的士气就开始低落了,第三次击鼓士兵们的士气就耗尽了。他们的士气已经消失而我军的士气正旺盛,所以才战胜了他们。像齐国这样的大国,他们的情况是难以推测的,怕他们在那里设有伏兵。后来我看到他们车轮的痕迹混乱了,望见他们的旗帜倒下了,所以下令追击他们。"

(三) 文化常识——李清照

　　李清照,号易安居士。宋代女词人、婉约词派代表,有"千古第一才女"之称。她的词在群花争艳的宋代词苑中,独树一帜,自名一家,人称"易安体"。李清照出生于书香门第,早期生活优裕,在良好家庭环境中打下深厚的文学基础。出嫁后与丈夫赵明诚共同致力于书画金石的搜集整理。金兵入侵中原时,流落南方。她的创作内容也因生活的变化而呈现出不同特点。前期词比较真实地反映了她的闺中生活和思想感情,题材集中于写自然风光和离别相思。如《如梦令》

二首,活泼秀丽,语新意隽。《一剪梅》《醉花阴》等,描绘了孤独的生活,抒发了相思之情。国破家亡后个人的悲惨遭遇,使她的词作一改早年的清丽明快,充满了凄凉低沉之音。如《菩萨蛮》写的"故乡何处是,忘了除非醉",《蝶恋花》写的"空梦长安,认取长安道",都流露出她对失陷了的北方的深切怀恋。

（四）教学小贴士

提升课堂活动的积极性

当学生不想参加课堂活动时,我们首先要找到原因。学生不参加活动的原因不尽相同,可能是性格原因,可能是他身体不适或者心情不好,还可能是活动本身太无聊,提不起兴趣,或者太难做不到,或者太简单不屑于做等等。我们只有清楚为什么,才能有的放矢,在课堂环境中、在最短时间内找到比较合适的解决方案。

找到原因后,我们要把自己的解决办法告诉学生,看他能不能接受。这样做能体现出教师对学生的关心,可以鼓励他加入到活动中来。要鼓励原本没有意愿的学生参与进来,教师往往需要为他提供其他的参与方式,比如学生觉得活动太简单,他可以带领别的同学一起活动;如果他觉得太难,可以和小伙伴同心协力完成。这样可以降低学生的抵触心理,为学生提供参与的机会,达到教学目标。

最后,如果无论教师怎么鼓励和提供支持,学生还是没有改变,就只能暂且搁置,先不管他,继续进行活动,不能为了一个人而影响到全班。但是我们必须在课后用适当的方式和学生沟通,甚至可以请学校和家长配合,向学生传递"参加课堂活动对你自己有好处,而且我不愿意放弃你"的信息。这样才有可能让学生认识到活动的作用与目的,从而转变观念与态度,今后积极参与活动。

五、听力文本

（三）组织生动的表演活动

1. 听录音,运用关键词总结文章的中心思想

课程改革不仅需要更新教育观念,而且需要在教育内容、教学方式、学习方式及教学管理等

方面进行创新。这就要求教师要加强培训学习，勇于实践，勤于思考，积极探索。"不动脑"的师资队伍是不可能在改革中有所创新和发展的。小学语文新课程教学设计，应从以下几个方面去"动脑"，要建立平等、和谐的师生关系，应逐步实现教学过程中师生的相互交流、沟通、相互启发，以达到教与学的统一，实现教学相长和共同发展。

在语文课中，采用表演型的教学设计，对师生达成共识、共享、共进有很大的作用。表演是对课文加深理解的有效表现形式。通过表演，不但可以强化学生运用、理解、积累语言的能力，而且能大大增强学生学习兴趣。教师可以让学生根据课文内容，大胆进行再创作，充分调动起他们的创作热情，挖掘他们的最大潜力。

第十二章　记事记叙文（二）

一、教学基础识记

1. 读一读：形声字的形旁和声旁

（1）形声和形声字：由表意符号和表音符号组合成字的造字法。由形声造字法造出来的汉字叫形声字，如"河"的表意符号是"氵"，表音符号是"可"，其中表意符号又叫形旁，表音符号又叫声旁。

（2）形声字的形旁和声旁：形旁和声旁能分别提示字的意义和读音。如"柑"的形旁是"木"，跟"柑"在意义上有联系；声旁是"甘"，标注"柑"的读音。但不是所有的声旁都能标注字的读音，只起提示读音的作用，如"花"的声旁是"化"，跟"花"的读音不同。此外，形旁还可以区分声旁相同的同音字和近音字，如"清、晴、情"，它们的声旁都是"青"，都是近音字，形旁不仅可以区分它们的字形，还有助于辨明它们的字义；声旁可以区分形旁相同、读音相近的字，如"伊、仪、倚、亿"等。它们形旁相同，读音相近，声旁可以用来区分这些字。在现代汉字中，形声字占绝大多数。

2. 辨一辨：辨析以下五组词语

（1）

所以	释义	"所以"只表示结果，可与"因为""由于"配合使用。
	例句	同学们没有意料到会下雨，所以很多人没带伞。
因此	释义	"因此"表示结果又表示原因，只能和"由于"配合使用。
	例句	由于他受到老师的批评，因此心情非常低落。

（2）

互相	释义	"互相"是副词，作状语。
	例句	爬山的时候，同学们互相照应，没有一个掉队的。
相互	释义	"相互"是副词，可作状语，又可作定语。
	例句	紧密的工作联系，加深了他们的相互了解。

(3)	观察	释义	"观察"侧重表示全面仔细地察看,一边看一边估量,有目的地了解、研究。对象可以是具体事物,也可以是抽象事物。
		例句	平时注意观察,多积攒些作文的材料。
	观看	释义	"观看"侧重表示特意地看,有时带有欣赏的意思。对象一般是具体事物。
		例句	国庆节那天,我有幸在天安门广场观看了庄严的升旗仪式。

(4)	雄伟	释义	"雄伟"指山峰或富有历史意义的大型建筑物,也指设想、乐曲、绘画等的雄壮。
		例句	雄伟壮丽的人民大会堂矗立在天安门广场的西面。
	宏伟	释义	"宏伟"指大型建筑物或计划等的宏大。
		例句	我们怀着激动的心情来到了宏伟的天安门广场。

(5)	灿烂	释义	"灿烂"侧重表示光彩耀眼。多用于形容文化、文明、艺术、历史、成就等抽象事物。
		例句	我们的祖先,用勤劳和智慧创造了光辉灿烂的华夏文明。
	璀璨	释义	"璀璨"侧重表示色泽鲜明。多用于形容珠玉、阳光、灯光等具体事物。
		例句	那串珍珠项链璀璨夺目,工艺精美。

3. 记一记：识记以下成语并造句

久而久之	释义	经过了相当长的时间。
	例句	机器如果不好好养护,久而久之就要生锈。
十全十美	释义	各方面都非常完美,毫无缺陷。
	例句	人都有缺点,哪能十全十美呢?
空空如也	释义	空空的什么也没有。
	例句	有些人喜欢夸夸其谈,其实肚子里却是空空如也。
蹑手蹑脚	释义	形容走路时脚步放得很轻。
	例句	他蹑手蹑脚地走进了病房。
纷纷扬扬	释义	雪、花、叶等飘洒得多而杂乱。
	例句	你看,外面的鹅毛大雪纷纷扬扬。

4. 背一背：背诵以下课文

年级	课号	课文标题
四年级（下）	9	《繁星（七一）》
四年级（下）	9	《繁星（一三一）》
四年级（下）	9	《繁星（一五九）》
四年级（下）	10	《绿》
四年级（下）	18	《囊萤夜读》
四年级（下）	22	《芙蓉楼送辛渐》
四年级（下）	22	《塞下曲》
四年级（下）	22	《墨梅》

二、教学语言表达

本节将要学习到的内容主要涉及以下课文：

年级	课号	课文标题
五年级（上）	14	《圆明园的毁灭》
六年级（上）	12	《桥》
六年级（下）	11	《十六年前的回忆》
六年级（下）	5/16	《鲁滨逊漂流记（节选）》《表里的生物》

（一）把握复习特点，因材施教

——《圆明园的毁灭》

老师：同学们，《圆明园的毁灭》里有很多词语，我现在来考考你们。老师先出示一些词卡，你们来告诉我是什么词，好不好？

学生：好。

老师：（出示词卡：不可估量）

生1：不可估量。

老师：回答正确。

……

老师：现在老师给出一些词语的意思，你们来告诉老师是什么词。很多东西围绕着一个东西。

生2：众星拱月。

老师：很好，回答得又快又准。

……

老师：现在老师指定几位同学来看老师手里的词卡，由他们来解释，你们来猜是哪个词语。

生1：珍奇的宝物。

生2：瑰宝。

……

老师：看来同学们都记住这些词语了，知道了它们的意思，但还要再接再厉啊！

1. 请根据给出的内容，扩充画线部分

要求　　请抓住人物的神态、动作和语言进行描写，并通过描写表达人物一定的思想感情。

老王是一个三轮车夫，除了两个"没出息"的侄子就没什么亲人了。他一只眼是瞎的，另一只眼也有病，乘客不愿坐他的车。我们家和老王有一些往来，比如我女儿给他吃了鱼肝油以后，另一只眼晚上也看得见了；老王给我们家送水时车费减半；有一次我丈夫病了，烦老王把丈夫送到了医院，他却坚决不肯收钱。后来载客三轮车取缔了，老王只好把三轮车改成运货的平板车。再后来他病了，总不见好。<u>有一天，我在家听到敲门声，他形容枯槁，手里拿着香油和鸡蛋，要送给我们。我转身进屋，他说他不要钱。我说我知道，但你来了就免得让别人把钱捎给你了。把包鸡蛋的蓝布和钱给他后，他就下楼梯回家了。</u>回到屋我才感到抱歉，应该请他坐坐喝口茶水，过了十多天，碰见老王同院的老李，才知道他已经去世了。

_____

_____

_____

2. 请因材施教为本章其他几篇课文设计复习环节

句型　老师出示词卡，你们来读。

老师解释词语的意思，你们来猜是哪个词语。

一些人来解释词语的意思，另一些人来猜是哪些词语。

请大家根据课文内容填空。

请大家看插图复述课文。

请大家根据关键词复述课文。

（二）类化学习，拓展创新

——《桥》

老师：同学们，我们之前学过《狼牙山五壮士》，这篇文章通过对五壮士神态、动作和语言的细节描写，表现出他们坚贞不屈、视死如归、勇于献身的英雄气概，从而激发了我们内心的爱国热情。今天，我们要学习一篇新课文——《桥》，请大家先阅读，然后根据《狼牙山五壮士》的分析方法去感受、理解这篇文章。(5 分钟后)有谁愿意说一说这篇文章讲了什么？

生 1：文章通过一个老支书在危险面前，把生的希望留给群众的故事，塑造出支书像一座"山"的高大形象，体现了他舍己为人的无私精神。

老师：非常准确，那谁能具体地说一说文章是怎样体现出支书的形象的？

生 2：通过刻画恶劣的环境，以及对老支书动作、语言、神态的细节描写，特别是他对待自己儿子时的"表现"来体现支书的形象。

老师：很好，看来同学们掌握了这类课文的分析方法了，而且还有新发现，下次遇到类似的文章时，我们都可以这样分析。这些课文都表现了共产党员的献身精神和爱国之情，相信同学们也都听说过或者经历过。现在请你们来构思一个爱国小故事，运用课文里对人物的细节描写方法，把故事写下来。

1. 请听录音，然后复述听到的内容

2. 请为本章其他几篇课文设计类化练习来进行复习,并能在此基础上拓展创新

句型　老师准备了一篇类似的文章,请大家自己分析一下。

请根据上节课的分析方法举一反三。

请你们在学过的课文的基础上自己创作一篇文章。

(三) 组织活动,调动积极性

——《十六年前的回忆》

老师:同学们,上节课我们学习了《十六年前的回忆》,作者对父亲的外貌、语言和动作的特点都进行了细致的描写。现在每个小组各派两名同学,一个人表演,一个人根据表演复述课文的内容。注意要尽量用到我们在这一课学到的词语。最后大家一起来点评,表现最好的小组获胜。

生1:我来表演。

生2:我来复述课文。

老师:你们准备好了吗? 好,开始。

生1:(响起枪声,从抽屉中取出手枪,目光坚定,向门外走去……)

生2:短短的一段新闻还没看完,就听见啪,啪……几声尖锐的枪声,接着是一阵纷乱的喊叫……父亲不慌不忙地从抽屉里取出一把闪亮的小手枪,就向外走……一拥而入,挤满了这间小屋子。他们像一群魔鬼似的,把我们包围起来。他们每人拿着一把手枪,枪口对着父亲和我……在法庭上,我们跟父亲见了面。父亲仍旧穿着他那件灰布旧棉袍,可是没有戴眼镜。我看到了他那乱蓬蓬的长头发下面平静而慈祥的脸……

老师:同学们,他们表现得好不好啊? 让我们为他们鼓鼓掌。看来这一组同学对上节课的词语和课文都烂熟于胸了。

1. 请说一说记叙文的表达方式有哪些?

2. 请为本章其他几篇课文设计一个活动来进行课文复习

句型　老师为上节课的复习准备了一个小活动,请大家积极参加。

我们分小组表演,表现最好的小组获胜。

在参与活动的同时，要记住运用我们学过的词语和表达方法。

常见的课文复习活动有：

复述课文：学生根据关键词、图片或者视频的提示复述课文，同时达到应用生词的目的；

填空：可以填写课文原文或者老师自己总结概括课文，挖去一些关键词，让学生来填。

（四）明确职责，上好复习课

——《鲁滨逊漂流记（节选）》《表里的生物》

老师：同学们，在学习新课之前，我们先来复习一下上节课的内容，一会儿PPT上会闪现我们学过的《鲁滨逊漂流记（节选）》里的词语，看到的同学请读出这个词语，读对一个得一分。我们共分五组，哪个小组得分多，哪个小组就获胜。好，现在开始。

生1：日暴。

生2：侵袭。

生3：与世隔绝。

……

老师：词语这部分同学们复习得都不错，那你们还记得课文的内容吗？

请同学们完成以下题目，进行自我检测，完成的同学可以举手示意老师。

（1）下面的句子写的是鲁滨逊在荒岛上遇到的困难。请将相应答案的序号填入括号里：A. 没有食物；B. 住所简陋；C. 十分孤独。

① 船上搬下来的食物，很快吃光了。（　　　）

② 鲁滨逊在岛上定居下来，过着寂寞的生活。（　　　）

③ 鲁滨逊走遍荒岛，在山坡上选择了一块儿有水源、可以防御野兽的地方，用木头和船帆搭起一座简陋的帐篷。（　　　）

（2）填空。

本文由梗概和节选文段两部分组成。梗概部分简要介绍了鲁滨逊（　　　）、建房定居、畜养种植、（　　　）、回到英国的故事，节选的文段主要写了鲁滨逊初到荒岛的（　　　）、（　　　）这两部分的介绍，表现了鲁滨逊（　　　）的精神品质。

生1：老师，我们完成了。

老师：好，老师来检查一下。完成得很好，看来同学们对上节课的内容都掌握了。

1. 请阅读四年级下册第 23 课《"诺曼底号"遇难记》,分析这篇记叙文的六要素以及写作顺序

2. 回忆《表里的生物》,完成以下内容

越不许我动,我越想动,但是我又不敢,(　　　)很痛苦。这样过了许多天。父亲一把表放在桌子上,我的眼睛就再也离不开它。有一次,父亲也许看我的样子太可怜了,也许自己有什么高兴的事,①他笑着对我说:"你来,我给你看看表里是什么在响,可是只许看,不许动。"没有请求,父亲就自动给我看,我高兴极了,同时我的心也加速跳动。②父亲取出一把小刀,把表盖拨开,我的面前立即呈现出一个美丽的世界:蓝色的、红色的小宝石,钉住几个金黄色的齿轮,里边还有一个小尾巴似的东西不停地摆来摆去。这小世界(　　　)被表盖保护着,(　　　)被一层玻璃蒙着。③我看得入神,唯恐父亲再把这美丽的世界盖上。可是过了一会儿,父亲还是把表盖上了。父亲的表里边真是好看。

(1) 在句中的括号里填上合适的关联词语。

(2) 文中句子①是＿＿＿＿描写,句子②是＿＿＿＿描写,句子③是＿＿＿＿描写。

(3) 为什么父亲一把表放在桌子上,"我"的眼睛就再也离不开它?

(4) "我"是一个＿＿＿＿的孩子。从文中找出能说明这个观点的句子抄写在下面。

___

3. 请为本章其他几篇课文设计生词复习的环节

句型　下面我们分小组检验一下复习情况。

PPT 闪现词语,请以最快的速度告诉老师你们看到了什么。

老师准备了一些练习题,请大家根据上节课的内容来完成。

常用的生词复习活动有:

(1) 我做(说)你猜:一个学生通过动作或语言解释说明词语,另一个学生来猜;

(2) 看图片说词语:老师通过 PPT 展示图片,学生根据图片说出词语;

(3) 抢拍词语:教师说出词语,学生们一起来指出该词语,比比谁的速度快。教师也可以增加难度,比如解释该词语,学生们边猜边拍手;

(4) 词语接龙:一个学生说一个词语,第二个学生说出的词语必须跟前一个词语的最后一个字发音相同,依次类推。

词汇表（1）

序号	词语	释　义
1	闪现	一瞬间出现；呈现
2	示意	用表情、动作、含蓄的话或图形表示意思
3	坚贞不屈	坚定而有尊严，绝不向邪恶势力屈服
4	视死如归	把死看得像回家一样平常。形容不怕牺牲生命
5	再接再厉	指一次又一次地继续努力

三、教学篇章阅读

为了巩固课堂所学知识，做练习是一种有效方式。学生的情况千差万别，同样的教学内容，不同班级、不同学生由于基础不同，往往效果也不同。教师在组织训练之前一定要根据不同学生的学习状况，在训练容量、难度等方面分别提出不同要求，做到各有所得，共同进步。

设计练习题力求做到分层要求，形式多样。在教学过程中，设计训练题时可适当将一些常规性题目改为开放型题或将题目的条件、结论拓宽，使其演变为一个发展性问题，或给出结论，再让学生探求条件等，让学生有充分讨论与发展的空间和时间。在教学中，我们可以设计基本练习、综合练习、应用练习和开放练习等多种不同层次的练习，反馈教与学的效果。形式上力求多样化，立意新颖，反映现实生活的内容，不拘泥于课本，力求具有较强的针对性和现实性，增加学生学习的兴趣，这样既有利于引导学生进一步巩固和加强对知识的理解，又有利于调动学生学习的积极性，培养创新意识，提高分析问题和解决问题的能力，发展学生应用知识的能力。

教学过程应是学生主动学习的过程，它不仅是一个认知过程，而且也是一个交流合作的过程，为学生主动学习提供了开放的活动方式，提供了宽松和民主的环境，更有利于发展学生的主体性，促进学生智力、情感发展及创造能力的发展。在教学中教师要以强化小组交流与合作学习为核心，改变课堂教学中教师主讲、学生主听的单一教学组织形式，促进各层次学生的共同发展。

及时有效的反馈是保证训练有效的重要环节。教学训练中，教师应有目的地去捕捉反馈信息，及时处理。最重要的就是进行教学行为的调节，改变教学切入点，甚至不惜临时改变教学内容和计划,以求得最佳训练效果。这就需要教师在实践过程中不断反馈,制定恰当的反馈方式,采取相应的教学措施,调整教学进程,得到理想的教学效应。

根据课文,联系实际,回答以下问题

1. 以语文学科为例,说一说巩固课堂知识的有效途径有哪些?

2. 在设计练习的时候应该注意哪些方面?

3. 保证练习有效的重要方式是什么?简要说一说。

4. 你在平时的教学中,是怎么巩固复习的?可以以某一课为例说一说。

词汇表(2)

序号	词语	释　　义
1	千差万别	形容类别多,差别大
2	拓宽	开拓使宽广
3	演变	发展变化(多指历时较久的)
4	力求	极力追求;尽力谋求
5	切入点	解决某个问题应该最先着手的地方

四、教学知识链接

(一) 文言文拓展

1. 如

(1) 到……去。

例:坐须臾,沛公起如厕,因招樊哙出。——《鸿门宴》

(2) 像,如同。

例:日初出大如车盖,及日中则如盘盂,此不为远者小而近者大乎?——《两小儿辩日》

(3) 连词。假如,如果。

例:王如知此,则无望民之多于邻国也。——《寡人之于国也》

2. 故

(1) 旧,与"新"相对。

　　例：温故而知新,可以为师矣。——《论语》十则

(2) 原因,缘故。

　　例：孔子东游,见两小儿辩斗,问其故。——《两小儿辩日》

(3) 副词。故意。

　　例：三日断五匹,大人故嫌迟。——《孔雀东南飞》

(4) 连词。所以,因此。

　　例：故木受绳则直,金就砺则利,君子博学而日参省乎己,则知明而行无过矣。——《劝学》

(二) 古文赏析

记承天寺夜游

［宋］苏　轼

　　元丰六年十月十二日夜,解衣欲睡,月色入户,欣然起行。念无与为乐者,遂至承天寺寻张怀民。怀民亦未寝,相与步于中庭。庭下如积水空明,水中藻荇交横,盖竹柏影也。何夜无月？何处无竹柏？但少闲人如吾两人者耳。

译文　　元丰六年十月十二日的夜晚,我脱了衣服正准备睡觉,恰好看见月光透过窗户洒入屋内,于是我高兴地起床出门散步了。想到没有可以和我一起游乐的人,于是我去承天寺寻找张怀民。张怀民也没有睡,我们便一同在庭院中散步。庭院中充满着月光,像积水充满院落,清澈透明,水中的水藻和荇菜交横错杂,原来是竹子和柏树的影子啊。哪一个夜晚没有月光呢？又有哪个地方没有松柏树呢？只是缺少像我们两个这样不汲汲于名利而又能从容流连光景的闲人罢了。

（三）文化常识——元代文学

元朝是蒙古族在中国建立的一个王朝。元代历史不长,元代文学中最突出的成就在戏曲方面。所以,后人常把"元曲"与"唐诗""宋词"并提。诗、词、散文等文学样式,相对较弱。元代戏曲一般分为杂剧和散曲,是元代文学的主体。杂剧见于记载的有 737 种,今存 218 种。杂剧除艺术形式新颖外,内容方面也带有时代特色。首先是它广泛反映了元代各阶层人们的生活,而中下层人民的生活和感情更占据了重要地位。元杂剧中还出现了不少包公戏,由于元代官府黑暗,冤案很多,包公成为人民希望的清官化身。散曲今存"小令"3 800 多首,套数 450 多套。著名的散曲作家前期有关汉卿、马致远、白朴等,后期有乔吉、张可久等。散曲一般是用作宴会歌伎唱词,艳曲较多,也有少量抒情、怀古及指谪时弊等。

（四）教学小贴士

做好复习课　教师需要掌握五大步骤

第一步:知识再现。经过近一个学期的时间,学生很容易遗忘之前所学的知识,因此在复习课一开始,教师就要有意识地引导学生回忆所学的主要内容,把过去学过的旧知识不断提取再现出来。让学生通过回忆,整理出大的知识框架,用时可稍短一些。

第二步:系统梳理。教师可根据教学大纲和教材,梳理出知识要点,理清知识线索,以点连线,以线结网,建立知识系统,使复习形成系统化、网络化。这一环节重在帮助学生对复习内容做到心中有数,知道哪些是重点,哪些是难点。

第三步:深化分析。接下来的一个关键环节是对重点内容和学生的疑难问题作进一步分析,解决重点、难点和疑点。当重点内容较多时,可以分类、分专项进行分析、对比,使学生全面、准确地掌握教材内容,加深理解。

第四步:针对练习。在知识点讲解完之后,教师可以选择有针对性、典型性、启发性的问题,让学生进行练习。练习时,可通过题组的形式呈现练习内容,把内容相关、形式相似、方法相近的题目有机串联起来构成一组题。通过讲解指导,引发学生不断深入思考,实现举一反三,提高其分析问题、解决问题的能力。

第五步:检测反馈。当知识点复习完成时,可选取数量适当的题目进行当堂检测,对学生的复习结果进行检测、评价与反馈。检测是为了发现问题，但发现了问题并解决了问题才是关键。对学生反馈不能只停留在知道哪些对了、哪些错了，还要具体落实并解决这些出错点。比如对学生的易错知识点和题型进行归纳讲解，真正让学生掌握复习内容。

五、听力文本

（二）类化学习，拓展创新

1. 请听录音，然后复述听到的内容

《伊索寓言》大可看得。它至少给予我们三种安慰。第一，这是一本古代的书，读了可以增进我们对于现代文明的骄傲。第二，它是一本小孩子读物，看了愈觉得我们是成人了，已超出那些幼稚的见解。第三呢，这部书差不多都是讲禽兽的，从禽兽变到人，你看这中间需要多少进化历程！我们看到这许多蝙蝠、狐狸等的举动言论，大有发迹后访穷朋友、衣锦还故乡的感觉。但是穷朋友要我们帮助，小孩子该我们教导，所以我们看了《伊索寓言》，也觉得有好多浅薄的见解，非加以纠正不可。

（节选自《读〈伊索寓言〉》，钱钟书）

第十三章　写人记叙文（一）

一、教学基础识记

1. 读一读：同音字

有很多汉字的字音相同而字形各异，且意义不同，我们称其为同音字。同音字一般有两种情况：

一种是同音且形似的，多为形声字，如"驱""躯""岖"，"辨""辩""辫"等。这些形声字多由同一声旁构成，对于这类同音字我们要以形旁去辨别，通过形旁联系字义来区分。这些字既是同音字，也是形近字，可以一组一组地学习和区分。

另一种是同音而形异的，如"力""立""利""丽"等，这类同音字辨别起来相对容易一些，我们主要辨明它的意义及常跟什么字连用。在教学中可以以词的形式在学生的意识中固化，如上述四个字可以告诉学生"力气"的"力"、"站立"的"立"、"利益"的"利"和"美丽"的"丽"。

2. 辨一辨：辨析以下五组词语

(1)

呼啸	释义	"呼啸"侧重于声音又高又长，多用于形容非生物的声音。
	例句	狂风卷着巨浪，呼啸着向岸边扑来。
咆哮	释义	"咆哮"侧重于声音又大又猛，多用于形容野兽和暴怒的人。
	例句	一只猛虎咆哮着向武松扑来。

(2)

剧烈	释义	"剧烈"指急剧变动或刺激厉害，常形容药性、疼痛等。
	例句	他不慎扭伤了脚，感到一阵阵剧烈的疼痛。
强烈	释义	"强烈"着重指强而有力，也指程度高、浓度大，运用范围较广，形容光线、色彩、对比等，也可以形容欲望、感情等。
	例句	这件事在群众中引起了强烈反应。

(3)	凝视	释义	"凝视"多指较长时间精神集中地看着,包括人或物。
		例句	小花猫趴在墙角,屏息凝视,等着老鼠出洞。
	注视	释义	"注视"运用范围比"凝视"广,多指注意力集中在具体人或物的某一点上,还可用在抽象事物上。
		例句	正步走的时候,眼睛要注视着前方。

(4)	缺乏	释义	"缺乏"强调少或没有,消极色彩浓。它可带抽象事物作宾语,如勇气、经验等;又可带具体概念作宾语,如书籍、布匹、人员、弹药等;还可带动词作宾语,如调查、观察。
		例句	因为缺乏营养,他的身体很瘦弱。
	缺少	释义	"缺少"指在数量上少一些,有时指没有,宾语是具体名词,如教师、用品等。
		例句	这家工厂因缺少资金而关闭了。

(5)	柔和	释义	"柔和"侧重表示使人感到温和,不强烈。
		例句	她说话的语气非常柔和,令人有如沐春风之感。
	柔软	释义	"柔软"侧重表示不坚硬。
		例句	这床棉被特别柔软。

3. 记一记：识记以下成语并造句

溜之大吉	释义	偷偷地走开,一走了事。含诙谐意。
	例句	他一看势头不对,转身就从后门溜之大吉。
慢条斯理	释义	形容动作缓慢,不慌不忙。
	例句	他说话做事总是慢条斯理的。
恋恋不舍	释义	形容舍不得离开。
	例句	孩子们恋恋不舍,抱住他不放他走。
一丝不苟	释义	连最细微的地方也不马虎,形容办事认真。
	例句	白求恩对医疗技术一丝不苟,精益求精。
无拘无束	释义	不受任何约束,形容自由自在。
	例句	我们的老师平易近人,我们在课外可以和他无拘无束地说笑。

4. 背一背：背诵以下课文

年级	课号	课文标题
五年级(上)	1	《白鹭》
五年级(上)	12	《示儿》
五年级(上)	12	《题临安邸》
五年级(上)	12	《己亥杂诗》
五年级(上)	13	《少年中国说(节选)》
五年级(上)	21	《山居秋暝》
五年级(上)	21	《枫桥夜泊》

二、教学语言表达

本节将要学习到的内容主要涉及以下课文：

年级	课号	课文标题
三年级(上)	25/26	《掌声》《灰雀》
四年级(上)	22	《为中华之崛起而读书》
四年级(下)	19	《小英雄雨来(节选)》

（一）课堂反思，调整策略

——《掌声》《灰雀》

在实际教学中，我们发现再细致周密地备课也难免会遇到一些始料未及的情况，使我们在备课时的一些设计难以发挥作用。这时就需要我们有快速反应的能力，要马上进行反思并调整策略，也就是我们常说的随机应变。

在讲《灰雀》这篇课文时，我先为大家介绍列宁，然后再让学生在课文中找出体现这位伟人

"平易近人""热爱自然""尊重小男孩"等优秀品质的文字描写。学生倒是找对了，但我发现他们对课文中关于列宁的描写并不太感兴趣。我仔细一想，确实不能要求小学生以成年人的视角去理解和学习这篇课文，所以我马上把下一个问题换为找小男孩儿有什么值得学习的地方，他们很快就找出了小男孩儿"知错能改"的行为。然后我再引导学生理解通过伟人的视角来展现小人物的品质，这是作者独具匠心的一种侧面烘托的写作手法。

如果当时不及时调整策略，把教学的中心人物从列宁换为小男孩，就很难让学生接受并产生情感上的共鸣，也就达不到学习的目的了。

1. 阅读文章选段，根据提示从人物语言和动作两个方面，分析"父亲"对"我"的感情

背　影

我们过了江，进了车站。我买票，他忙着照看行李。行李太多了，得向脚夫行些小费才可过去。他便又忙着和他们讲价钱。我那时真是聪明过分，总觉他说话不大漂亮，非自己插嘴不可。但他终于讲定了价钱；就送我上车。他给我拣定了靠车门的一张椅子；我将他给我做的紫毛大衣铺好座位。他嘱我路上小心，夜里警醒些，不要受凉。又嘱托茶房好好照应我。我心里暗笑他的迂；他们只认得钱，托他们只是白托！而且我这样大年纪的人，难道还不能料理自己么？唉，我现在想想，那时真是太聪明了！

我说道："爸爸，你走吧。"他往车外看了看说："我买几个橘子去。你就在此地，不要走动。"我看那边月台的栅栏外有几个卖东西的等着顾客。走到那边月台，须穿过铁道，须跳下去又爬上去。父亲是一个胖子，走过去自然要费事些。我本来要去的，他不肯，只好让他去。我看见他戴着黑布小帽，穿着黑布大马褂，深青布棉袍，蹒跚地走到铁道边，慢慢探身下去，尚不大难。可是他穿过铁道，要爬上那边月台，就不容易了。他用两手攀着上面，两脚再向上缩；他肥胖的身子向左微倾，显出努力的样子。这时我看见他的背影，我的泪很快地流下来了。我赶紧拭干了泪，怕他看见，也怕别人看见。

我再向外看时，他已抱了朱红的橘子望回走了。过铁道时，他先将橘子散放在地上，自己慢慢爬下，再抱起橘子走。到这边时，我赶紧去搀他。他和我走到车上，将橘子一股脑儿放在我的皮大衣上。于是扑扑衣上的泥土，心里很轻松似的，过一会说："我走了，到那边来信！"我望着他走出去。他走了几步，回过头看见我，说："进去吧，里边没人。"等他的背影混入来来往往的人里，再找不着了，我便进来坐下，我的眼泪又来了。

提示　(1) 分析人物的语言

语言是人类用来表达意思、交流思想感情的工具。文章对人物语言的描写能反映人物一定的思想、个性和心理特点。读文章时分析揣摩人物的语言，有助于加深对人物的理解。

(2) 分析人物的动作

人的动作是受人的思想情感支配的，它同样反映人物的个性。在阅读文章时要细细地品味，并感悟其特别的地方。

2. 结合你的备课情况，谈一谈在教《掌声》这篇课文时，如果学生难以体会"英子"的心理变化，你会怎么处理

3. 请写一段总结，主要讲你在某一课的教学中遇到意料之外的情况并及时恰当地处理的经验，要求使用下列词语

周密　始料未及　随机应变

（二）课后反思，总结不足

——《为中华之崛起而读书》

本课的教学重难点是让学生真切体会"中华不振"的含义，从而理解周恩来立志要为振兴中华而读书，表现了他的博大胸襟和远大志向；在此基础上，学生结合自己的实际情况树立远大志向，并明确自己志向的具体内容和实施策略。

讲完这一课，我觉得学生对"中华不振"含义的理解比较到位，但是在教学过程中，学生的感情激发似乎没有预想的那么强烈。通过反思，我觉得学生在结合自己志向的时候，对自己志向的具体内容以及实施策略并不是很明确。我觉得应该从如下几点努力：1. 找准切入点，围绕自己志向这一主题；2. 讲读志向内容的经典之处，体会细节；3. 直面历史，激发学生的爱国之情。然后让学生将课内外视听资料与现实结合起来，并透过谈读书的目的，激发学生报国之情，通过这样的方式让学生从读到悟，由悟到说，进行语言实践，内化语言，深化情感，在幼小的心灵中根植民族情感。

1. 你在讲《为中华之崛起而读书》这一课时都遇到了哪些问题？请对比上文说一说自己教这一课的不足之处

2. 听录音填空，并用所填的词总结提高学生参与度的方法

要让学生学得好，学得生动有趣，教师就要充分挖掘课文的（　　　），让学生对课文（　　　）。学生一旦产生了兴趣就会乐于接受它，从"苦学"变为"乐学"，由"被动"变为"主动。"一切方法，只要是有利于（　　　）学生的兴趣、培养良好的学习习惯都应该采用，但又必须根据课堂上学生的反馈和（　　　）情况灵活选择教法。

另外，语文课还要重视（　　　），许多知识的掌握和能力的培养不是老师"教"出来的，而是学生"练"出来的。组织课堂小组活动让每一位学生都能（　　　）、主动、充分地参与"谈、说、评、议"等形式的（　　　）学习，这样能进一步提高学生的参与度以及对知识的（　　　）等，并使学生个体的听、说、读、写等能力全面发展。

让学生主动学习是我们倡导的一种教学（　　　），更是一种价值追求。我们要从学生的（　　　）出发，从素质教育的目标出发，想方设法地激发学生的兴趣，让学生充分发挥（　　　）的作用。

3. 请批改下面这篇作文《我的烦恼》，并写一段评语

"小小少年，很少烦恼……"每次听到这首歌我都十分气愤。谁说我们没有烦恼，我的烦恼就有一大堆。不信我说给你听听。

我有一个最大的烦恼就是要记英语单词。我每天早早地回到家里，而且高效率、高质量完成了，原本想坐在沙发上看电视，那该多么悠闲啊！可是妈妈又苦口婆心地对我说："你又要看电视，你英语不好，怎么能考到一中啊！""好啦，我马上去记。"我想："哼，做任何事都要劳逸结合嘛！这样才能够事半功倍嘛！"我好不用心的把单词给记了一遍，结果就可想而知了。

我不但在家里有烦恼，在学校里也有烦恼啊！每次，老师让我管纪律的时候，总有一些同学不服我。面对着他，他还对你恭恭敬敬的。可是，一转过身来，他就对你张牙舞爪。可是，对于这些脸皮厚到刀剑不入的地步，那我也是束手无策啊！所以，他们总是能够逍遥法外。哎！这个烦恼可真够烦的，让我一直都十分的头疼啊！

真是烦恼三千尺，我多么希望自己能够早一点长大，那么我的烦恼也就能够付之东流啊。

（三）观察反思，借鉴经验

——《小英雄雨来（节选）》

宋主任：艾老师，这次听课有什么感受？

艾老师：几位老师讲得都很好，对我来说有很多可以借鉴的地方，让我非常受益。

宋主任：那太好了，你说说从听课中学到了哪些经验？

艾老师：今天上午我听了张老师讲的《小英雄雨来（节选）》这一课，教学前他首先让学生听了诗歌——《小英雄啊，雨来！》的朗读，接着让学生观看了雨来与鬼子斗争的场景，就这样通过不同角度、不同场景，引导学生置身文中描绘的特定场景，让学生心中燃起了一把熊熊的反侵略战争之火。然后在教学中让学生们结合自身的感受认识课文中小雨来的形象，再通过稍加引导，让学生进一步感悟到了小雨来的爱国、不屈的刚劲品质。总之，学生能够感同身受地理解课文来自于这种情境式的讲解和引导。我想以后在讲这类写人的记叙文时也可以采用类似的方法来增强学生的学习体验。

宋主任：你总结得很到位，咱们平时应该多反思自己的不足，借鉴他人的长处，这样才能提高教学能力，把课讲好，把学生培育好。

1. 根据上文回答问题

（1）听课的目的是什么？

_____

_____

（2）艾老师在这次听课中获得了什么经验？

_____

_____

2. 听短文，归纳总结文中介绍的引导学生理解课堂重点的方式

（1）_____

（2）_____

（3）_____

3. 请翻看你最近一次的听课笔记，然后参考以下句型写一篇总结，主要写教学上值得借鉴之处

> **句型**　（首先），这位老师以……的方式导入，很……。
>
> ……让学生主动参与……，这种方法使我深受启发。
>
> （其次），他结合学生的……来引导他们体会……，这也很值得借鉴。
>
> 我会在接下来的教学中丰富……，提高……。

词汇表（1）

序号	词语	释　　义
1	始料未及	没有想到的，在意料之外的
2	随机应变	根据情况，掌握时机，灵活地应付事态的变化
3	独具匠心	具有与众不同的巧妙的构思
4	置身	让自己处于某种环境或场合
5	感同身受	虽未亲身经历，但感受就同亲身经历过一样

三、教学篇章阅读

作为教师，我们需要随时反思自己，以便更好地完成本职工作，特别是对教学过程的反思，可以帮助教师及时调整自己的教学方法，提高教学水平。那么，该如何有效地进行课后的反思、总结呢？

首先，反思要定期、及时。反思总结要把握好时机。例如，针对教学活动的，最好的反思时机是在讲课刚刚结束后，"趁热打铁"，对自己的教学实践活动进行分析、总结，并把反思内容记下来，以备下次吸取经验。反思也可以在一段教学过程后做出总结，可以是周总结、月总结等形式，总之，定期、及时的反思、总结可以帮教师查漏补缺、自我提升。

其次，态度要认真。反思者要积极、主动、认真、仔细，不能流于形式、敷衍了事。教师要充分利用反思、总结进行自我提升，而不是仅仅为了完成工作。

最后，反思的范围要明确。反思是提高工作水平的重要途径，不可毫无范围、泛泛而谈。反

思、总结的范围可以是备课、教学过程、课后总结、班级管理、学生问题等各个方面,任何值得改进的地方、任何灵感,教师都可以做相应的记录。

学无止境、教无止境,教师在课后要善于反思,不断总结经验。实践证明,善于反思,勤于反思,才能提高自己的教学能力。

根据课文,联系实际,回答以下问题

1. 以语文学科为例,说一说反思的重要性。

2. 说一说如何进行有效的反思。

3. 选择教材中的某一课,请你说一说应该如何反思?

4. 你在平时的教学中,是怎么进行教学反思的? 跟大家分享一下。

词汇表(2)

序号	词语	释　义
1	趁热打铁	比喻做事抓紧时机,加速进行
2	流于	趋向不好的方面
3	敷衍了事	办事马马虎虎,只求应付过去就算完事。例:小明做作业总是敷衍了事,所以经常被老师批评。
4	泛泛而谈	一般地、浮泛地谈谈。例:演讲应从具体问题出发,抓住一点深入下去,不要泛泛而谈。
5	学无止境	指学业上是没有尽头的,应奋进不息

四、教学知识链接

(一) 文言文拓展

1. 行

(1) 行走。

例:山行六七里,渐闻水声潺潺,而泄出于两峰之间者,酿泉也。——《醉翁亭记》

(2) 执行,实行。

例：大道之行也，天下为公。——《大道之行也》

(3) 做。

例：秦王怀贪鄙之心，行自奋之智，不信功臣，不亲士民，废王道而立私爱，焚文书而酷刑法，先诈力而后仁义，以暴虐为天下始。——《过秦论》

(4) 品行。

例：故木受绳则直，金就砺则利，君子博学而日参省乎己，则知明而行无过矣。——《劝学》

2. 得

(1) 得意。

例：定神细视，以丛草为林，以虫蚁为兽，以土砾凸者为丘，凹者为壑，神游其中，怡然自得。——《童趣》

(2) 得到，获得，与"失"相对。

例：山水之乐，得之心而寓之酒也。——《醉翁亭记》

(3) 表示情况允许，有"能够""可以"的意思。

例：鸡鸣入机织，夜夜不得息。——《孔雀东南飞》

（二）古文赏析

答谢中书书

[南北朝] 陶弘景

山川之美，古来共谈。高峰入云，清流见底。两岸石壁，五色交辉。青林翠竹，四时俱备。晓雾将歇，猿鸟乱鸣；夕日欲颓，沉鳞竞跃，实是欲界之仙都，自康乐以来，未复有能与其奇者。

译文 　　山川的美丽，自古以来就是文人雅士喜欢共同欣赏赞叹的。高耸入云的山峰，清澈见底的溪流。两岸的石壁，色彩斑斓，交相辉映。青翠的林木和竹丛，四季常存。清晨的薄雾将要消散的时候，传来猿、鸟的鸣叫声；夕阳快要落山的时候，潜游在水中的鱼儿争相跳出水面，这里实在是人间的仙境啊。自从南朝的谢灵运以来，就再也没有人能够欣赏这种奇丽的景色了。

（三）文化常识——关汉卿

关汉卿是元杂剧的奠基人，与白朴、马致远、郑光祖并称为"元曲四大家"。他最著名的作品是《窦娥冤》，另有《单刀会》等，被誉为"曲圣"。关汉卿生于金末，在元大都从事戏剧活动。他的杂剧涵盖面非常广泛，涉及社会生活的各个领域。《窦娥冤》是其代表作，写了一个寡妇窦娥在贪官迫害下，被诬告"药死公公"而斩首示众的故事。窦娥的冤案有典型意义，他指出了封建社会里"官吏们无心正法，使百姓有口难言"的现实问题，强烈地控诉了封建制度的黑暗。在塑造人物形象、处理戏剧冲突、运用戏曲语言等方面，他也有杰出成就。他始终把塑造正面主人公放在首要地位，也善于提炼激动人心的戏剧情节，使人物既在情理之中，又出乎观众的意料。同时，他还是一位杰出的语言大师，能汲取大量民间生动的语言，创造出富有特色的、通俗、流畅、生动的语言风格，具有"入耳消融"的特点。

（四）教学小贴士

将学生父母视为最重要的教育伙伴

家长在学习者教育中占有重要地位，教师如果能取得家长的支持，和家长一起督促孩子的学习，建立教师、学生、家长之间的良性互动，往往能收到事半功倍的效果。在新学期开始时给家长写一封信，教师可以在信中做简单的自我介绍，将新学期的班级情况、学习目标、常规作业、学习方法等介绍给家长，让家长心中有数。教师还可以定期给学生家长打电话，将班级活动通知家长，让家长及时了解班级的动态和自己的教学构想。针对问题学生，老师也可以寻求家长的帮助，与家长一起分析学生的情况，在必要时与家长"唱双簧"，共同管理学生。教师还可以设立家长开放日，邀请家长参观班级，与学生一起参与课堂活动。总之，教师应该与学生家长建立良好的关系，与之形成合力，让家长成为学生学习的观察者和支持者。

五、听力文本

（二）课后反思，总结不足

2. 听录音填空，并用所填的词总结提高学生参与度的方法

要让学生学得好，学得生动有趣，教师就要充分挖掘课文的趣味因素，让学生对课文感兴趣。学生一旦产生了兴趣就会乐于接受它，从"苦学"变为"乐学"，由"被动"变为"主动"。一切方法，只要是有利于激发学生的兴趣，能培养学生良好的学习习惯都应该采用，但又必须根据课堂上学生的反馈和思维活动情况灵活选择教法。

另外，语文课还要重视训练，许多知识的掌握和能力的培养不是老师"教"出来的，而是学生"练"出来的。组织课堂小组活动让每一位学生都能积极、主动、充分地参与"谈、说、评、议"等形式的合作学习，这样能进一步提高学生的参与度以及对知识的内化等，并使学生个体的听、说、读、写等能力全面发展。

让学生主动学习是我们倡导的一种教学理念，更是一种价值追求。我们要从学生的实际出发，从素质教育的目标出发，想方设法地激发学生的兴趣，让学生充分发挥课堂主体的作用。

（三）观察反思，借鉴经验

2. 听短文，归纳总结文中介绍的引导学生理解课堂重点的方式

今天听了曹老师上的《掌声》一课，我体会颇深，现将体会总结一下：

《掌声》这篇课文生动地记叙了身患残疾而忧郁自卑的英子在掌声的激励下，鼓起生活的勇气，变得乐观开朗的故事。全文以英子的情感变化为主线，英子一系列的情感变化都由"掌声"引起。因此指导学生深刻领会"掌声"的内涵是本课的教学重点。

在课堂开始，曹老师并没有采用开门见山的方式，而是用了鼓励暗示性语言引导学生用掌声来欢迎自己，潜移默化地为后文理解掌声做了铺垫，同时又用诗一般的语言引出故事，将学生带入情境，拉开了掌声的序幕。

文中介绍了小英在掌声前后不同情绪、不同性格的变化。曹老师在教学上突破了以往的一句一段平推式的讲法，将教材重组。他先将小英的两种不同性格提炼出来，进行对比讲解，也就

是文章的第一、第五自然段,这是瞻前。接着又顾后,引导学生找出使小英心情、性格产生变化的原因的句子。

在关键词的理解上,发散与集中相结合,促进了学生对语言的理解。比如"犹豫"一词的剖析处理,活化了人物形象,提升了感情,延伸了情感。

本节课曹老师的精心讲解,让课堂上随时随地沐浴着人性的光辉,滋润着真情甘露,让孩子接受真情的洗礼,使得课堂中无处不充满着掌声的温暖,学生也懂得了因鼓励和尊重关怀而蓄积的无穷力量。

第十四章　写人记叙文（二）

一、教学基础识记

1. 写一写：多音字

多音字是指不止一个读音的字。多音字的产生是由于这类字分别被组合在不同的词和词组里，是属于词和词组不可分割的一部分，所以辨别多音字，关键在于据词定音，据音辨义。

多音字的出现，常常有以下几种情况：

（1）因词性不同而读音不同，例如：

难——nán 难办（形容词）　　　nàn 难民（名词）

打——dǎ 打鼓（动词）　　　dá 半打羊肉串（量词）

（2）因词义不同而读音不同，例如：

降——jiàng 下降　xiáng 投降

冠——guàn 冠军　guān 皇冠

（3）因书面语和口语不同而读音不同，例如：

血——xuè 血液（书面语）　xiě 血淋淋（口语）

壳——qiào 地壳（书面语）　ké 蛋壳（口语）

（4）因普通用法和古人名、地名用法不同而读音不同，例如：

单——dān 单独　Chán 单于（匈奴君主的称号）　Shàn 单县（地名）

番——fān 番茄　Pān 番禺（地名）

2. 辨一辨：辨析以下五组词语

（1）

失望	释义	"失望"侧重表示"失"，失去希望，语义轻。还指因希望未实现而不愉快。
	例句	我一定好好学习，不让爸爸妈妈失望。

续 表

| 绝望 | 释义 | "绝望"侧重表示"绝",毫无希望,断绝了希望,语义重。 |
| | 例句 | 敌人虽然被我们打得落花流水,但是还在绝望地挣扎。 |

(2)

表明	释义	"表明"是清楚、明白地表示。
	例句	这画龙点睛的一笔,有力地表明了主题。
表示	释义	"表示"是显示某种思想、心情、含义的意思。
	例句	请允许我送上一束鲜花,表示对你美好的祝愿。

(3)

从容	释义	"从容"侧重表示神态上不慌乱。
	例句	在敌人的刺刀面前,刘胡兰从容不迫。
沉着	释义	"沉着"侧重表示心理上不慌乱。
	例句	失火了,李叔叔沉着地指挥大家前去救火。

(4)

断定	释义	"断定"指由推理判断而下结论。
	例句	考试的结果没出来,排名谁先谁后现在还难以断定。
确定	释义	"确定"指毫不含糊地明确决定。它还有形容词用法,表示明确而肯定。
	例句	运动会的日期,还没有最后确定下来。

(5)

寂静	释义	"寂静"在程度上比安静深,强调一点儿声音都没有。
	例句	夜幕降临了,树林里一片寂静,鸦雀无声。
幽静	释义	"幽静"除了强调十分安静以外,还有环境幽雅的意思。
	例句	敬老院建在环境幽静的西山脚下。

3. 记一记：识记以下成语并造句

梦寐以求	释义	睡梦中都想着寻找,形容迫切地希望着。
	例句	考上北京大学是我梦寐以求的事。
气壮山河	释义	形容气概像高山大河那样雄伟豪迈。
	例句	董存瑞舍身炸碉堡,谱写了一曲气壮山河的凯歌。

续　表

流光溢彩	释义	形容光彩流动闪烁。
	例句	我们居住的小区已经装饰得流光溢彩了。
滚瓜烂熟	释义	形容读书或背书流利纯熟。
	例句	老师要求我们把这首诗读得滚瓜烂熟。
焕然一新	释义	形容出现了崭新的面貌。
	例句	大扫除之后，教室的面貌焕然一新。

4. 背一背：背诵以下课文

年级	课号	课文标题
五年级（上）	21	《长相思》
五年级（上）	22	《四季之美》
五年级（上）	25	《古人谈读书——〈论语〉》
五年级（上）	25	《古人谈读书——［宋］朱熹》
五年级（下）	1	《四时田园杂兴（其三十一）》
五年级（下）	1	《稚子弄冰》
五年级（下）	1	《村晚》

二、教学语言表达

本节将要学习到的内容主要涉及以下课文：

年级	课号	课文标题
五年级（下）	10	《军神》
五年级（下）	14	《刷子李》
六年级（上）	6	《狼牙山五壮士》
六年级（上）	24/26	《少年闰土》《我的伯父鲁迅先生》

（一）探讨辅导方式

——《军神》

诗老师：最近我发现一些基础不太好的学生，上课时总是心不在焉的，学习积极性也不高。昨天我刚讲了《军神》这篇课文，今天让他们复述，有几个竟然一句也答不上来！

金老师：诗老师，你别着急，这类学生由于能力差，水平低，造成了自卑心理，缺乏信心，丧失了学习兴趣和动机。我们应该针对这些学生，专门做一些课后辅导。

诗老师：您对这类学生的课后辅导，主要采取什么样的方式呢？

金老师：对基础差的学生，我会提一些他们力所能及的问题，使他们感受到成功的喜悦。比如《军神》这篇，我不会在课堂上让他们复述课文，而是让他们选择一个自然段朗读。课下，通过辅导阅读使他们加深对课文的理解。对接受能力差的学生，应是通过个别辅导的方式，帮助他们分析学习障碍，让学生认识到自身的知识缺陷。对学习语文兴趣不浓的学生，教师要多关心、多体贴，在平时的教学中，多给机会让他们回答简单的问题，体验成功的乐趣。

诗老师：我明白了。对这类学生，辅导时应该多以鼓励为主，只要回答基本正确，我们就给予充分的肯定，使他们认识到，学习只要用心，多认真思考问题，肯下功夫，学习成绩就会慢慢地提高。

金老师：没错！

1. 阅读文章选段，根据提示从人物外貌和动作两个方面，分析人物的性格特点和思想品质

田野上的白发

母亲 50 岁后，头发日渐白了。先是两鬓斑白，后来是额前白了一绺绺，再后来是脑后，远看如沾满了雪花，白了一大半。

父母都不愿离开家，家里有猪鸡水牛，有房子和责任田，上高中的小弟还要人照顾，患不治之症的父亲不能劳动，里里外外都是母亲一人操持，她头发还有不白的么！

记得 4 月的一个晚上，我搭同事的便车回老家，想看看父母和小弟。到家时已是晚上 11 点多了，家里没人，门上挂了锁。奇怪，这么晚了，父母到哪去了呢？天气乍暖还寒，夜风吹过，身上有阵阵凉意。朝远处田野望去，怎么回事呀？空旷的田野上有灯火闪烁，不时有阵阵敲盆的声音传来，我信步朝田野走去。

到了田边，我像被人使了定身法一般，呆立在夜色里。只见母亲一手提着脸盆，一手握根棒子，敲击着，发出当当的声响。母亲在田埂上蹒跚地转悠，田埂角上放着盏马灯，灯火如豆。田里是平整的秧圃，依稀可见撒下的稻种已经抽出嫩芽。母亲身上披了件破棉袄，手里不停地敲击着。我叫一声母亲，母亲见是我，停下敲击的当儿，脸上溢着慈祥的微笑。在母亲停下的当儿，有一群黑乎乎的东西冲向秧圃。母亲一见，立刻又敲起来，那黑乎乎的便遣散而去。母亲说，今年是少有的奇怪，撒下的稻种一个晚上便被老鼠吃得精光。没有办法，大家只好日夜在田边守着。母亲告诉我，父亲被姐姐接去了，小弟住校，星期天才回，她已经在田边守了三个昼夜了。

提示　(1) 分析人物的外貌

　　分析人物外貌、神情、姿态、服饰等方面的描绘。人物的外貌往往反映人物的个性和内心。阅读时可以通过分析人物外貌来了解人物的内心变化及个性特点。如《卖火柴的小女孩》抓住"小女孩只好赤着脚，一双小脚冻得红一块青一块的"这样的语句来体会小女孩的可怜。

(2) 分析人物的动作

　　人的动作是受人的思想情感支配的，能具体表现人物的思想感情和性格特点。如《一夜的工作》"他一句一句地审阅，看完一句就用笔在那句后面画上一个个小圆圈。他不是浏览一遍就算了，而是一边看一边思索，有时停笔想一想，有时问我一两句"。这段动作描写中，我们可以深刻地感受到周总理审阅记录稿是多么地认真仔细，总理对工作是多么负责任。

2. 联系教学实际，运用句型说一说你在平时的工作中怎样辅导学习能力差的学生

句型　对……学生，我会……，使他们……。比如……这篇课文，我不会……，而是……。课下，通过……使他们……。

(二) 复习指导

——《刷子李》

老师：同学们，这节课就上到这里，下周一咱们要进行一个小测试，你们放假回去好好复习复习，大家准备放学吧。

学生：好的，老师。

（同学们都陆续离开教室了，只剩下学生1一个人。）

老师：大家都回家了，你怎么还不走啊？

学生1：老师，您能给我指导指导怎样复习吗？我觉得我复习时总抓不住重点，也没有好的方法，所以每次测试成绩都不理想。

老师：你有"复习方法"的意识很好啊，复习时确实要掌握一定的方法，这样才能达到事半功倍的效果。基础知识的复习，包括汉语拼音、字、词、句等，你要做到有针对性。拿《刷子李》这课来说，老师在课上给大家听写过重点生字像"浆、蘸、诈"等，也带领大家画过表现刷子李高超技艺的句子，这些就都是考试的重点，你在复习时应该着重看课堂笔记。另外，课文中涉及的侧面描写手法也是考察重点，复习时要格外注意。

学生1：有时候我花了很长时间复习，过几天考试的时候，有的知识又忘记了。

老师：你应该每天都抽出时间来复习，而不是集中在一天或一段时间，只有连续不断地复习，才能起到巩固的作用。所以，一定要合理安排复习时间。

学生1：我明白了，谢谢老师。

1. 听短文，归纳总结文中介绍的复习指导方法，说一说在实际教学中怎样进行

(1) _____

(2) _____

(3) _____

2. 结合本章其他课文，运用关键词说一说学生应该怎样进行课后复习

关键词　针对性　重点　合理　安排　连续不断　事半功倍

（三）心理辅导，鼓励进步

——《狼牙山五壮士》

老师：你最近上课怎么总是走神，学习上遇到什么困难了吗？

学生：上次咱们班组织的《狼牙山五壮士》舞台剧表演，我没有发挥好，因为忘词，导致我们组没有评上最佳表演奖，我感觉自己太差劲了，拖累了大家。

老师：你这么想可不对啊，一次发挥不好并不能代表什么，你不要有心理负担，下次我们再组织活动的时候，你争取好好表现。

学生：老师，我一上台就紧张，一紧张就会忘词，这可怎么办呀？

老师：克服紧张的方法有很多，表演前可以进行深呼吸，让全身放松。当你特别紧张时，不妨面带微笑，将紧张转化成愉悦。平时也要多跟同学交流，看看他们是怎样克服紧张的。另外，你应该找找忘词的原因，是不是对课文不熟悉，是不是没有理解好课文的中心思想？

学生：课文我读了很多遍，都能背下来了。

老师：那么老师考考你，这篇课文主要表现了怎样的思想感情？

学生：这篇课文讲述狼牙山五壮士与敌人浴血奋战、壮烈牺牲的英雄事迹，表达了，表达了……

老师：表达了他们爱护群众、保家卫国、勇于献身的精神。看来你对课文主旨的把握不是很到位啊，你平时应在课文理解上多下功夫，只有对课文深刻地理解，才能更好地表演出来。老师相信你通过努力，一定能进步的。

学生：老师，我懂了，谢谢您，我会努力的！

1. 请你根据情境提示，对学生进行心理辅导

情境：学生在期中测试中，语文成绩不及格，主要在阅读理解和写作部分失分太多。看到自己的成绩，他心情很糟糕，总是闷闷不乐的，上课时也总是心不在焉。

2. 写一写，在教以下课文时，你用了哪些教学方法帮助学生理解中心思想

《军神》_____

《刷子李》_____

《狼牙山五壮士》_____

《少年闰土》_____

（四）与家长共同合作

——《少年闰土》《我的伯父鲁迅先生》

艾老师：阿老师，学生回家之后，除了作业，还可以怎么练习呢？

阿老师：学生课后练习，光靠我们老师是不够的，还应该发动家长的力量。家长应该配合老师共同教育孩子。比如《我的伯父鲁迅先生》这一课，我建议家长带着孩子一起看《鲁迅》的电影，家长应该有意识地跟孩子交流感想，辅导孩子写一篇观后感，这样有助于孩子加深对课文的理解，能更进一步让学生学习鲁迅的精神品质，帮助学生成长。

艾老师：《少年闰土》这课，要求背诵课文第一段，但检查的时候有很多学生背不下来。我是不是可以跟家长合作，让家长在家督促孩子背诵。

阿老师：对，你还可以让家长检查孩子的背诵情况。总之，我们要发挥家长的作用，多与家长进行交流。我们自己也要充分了解学生的情况，有了准备，在与家长交流时就能言之有物，让家长认识到教师对孩子的重视，感受到教师工作的细致、认真、负责。

艾老师：嗯，沟通前做好充分的准备，家长也会更信任我们，愿意配合我们把孩子教育好。

1. 请阅读以下这篇作文，从"内容层次、人物心理描写"两方面提出修改意见

姐姐，我爱你

我沉浸在姐姐给我的小小快乐中，那么满足，也那么享受。看着她为我做的一切，看她为我辅导英文时认真仔细的模样，看她在为我解答数学题时一丝不苟的神情，爱一点一滴落在我的心里……

姐姐是我的表姐，从小她便人缘好学习好，大家的心总在她身上。

我再努力，也赶不上她。所以，从小到大我都不愿意和她亲近。在她面前，我会很难受，我不想和她在一起，害怕她抢走我的一切，即便我也不差。

在我的印象里，姐姐总保护着我作为妹妹的脆弱的自尊，但我依然很排斥她。

前年夏天，姐姐来教室找我，喊我我装作听不见。她只好等我放学一起走。我走在前头，她在我身后气喘吁吁地追。我的良心不允许我这样做，因为姐姐有先天性心脏病。

于是，我停了下来。等姐姐慢慢地走过来，她说："姑姑让我辅导你的英语，我去你家辅导吧！"我吃了一惊，说："这点事你不会打电话告诉我吗？你跟着我跑什么跑？"姐姐为难地说："我怕你不接我的电话，就只好来找你了。"听了这话，我的心在一瞬间被割得七零八落。

我扶着她向我家走去。这时，我清楚地看见了她脸上的惊喜与欣慰。

儿时的玩具，只有一个，那便是我的。儿时好看的发卡，也永远在我头上别着。有一句很经典的话可以来形容：她的东西是我的，我的永远还是我的。

那事以后，她来找我时，我便和她在一起玩。我发现她其实是很好相处的。怪不得她人缘那么好。有时，她玩输了还会向我撒娇，赖皮呢。

我沉浸在姐姐给我的小小快乐中，那么满足，也那么享受。看着她为我做的一切，看她为我辅导英文时认真仔细的模样，看她在为我解答数学题时一丝不苟的神情，爱一点一滴落在我的心里。

2. 运用关键词说一说在实际教学中，你是怎样发挥家长的作用，共同促进学生学习的

关键词　发动　沟通　交流　督促　检查　准备　认真　负责

词汇表（1）

序号	词语	释　　义
1	心不在焉	心思不在这里。指不专心，精神不集中
2	障碍	挡住道路，使不能顺利通过
3	缺陷	欠缺或不够完备的地方
4	拖累	牵累；使受牵累
5	陆续	表示前后相继，时断时续
6	束缚	使受到约束限制
7	督促	监督催促
8	言之有物	文章或讲话有具体内容

三、教学篇章阅读

课后辅导是教学系统运行的环节之一，是课内教学的辅助、补充形式，有利于教师了解学生情况，沟通师生情感，实行因材施教，也有利于学生全面发展和提高。课后辅导的内容较之课上

学习更加广泛,因此在进行课后辅导的时候首先要对症下药,有的放矢,搞清楚孩子需要什么,不能盲目。一般来说,补差和提高是课后辅导的工作重点。要做好补差工作,要认真分析学生情况,准确找出差的原因,学习落后常常跟非智力因素有关。补"差"先要补"心",教师要注意培养学生的学习兴趣,消除自卑感,增强学习信心,调动学习积极性,多给予实事求是的鼓励。除了知识技能存在缺陷外,学习落后者常常存在不善于总结规律,不善于综合运用知识技能,死记硬背,学习方法不良或者不求甚解,不重视阅读课本,不重视练习作业,不够严谨踏实,学习习惯不良等问题。教师要进行积极探索,重视学习方法指导,针对具体问题灵活机动地设法解决,寻找有效措施。

课后辅导的内容主要包括解答疑难、堵漏补差、扩展提高、端正态度、指导方法等。由于学生之间在知识技能基础、理解能力、思维能力、学习方法、学习兴趣等方面存在个别差异,他们对课内教学的适应性不同,有着不同的辅导要求。教师要根据不同情况,分别制订辅导方案。因此,课后辅导大多采用个别辅导或者小组辅导形式。

要搞好课后辅导工作,教师一定要怀着满腔热情和对学生负责的精神积极投入,注意跟学生坦诚交流,沟通心灵,用积极情感点燃智慧火花,促进学生的发展。在课后辅导工作中也应该做好记录,记录在辅导中了解到的学生学习情况,记录解决问题的方法和过程,并且适时地总结,为今后更好地教学和开展教学研究积累资料。

根据课文,联系实际,回答以下问题

1. 以语文学科为例,说一说课后辅导的重要性有哪些。

2. 说一说如何做好课后辅导?

3. 说一说课后辅导应该注意哪些方面?

4. 你在平时的教学中,是如何做课后辅导工作的? 可以跟大家分享一下。

词汇表(2)

序号	词语	释 义
1	盲目	眼睛看不见东西,比喻认识不清
2	实事求是	从实际情况出发,不夸大,不缩小,正确地对待和处理问题
3	不求甚解	指只领会全文大意不在字句上过分追究。现多指只求懂得个大概,不求深刻了解
4	堵漏补差	将漏掉的加上,把差异补齐

四、教学知识链接

（一）文言文拓展

1. 若

(1) 像，如，好像。

例：林尽水源，便得一山，山有小口，仿佛若有光。——《桃花源记》

(2) 连词。假如，如果。

例：若亡郑而有益于君，敢以烦执事。——《烛之武退秦师》

2. 乃

(1) 副词。于是，这才。

例：其家逼之，乃投水而死。——《孔雀东南飞》

(2) 副词。却，竟然。

例：问今是何世，乃不知有汉，无论魏晋。——《桃花源记》

(3) 是，就是。

例：距其院东五里，所谓华阳洞者，以其乃华山之阳名之也。——《游褒禅山记》

（二）古文赏析

庄子与惠子游于濠梁之上

［先秦］庄子

庄子与惠子游于濠梁之上。庄子曰："鲦鱼出游从容，是鱼之乐也。"惠子曰："子非鱼，安知鱼之乐？"庄子曰："子非我，安知我不知鱼之乐？"惠子曰："我非子，固不知子矣；子固非鱼也，子之不知鱼之乐全矣！"庄子曰："请循其本。子曰'汝安知鱼乐'云者，既已知吾知之而问我。我知之濠上也。"

译文　　庄子和惠子一起在濠水的桥上游玩。庄子说："鲦鱼在河水中游得多么悠闲自得,这是鱼的快乐啊。"惠子说:"你又不是鱼,怎么知道鱼是快乐的呢?"庄子说:"你又不是我,你哪里知道我不知道鱼是快乐的呢?"惠子说:"我不是你,固然不知道你;你本来就不是鱼,你不知道鱼的快乐,这是可以完全确定的!"庄子说:"请从我们最初的话题说起。你说'你怎么知道鱼快乐'的话,你已经知道我知道鱼快乐而问我。现在我告诉你,我是在濠水的桥上知道的。"

(三)文化常识——马致远

马致远,号东篱,元代散曲大家。马致远的散曲题材广、意境高、声调和谐优美、语言典型清丽,因此被称为"曲状元"。他是元代曲坛上承前启后的重要作家,留存散曲数量最多、流传最广,大致可分为4大类:写景、叹世、闺情、世象,存世约130多首,其叹世之作挥洒淋漓地表达情性,故在元代散曲作家中被视为"豪放"派主将。其代表作《天净沙·秋思》,脍炙人口,匠心独运,自然天成,丝毫不见雕琢痕迹,由此他被称为"秋思之祖"。同时他还是一个杂剧家,其杂剧创作脱离市井,脱离平民,是无根化创作,被后人誉为"马神仙"。杂剧《汉宫秋》、小令《秋思》和套曲《秋思》构成了马致远艺术创作的三座高峰。他的杂剧最集中地表现了当代文人的内心矛盾和思想苦闷,并由此反映了一个时代的文化特征。

(四)教学小贴士

不可小看的板书

板书是一种常用的教学手段,教师用精心设计的板书来呈现教学内容。在课堂上,板书的好坏会直接影响到学生的学习效率,如果能够让板书符合教学目的,内容成体系,布局合理,则可以达到事半功倍的效果。好的板书有利于学生形成模块式的、完整的记忆,而不是零碎的、分散的记忆。

进行板书设计时要注意:1.板书要反映教学的重点和难点,让学生通过板书就能清晰地把握学习的重点;2.要注意板书布局的合理安排,注意逻辑上的联系,什么内容写在黑板的什么位置要事先考虑清楚;3.板书具有示范的作用,字迹也要工整;4.板书的呈现要适时,有的内容适合提前写好,有的适合边练边写,有的则适合总结归纳时写。因此,每一位教师,尤其是新手教师,都要有梳理板书设计的意识,熟悉板书技巧,养成良好的板书习惯,有效地发挥板书在教学中的作用。

五、听力文本

（二）复习指导

1. 听短文，归纳总结文中介绍的复习指导方法，说一说在实际教学中怎样进行

我国古代思想家孔子也说过："温故而知新。"足见复习的重要性。指导学生掌握复习的一般方法尤为重要，怎样指导学生掌握一般的方法呢？我在教学中总结出了几种基本的复习指导方法：

1. 过度法——言传身教。过度法是在基本学会一种知识或初步掌握一种技能后，不满足于勉强记住或刚刚学会的程度，要再多复习、练习几遍，达到进一步牢固掌握。这种"再多复习、练习"的时间和次数就是过度复习，或叫过度学习。心理学家指出：要想牢固掌握所学内容，任何学习都要过度学习。但过度学习要注意"量"，就是时间和次数要适当，不是过度得越多越好。

2. 分散法——引导点拨。分散法主要运用于不断学习新知识时对旧知识的回顾温习。关键是指导学生正确选择进行分散复习：一是复习的内容不算太多时，可采用平均分散的方法。如 6 个小时能复习完的内容，可以分散在三天中，每天复习两个小时。二是先多后少的分散方法。假如在阶段复习中，需要在七天内复习五次的话，可在第一天复习两次，第二天复习一次，第四天再复习一次，第七天再最后复习一次。

3. 归类法——寻找规律。比如字的归类：易读错的字；多音字；易写错的字；易用错的字……练习分段时，每阅读一篇课文，先回想老师是怎么分段的，根据是什么，然后把类似的归在一起，从中可找出三种分段方法。一是按照故事的时间变化顺序分段；二是按照事物不同类型或不同方面分段；三是按照空间位置或环境的变化分段。这样对学过的知识重新组合，排队串线，便于重点突破，掌握规律性的东西，防止机械重复，死记硬背。

第十五章　经典故事（一）

一、教学基础识记

1. 读一读：错别字

（1）错别字包括写错的字和写"别"的字，造成错别字的原因有：①多写或少写笔画，如"奖状"的"状"少写一点；②以部分代替整体，如"考试"写成"考式"；③字形相近的字混用，如"今天"写成"令天"；④字音相同或相近，容易写成别字，如"相片"写成"像片"。

（2）纠正错别字的方法：①形旁分析法，抓住形旁和字义的联系，在理解的基础上加以识记，如"情"和"清"这一组字，"情"指外界事物所引起的喜怒哀乐等心理状态；"清"指水和其他液体、气体纯净透明，没有混杂其他的东西。②字义分析法，汉字的基本特点是音、形、义的统一，根据字义识记字形可以减少错别字的产生，如"重（叠、迭）"，"叠"指一层加上一层；"迭"指一次又一次，所以"重叠"才是正确的。③语境辨别法，有些字要根据语句的意思来确定用字，如"厉害"和"利害"都正确，但具体语境中只有一个是正确的。

2. 辨一辨：辨析以下五组词语

（1）

率领	释义	"率领"侧重指"率"，带领、统领队伍或集体，多用于重要事情、庄重的场合。
	例句	毛泽东率领秋收起义的队伍上了井冈山。
带领	释义	"带领"侧重指一般的领导或指挥，多用于一般的事情和场合。还有在前面带头使后面的人跟随着的意思。
	例句	在老师的带领下，我们参观了自然博物馆。

（2）

如果	释义	"如果"表示假设的语气较轻，口语和书面语都用。有时能表对比语意。
	例句	如果明天天气好，我们就去爬山。

续　表

| 倘若 | 释义 | "倘若"表示假设的语气重，只用于书面语。"倘若"只表假设，不表对比。 |
| | 例句 | 倘若开始便能成功，以后什么都可以任其自然了。 |

(3)

调皮	释义	"调皮"有不驯顺、不易对付、耍小聪明，做事不老实的意思。常用于人和动物。
	例句	小猴子调皮的动作逗得大家哈哈大笑。
顽皮	释义	"顽皮"有贪玩爱闹、不听劝导的意思。"顽皮"只用于人。
	例句	几个顽皮学生故意恶作剧，弄得新来的马老师啼笑皆非。

(4)

绚丽	释义	"绚丽"侧重表示色彩华丽丰富，鲜明夺目，常与"多彩""缤纷"等词搭配使用。不能用于想象。
	例句	生命因梦想而绚丽多彩，生命因梦想而迸发活力。
瑰丽	释义	"瑰丽"侧重表示十分美丽、壮观，以至达到珍贵、奇异的地步。除用于具体事物外，还可用于想象。
	例句	海底的景色瑰丽无比。

(5)

惭愧	释义	"惭愧"侧重表示内心的不安，感到有愧。
	例句	他没有给刚上车的老奶奶让座，觉得很惭愧。
羞愧	释义	"羞愧"侧重表示内心的羞耻，感到不光彩。语意比"惭愧"重。
	例句	这次考试就我一个人不及格，让我羞愧难当。

3. 记一记：识记以下成语并造句

熟视无睹	释义	虽然经常看见，还跟没看见一样，指对应关心的事物漠不关心。
	例句	我们是新中国的青少年，对于浪费粮食的现象，绝不能熟视无睹。
理所当然	释义	从道理上说应当这样。
	例句	多劳多得，少劳少得，这是理所当然的。
痛改前非	释义	彻底改正以前所犯的错误。
	例句	这个少年犯在同学、老师和家长面前感到无地自容，决心痛改前非，重新做人。

续　表

目瞪口呆	释义	形容受惊而愣住的样子。
	例句	这意外的结果令大家目瞪口呆。
置之不理	释义	放在一边儿不理不睬。
	例句	他对老师的批评置之不理。

4. 背一背：背诵以下课文

年级	课号	课文标题
五年级（下）	9	《从军行》
五年级（下）	9	《秋夜将晓出篱门迎凉有感》
五年级（下）	9	《闻官军收河南河北》
五年级（下）	15	《自相矛盾》
五年级（下）	21	《杨氏之子》
六年级（上）	1	《草原[节选]》
六年级（上）	3	《宿建德江》

二、教学语言表达

本节将要学习到的内容主要涉及以下课文：

年级	课号	课文标题
二年级（上）	4	《曹冲称象》
二年级（上）	15	《大禹治水》
二年级（下）	12	寓言二则《揠苗助长》《亡羊补牢》
二年级（下）	25	《羿射九日》

（一）如何出测试题

——《大禹治水》

诗老师：金老师，我们应该定期给学生做个小测试，对于测试题您有什么想法吗？

金老师：每节课都有教学重点，根据重点来出题肯定没错。同时还应因材施教，考虑到学生的年龄和心理等特点，选取适合他们的测试形式。

诗老师：我十分同意您的看法，您能具体举例来说一下吗？

金老师：比如《大禹治水》这节课的重点是认读生字词，正确、流利、有感情地朗读课文，背诵课文，教学对象是小学二年级的学生，所以我出了这样一道题：把词语和相应的拼音连在一起，词语和拼音用学生喜欢的形象包装起来，如词语用"猴子"，拼音用"香蕉"，让学生帮"猴子"找到"香蕉"。

诗老师：学生在不知不觉中就完成了这些题目，还达到了"玩中学"的目的，设计得很巧妙啊！

1. 请阅读下面这段文字，填写正确的标点符号

　　最近，中科院院士、肝胆外科专家吴孟超退休的消息刷了屏，微博上有数万评论和转发，网友们纷纷向他致敬，愿他长寿。

　　致敬，敬的首先是医术。更让人敬重的是仁心。从很多报道中都可以看到_____吴老心中_____患者的分量极重_____面对一些颇有难度的大手术时_____有人劝他_____万一出事_____名誉可就毁了_____他不这么想_____为了救病人_____名誉算什么_____我不过就是一个吴孟超嘛_____把救治病人的天职放在个人名利之前_____获了大奖后，也有人劝他功成身退，他同样不以为然。他有一句话掷地有声："只要病人需要，我随时可以投入战斗！"

　　（节选自《人民日报》2019 年 01 月 21 日 08 版《在岗位上来一场"长跑"如何（民生观）》）

2. 请为本章其他几篇课文各出一道测试题，不能用教科书和教参上的原题

要求　依据教学重难点；考虑学生年龄等特点。

　　　　《曹冲称象》_____

　　　　《羿射九日》_____

《揠苗助长》_____

《亡羊补牢》_____

（二）综合实践测试

——《曹冲称象》

艾老师：阿老师，很多人都认为理科更能锻炼学生的动手实践能力，而语文更侧重培养学生听、说、读、写的能力，似乎和动手实践没有丝毫联系。

阿老师：也不全是这样，比如在《曹冲称象》这一课，我准备了玻璃器皿、水、木船、玩具象和天平。

艾老师：您这是让学生体验一下曹冲是如何"称象"的吗？

阿老师：对，我先让一名学生读课文，另一人演示如何"称象"；之后再让一名学生演示，另一名学生根据演示表述"称象"的过程。

艾老师：学生听、说、读、写各个方面的能力不仅提高了，而且还真正去动手实践了，看来动手实践和语文学科并不冲突嘛！

阿老师：是的，其实听、说、读、写和思维能力是分不开的，语感包括理解力和判断力等；阅读包括概括力和逻辑推理力等。而思维能力正是我们行动的依据，所以归根结底语文和动手实践有着密切的联系。

1. 请先听录音，然后回答问题

（1）近视与哪些因素有关？

（2）"二要二不要"是指什么？

（3）预防儿童近视的方法有哪些？

（4）要想预防近视，最好能保证每天几小时的户外活动？

2. 请从本章其他几篇课文中选择一篇，出一道综合实践测试题，写在下面横线上

要求　可以是动手实践测试，也可以是指向分析、解决问题，并能运用语文思维和语文能力的测试题。

_____

_____

（三）结合日常作业分析评价

——《羿射九日》

诗老师：快到期末考试了，学校要求给学生写评价，艾老师，您会根据哪些方面评价学生呢？

艾老师：除了测试成绩，学生完成作业的情况，以及课堂表现都是评价的维度。就拿作业的完成情况来说吧，学生是否按时完成了，正确率高不高，字迹是否工整都可以给出相应的评价。

诗老师：是啊，作业是我们了解和掌握学生学习效果、学习态度最常用和最有效的评价方式之一。比如《羿射九日》的教学目标之一是能够讲述羿射九日的神话故事。所以我让学生回家以后把这个故事讲给父母或者朋友听，讲完以后，把自己的讲述内容记录下来给老师检查。

艾老师：查看作业时再考虑我刚才说的几个方面，就不难给出评价了。

诗老师：这样，对于考试没考好，但平时努力、完成作业情况良好的学生来说，再也不用担心得到片面的评价了。

1. 下面是某教师为《羿射九日》布置的作业，请分析该作业是否合理，如果你是该教师，你会留什么样的作业

作业　《羿射九日》的生字和词语各抄写10遍，课文抄写两遍，并能背诵下来，在"作业盒子（一种手机软件）"上完成练习题（包括主观题和客观题）。

2. 请为本章其他几篇课文各出一道作业题，并给出自己的评价标准

要求　能反映教学目标、学生的学习效果和学习态度。

课文	作业	评价标准
《大禹治水》		
《曹冲称象》		

续 表

课文	作业	评价标准
《揠苗助长》		
《亡羊补牢》		

（四）结合课堂教学评价

——寓言二则《揠苗助长》《亡羊补牢》

诗老师：艾老师，上次您说到作业的完成情况可以用来评价学生，此外，还提到了课堂表现。我回去思考了一番，您能不能帮我把把关，看有没有不合适的地方。

艾老师：咱们只是互相切磋，算不上给您把关，快说来听听。

诗老师：我想结合学生上课听讲是否认真，发言是否积极，在参加小组讨论、与人合作方面是否积极主动，以及是否善于独立思考，是否具有大胆质疑的精神等方面进行考察。

艾老师：考虑得很全面嘛，我在讲《亡羊补牢》时，有的学生主动朗读课文，朗读时声情并茂。让他们联系生活实际谈一谈感想时，有的学生说做作业和考试时犯的错误要及时改正，并且记得牢牢的，否则长此以往学习成绩是不会有提高的。对于这些学生我都给出了正面评价。另外我还注意到了学生书写汉字时的姿势以及坐姿。

诗老师：这样咱们评价学生的标准更丰富，也更全面了。

1. 请从"农夫"的角度，用第一人称把《揠苗助长》改写成一篇现代文

_____

_____

_____

2. 你在教学中会如何评价学生的课堂表现

要求　请从学生听讲、发言、小组合作、思考、质疑、坐姿、书写姿势等方面进行评价，还可以自己另行补充。

词汇表（1）

序号	词语	释　义
1	不知不觉	没有觉察到，没有意识到
2	器皿	某些盛东西的日常用具的统称，如缸、盆、碗、碟等
3	归根结底	归结到根本上
4	片面	不全面的，偏向某一局部的
5	一番	一回，一次
6	把关	比喻根据已定的标准，严格检查，防止差错
7	切磋	形容人与人之间在道德、学问方面相互研讨勉励
8	质疑	提出疑问
9	声情并茂	指演唱、朗诵等的音色、唱腔和表达的感情都很动人。例：刘老师讲课精彩生动，声情并茂，让人不自觉地陶醉其中。
10	长此以往	长久这样下去

三、教学篇章阅读

教学检测评价是教学的重要组成部分，通过测评，能全面了解学生的学习历程，激励学生的学习和改进教师的教学。

教学测评应以课程标准为依据，注重学生发展的进程，建立目标多元、方法多样的测评体系。测评应积极采用笔试、口试、实践操作、成长记录和综合表现等多种方式，并且测评的内容应全面，包括知识与能力、过程与方法、情感态度与价值观等。评价要从学生实际和教学实际出发，注意适度性和科学性。测评既要关注学生学习的结果，更要关注学习过程；既要关注学生学习水平，更要关注他们在教学活动中所表现出来的情感和态度，帮助学生正确认识自我，建立信心。

试题编制应以课程标准为依据，并参考所选用的教材。注重对三基（基本知识、基本技能、基本思想方法)的考查,考查内容应尽可能全面并突出重点。试题应有层次性,基础题应占到 2/3,试题表述力求科学、规范、简洁、无歧义。除此之外,科学选择测评方式和方法,恰当安排单元检测和期末考试。认真做好单元检测,期末考试的组织、批改、成绩记载,以及试卷分析等各项工作。每学期单元形成性检测不少于 6 次,要全批全改,并有讲评与订正。及时对检测情况进行系统分析、反思与反馈,使学生了解学习过程中存在的不足,使教师反思教学过程中存在的问题,并提出相应措施,进一步提高教与学的质量。另外要建立学生、教师共同参与的质量测评体系,让学生、教师能多渠道获取信息,以利于反思、调整,改进学生的学习和教师的工作,提高教学效率和教学质量。同时建立学生语文学习成长档案,并及时予以记录,教师每学期应提交一份所任教班级的质量分析报告。

根据课文,联系实际,回答以下问题

1. 以语文学科为例,说一说教学检测评价的重要性。

2. 说一说如何做好教学测评工作。

3. 结合自己情况,说一说如何进行试题的编制。

4. 你在平时的教学中,是怎么进行教学检测评价工作的?

词汇表(2)

序号	词语	释　义
1	多元	多样的,不单一的
2	编制	编造,制订。例:教育部编制了语文教学大纲,供老师们参考。
3	歧义	语言文字包含两种或多种不同的意义,有两种或几种可能的解释

四、教学知识链接

(一) 文言文拓展

1. 相

(1) (xiàng)辅助君主掌管国事的最高官吏。后来称作宰相、丞相、相国。

例：沛公欲王关中，使子婴为相，珍宝尽有之。——《鸿门宴》

(2)（xiāng）表示动作偏指一方。

例：狼不敢前，眈眈相向。——《狼》

(3)（xiāng）互相。

例：阡陌交通，鸡犬相闻。——《桃花源记》

2. 去

(1) 离开。

例：出门登车去，涕落百余行。——《孔雀东南飞》

(2) 除掉，去掉。

例：虚囹圄而免刑戮，去收孥污秽之罪，使各反其乡里。——《过秦论》

(3) 距，距离。

例：当是时，项王军在鸿门下，沛公军在霸上，相去四十里。——《鸿门宴》

(二) 古文赏析

与朱元思书

［南朝］吴均

风烟俱净，天山共色。从流飘荡，任意东西。自富阳至桐庐一百许里，奇山异水，天下独绝。水皆缥碧，千丈见底。游鱼细石，直视无碍。急湍甚箭，猛浪若奔。

夹岸高山，皆生寒树，负势竞上，互相轩邈，争高直指，千百成峰。泉水激石，泠泠作响；好鸟相鸣，嘤嘤成韵。蝉则千转不穷，猿则百叫无绝。鸢飞戾天者，望峰息心；经纶世务者，窥谷忘反。横柯上蔽，在昼犹昏；疏条交映，有时见日。

译文　　　风和烟都消散了，天和山变成相同的颜色。我乘着船随着江流漂荡，随意地向东或向西漂流。从富阳到桐庐有一百里左右，奇异的山水，是天下独一无二的。

水都是青白色的，清澈的水千丈也可以看见底。游动的鱼儿和细小的石头，可以直接看见，毫无障碍。湍急的水流比箭还快，凶猛的巨浪就像奔腾的骏马。

夹江两岸的高山上,都生长着耐寒的树,高山凭着高峻的山势,争着向上,这些高山彼此竞争着往高处和远处伸展,群山高耸,笔直地向上形成了无数个山峰。泉水飞溅在山石之上,发出清悦泠泠的响声;美丽的鸟相互和鸣,鸣声嘤嘤,和谐动听。蝉儿长久地叫个不停,猿猴长时间地叫个不停。像凶猛的鸟飞到天上为名利极力追求高位的人,看到这些雄奇的高峰,追逐功名利禄的心也就平静下来;那些整天忙于政务的人,看到这些幽美的山谷,就会流连忘返。横斜的树枝在上面遮蔽着,即使在白天,也像黄昏时那样阴暗;稀疏的枝条交相掩映,有时也可以见到阳光。

(三)文化常识——明代文学

明朝 1368 年建国,到 1644 年灭亡。共历 16 帝,享国 276 年。自明太祖朱元璋开始,基本上是一帝一号,所以明朝习惯用年号来称呼皇帝。明代是小说、戏曲等俗文学昌盛而正统诗文相对衰微的时期,主要表现在作品的思想和艺术质量的蜕化,所以很难找到像李白、杜甫、苏轼那样的文学巨匠。从嘉靖皇帝以后,东南沿海一带的城市经济发展很快,出现了资本主义的萌芽,印刷术也随之繁荣。越来越多的文人认识到小说、戏曲能更广阔灵活地反映社会生活,便积极投入到创作中去。因此明代文学中,小说成就最高,戏曲次之,诗文相对衰微。《三国志演义》是历史演义小说的高峰。《水浒传》则是英雄传奇小说的典范。《西游记》是神魔小说的楷模。明代的白话短篇小说,是宋元话本的继续和发展,其成就也很高,犹如昙花在明后期一现。

(四)教学小贴士

激 励 性 评 价

如何进行有效的课堂教学评价,这就要求教师在实施口头评价时,坚持用发展性评价理念来指导自己的评价行为,坚持目的性原则、激励性原则、针对性原则、科学性原则,发挥评价的激励、导向、诊断、教育功能。

一、爱生是激励性评价的基础

教师教育学生的过程,是师生情感交流的过程。如果教师热爱学生,善待学生,那么就会如同磁石一般,吸引学生,激励着学生积极思维,用心学习,克服困难,走向成功。教师只有对学生抱有强烈的爱,宽容的理解,诚挚的友善,平等的尊重,才能引起学生对老师的崇敬、信任和亲近,才能创造激励学生学习的感情基础。

二、从评价内容入手,关注学生的全面发展

课堂上教师进行口头评价,评价的内容要全面而有侧重,既要关注学习的过程,也要关注学习的结果,既要关注知识性目标,又要关注技能性目标和体验性目标,以评价促进学生的全面发展。

三、实时、适度对学生进行评价

在课堂上,当一个学生尽其所能解答问题错了的时候,教师也应当表扬他勤于思考,勇于回答问题,然后再鼓励他从多角度去思考。这样适时适度的激励表扬,学生也学得开心。对于有个性的学生,教师既要注意保护孩子的自尊心,又要委婉地指出他们的缺点,如欲抑先扬,使用幽默的语言,让学生在笑声中去领悟和改进。

五、听力文本

（二）综合实践测试

1. 请先听录音,然后回答问题

预防儿童近视的三个方法

近视与遗传相关,但与环境因素更密不可分。教育时间延长、教学难度提高或成为引发近视的因素,如孩子过早进入教育机构、视觉作业载体不当等均可产生影响。城市内开阔空间受限、教室灯光环境和家庭近距离用眼光环境不佳、户外活动时间减少、读写姿势不良等环境和行为问题同样不容忽视。

关于近视的早期预防手段,一是持续读书要保证"二要二不要"原则,二是保持正确的读写坐姿,三是确保有充分的户外活动时间。

首先,坚持"二要二不要"。"二要"即读书写字姿势要端正、连续读书写字 1 小时左右要休息片刻,"二不要"包括不要在光线太暗或直射阳光下看书、写字,也不要在躺着、走路或乘车时看书。

其次,儿童要学会正确的握笔及读写姿势。握笔要"拇指捏着、中指托着、笔杆躺着",手指与笔尖距离为 2.33—2.67 厘米。正确的读写坐姿应保证身体离桌子一拳、眼睛离书本一尺,身体坐正,切忌歪着躺着。

最后,增加户外活动时间。阳光能够促进多巴胺的释放,延缓眼轴增长。建议每周保证14小时以上的户外活动量,平均分散进行的话效果更好,即保证每天2小时以上的户外活动。

（节选自《文摘报》2019年01月17日04版《预防儿童近视的三个方法》）

第十六章　经典故事（二）

一、教学基础识记

1. 读一读：音序检字法

音序检字法就是按照字音来查字典的方法。具体的步骤是：

（1）先确定要查字的音节首字母。

（2）在音节表中找到该字母，并找到要查的音节，确定该音节的页码。

（3）按音节的页码翻到字典正文，按汉字的声调顺序找到要查的字。

一般来说，像《新华字典》和《现代汉语词典》这样常见的字词典正文中的汉字都是按音序排列的，所以如果熟悉字母的顺序，使用音序检字法是最快的一种查字方法。但这种方法也存在一个弊端，那就是它只适合查已知字音的字，如果碰到完全不认识的字就只能使用部首检字法或笔画检字法。除此以外，手机版的《新华字典》还加入了一个手写查字的功能，遇到完全不认识的字，我们只需要以手写输入的方式在屏幕上正确写出这个字就能查到它了。

2. 辨一辨：辨析以下五组词语

（1）

继续	释义	"继续"表示动作、行为接着前面的，可以是连续不断，也可以有间歇。
	例句	老人沉默了一会儿，又继续说下去。
持续	释义	"持续"表示动作连续不断，是一个整体，中间没有间歇。
	例句	这场大雨持续下了三天，水坑里、池塘里灌满了水。

（2）

功夫	释义	"功夫"侧重指人某种技巧性与艺术性要求较高的技能。常用于口语。
	例句	他百步穿杨的功夫，真是了不起。
造诣	释义	"造诣"侧重指学问和艺术上达到较高的水平。常用于书面语。
	例句	他在京剧表演艺术上有着高深的造诣。

(3)	交换	释义	"交换"的特点是对换,它的宾语主要是具体的、物质的东西。
		例句	我用新买的玩具和小杨交换了一本故事书。
	交流	释义	"交流"的特点是对流,它的宾语主要是抽象的、意识的事物。
		例句	期末,老师们互相交流工作经验。

(4)	思考	释义	"思考"侧重于深入考虑。
		例句	老师精心设计问题,启发我们积极思考。
	思索	释义	"思索"侧重于用心探求。
		例句	在我的苦苦思索下,我终于有了解题思路。

(5)	特点	释义	"特点"可指性质或内容,可指形式或外表,也可指抽象的或具体的。
		例句	取材新颖是这篇文章最大的特点。
	特征	释义	"特征"多指具体的,特别是外表的或形式上的,指抽象事物较少。
		例句	长颈鹿最明显的特征是脖子特别长。

3. 记一记:识记以下成语并造句

胆大妄为	释义	毫无顾忌地胡作非为。
	例句	你真是胆大妄为,竟敢考试作弊。
脱口而出	释义	不加思索,随口说出。
	例句	爸爸看到妙处,不禁脱口而出地叫了声好。
若无其事	释义	好像没有那么回事似的,形容不动声色或漠不关心。
	例句	快考试了,他还是一副若无其事的样子,父母真为他担忧。
视而不见	释义	尽管睁着眼睛却什么也没有看见,指不重视或不注意。
	例句	你不应该对老师的关心视而不见。
语无伦次	释义	话讲得很乱,没有条理层次。
	例句	他今天说话语无伦次的,我感到有点儿莫名其妙。

4. 背一背：背诵以下课文

年级	课号	课文标题
六年级（上）	3	《六月二十七日望湖楼醉书》
六年级（上）	3	《西江月·夜行黄沙道中》
六年级（上）	5	《七律·长征》
六年级（上）	17	《浪淘沙(其一)》
六年级（上）	17	《江南春》
六年级（上）	17	《书湖阴先生壁》
六年级（上）	21	《伯牙鼓琴》

二、教学语言表达

本节将要学习到的内容主要涉及以下课文：

年级	课号	课文标题
四年级（上）	14	《普罗米修斯》
四年级（上）	25/26	《王戎不取道旁李》《西门豹治邺》
五年级（上） 五年级（下）	6/16	《将相和》 《田忌赛马》
五年级（上）	10	《牛郎织女(一)》
五年级（下）	5	《草船借箭》

（一）参加科研活动

——《王戎不取道旁李》《西门豹治邺》

金老师：主任，最近我们有机会参加什么科研活动吗？

宋主任：这几天咱们区教育局要召集各小学语文老师开一场教学研讨会，这次正好准备派你去参加。

金老师：那我需要提前准备什么材料吗？

宋主任：这次教学研讨会是针对小学语文教学的，所以你要把<u>实际教学过程中遇到的问题</u>提前准备一下，在会上积极发言，跟其他老师<u>充分地展开讨论和论证，探讨出最优解决方案</u>。同时也多听听其他老师分享的案例和经验，反思自己在相关问题上如何改进处理方式。

金老师：明白了，最近我在教《王戎不取道旁李》和《西门豹治邺》这两篇课文时，学生对这两个历史故事所表达的含义理解得很好，<u>但很难做到独立思考，很少有学生能提出自己的见解</u>。在鼓励<u>学生个性化解读文本</u>的问题上，我<u>一直</u>找不到好的解决方法，在这次会上就可以请教一下其他老师了。

1. 请根据上文画线部分的提示，针对这两则历史故事的教学问题写一篇参加教学研讨会的准备文稿提纲

_____

_____

_____

2. 假设你正在参加教学研讨会，请你以模拟会议发言的形式说一说你对《西门豹治邺》这篇课文的教学反思，可以参考上一题的文稿，但不要念稿

（二）一堂公开课的总结会

——《普罗米修斯》

宋主任：昨天阿老师的公开课很成功，今天我们来回顾一下。阿老师，请你先阐述一下这堂课在构思上的特点。

阿老师：我在课前先让学生阅读了相关的古希腊神话，让他们了解课文的中心人物普罗米修斯及人间为什么没有火的传说。在上课时主要培养学生的语感，在朗读课文时引导学生用读的方式来表现人物的个性，朗读的重点放在怎样用不同的语气表现普罗米修斯盗火的决心、火神试图救他劝他时他拒绝的理直气壮以及他受到残酷惩罚时所

表现出的不屈不挠。

宋主任：接下来请大家再谈一谈听课的感受。

艾老师：我觉得他准备得很充分，教学思路清晰，重难点也比较突出，内容层层递进。讲课时教态自然，富有感染力，而且能充分调动学生的学习积极性。

诗老师：我觉得阿老师的教学设计非常符合学生的学习基础，课堂上师生关系融洽，学习气氛活跃，教学目标达成度高。如果在时间把控上分配得更好的话，那么这堂课会更加精彩。

宋主任：我同意你们的观点。请大家从各自的角度总结一下今天的讨论，并借鉴其中的经验来改进自己的教学。

1. 请你翻阅最近一次听公开课的笔记，回忆主讲老师的讲课过程，并选用以下词语评价这堂公开课

准备　思路　重难点　内容　递进　教态　调动　设计　气氛　目标　把控

2. 如果让你来上《将相和》这堂课，你会怎么准备，请用以下句型从教学设计的角度详细谈谈

> **句型**　（先）让学生……，通过……的方式了解……，使他们……。
> （上课时）让学生以……的方式朗读，把重点放在……，并引导他们理解……。
> （课后）让学生阅读相关的……以增进对……的了解。

（三）听课总结

——《牛郎织女（一）》

最近几天，我参加了教研室组织的听课活动，听了几位经验丰富的语文老师讲课，收获良多。

在听《牛郎织女（一）》这一课时，主讲老师为了让学生充分理解课文中的故事背景和情节发展，将牛郎和牛的故事、牛郎和哥嫂的故事、牛郎和织女的故事等内容分阶段改为话剧表演的形式，让学生分角色表演，作为观众的同学则针对一个人物或一段情节发表自己的看法，这充分地激发了他们的学习兴趣，使他们在自然、愉快的气氛中享受着学习。这给我留下了很深刻的印象，也启发了我在教学中应该多考虑以学生为主体，特别是在经典故事这类课文的教学上要尽量

引导学生参与故事情节的发展,这样他们才能切身体会到隐藏在文字描述之下的人物心理活动以及故事所反映的深刻哲理等。

这次听课活动丰富了我的教学经验和教学方法,我也反思到在我的教学中还存在很多不足,还需要继续学习,不断提高自身素质和教育教学水平。

1. 听录音,回答以下问题

(1) 好的问题设计能达到什么课堂效果?

(2) 理想的课堂应该让学生怎样学习?

2. 请修改以下病句,并分析病句类型

(1) 在休息室里许多老师昨天都同他热情的交谈。

(2) 这是一次竞争激烈的考试,非用十分的努力才能战胜其他竞争者。

(3) 小张和小王是好朋友,他经常帮助他自习复习功课。

(4) 昨天晚上,中国队和韩国队进行了一场足球比赛,他们终于取得了胜利。

(5) 我写字认真了,错别字也大大进步了。

(6) 在老师的教育下,我端正了学习态度和方法。

(7) 课外活动时,我详细地观察了同学们的活动情况。

(8) 我校全体师生和学生都参加了这项活动。

(9) 老师今天讲的知识我基本上全懂了。

(10) 我国有世界上所没有的万里长城。

(四) 如何出考卷

——《将相和》《田忌赛马》

诗老师:主任,这次的语文期末测试卷应该怎么出呢?

宋主任:期末测试卷一定要针对每一课的知识点来出,同时也要考虑到这学期总的教学重点。哪些是学生必须掌握的,哪些是以了解为主的,根据重要程度的不同选择相应的题型。

诗老师:那像《将相和》《田忌赛马》这样的课文我们把出题重点放在哪里呢?

宋主任：这学期你们有几篇这样的课文讲的都是中国古代的经典故事，可以重点考察学生是
　　　　否理解这其中蕴含的道理。还有一些像完璧归赵、负荆请罪这样的典故学生都应该
　　　　掌握了，考试的时候可以出一些问答题来考察他们理解得是否到位。另外，这学期
　　　　在教学中重点训练了学生的阅读能力，包括归纳中心思想、抓住关键情节等。在考
　　　　卷中可以出一篇与课文类型相似的文章及相应的理解题来考察学生这方面的能力。

诗老师：明白了，我一会儿再跟金老师交流一下想法，商量一下针对各课可以出的题型。

1. 根据上文回答问题

(1) 期末测试卷应该针对什么内容来出题？

_____

_____

(2) 经典故事类的课文可以出哪些题？

_____

_____

2. 请你针对下面这篇文章的关键情节和中心思想出三道阅读理解题

　　有一年，晏婴奉命出使吴国。清晨，晏婴来到宫中等候谒见吴王。不一会儿，侍从传下令来：
"天子召见。"晏婴一怔，吴王什么时候变成天子了？当时周天子虽已名存实亡，但诸侯各国仍称
周王为天子，这是他独享的称号。晏婴马上反应了过来，这是吴王在向他炫耀国威呀。

　　于是，他装作没听见，侍卫又高声重复，晏婴仍不理睬。侍卫没有办法，径直走到他跟前，
一字一顿地说："天子请见。"晏婴故意装作惊讶的样子，问道："臣受齐国国君之命，出使吴
国。谁知晏婴愚笨，竟然搞错了方向，走到天子的朝廷上来了。实在抱歉。请问何处可以找
到吴王？"

　　吴王听人禀报后，无可奈何，只得传令："吴王请见。"晏婴听罢，立刻昂首挺胸走上前拜见吴
王，并向他行了合规的礼仪。吴王本来是想利用这个办法来难为晏婴的，结果却自讨没趣，好不
尴尬。但是他并没有死心，还想继续难为晏婴。

　　他故意装作非常诚恳的样子对晏婴说："一国之君要想长久保持国威，守住疆土，该怎么办？"
晏婴不假思索地答道："先人民，后自己；先施惠，后责罚；强不欺弱，贵不凌贱，富不傲贫。不以势
众兼并他国，这是保持国威的正当办法。否则，就很危险了。"

自命不凡的吴王听完晏婴的一番慷慨陈词,再也想不出什么难题为难晏婴了。晏婴凭着自己的聪明才智不动声色地又一次取得了出使的胜利。

(1) _____

_____

(2) _____

_____

(3) _____

_____

(五) 制定教学计划

——《草船借箭》

阿老师:主任,最近我们正在制定五年级下册的教学计划,您能给我们提一些建议吗?

宋主任:首先你们要进行学情分析和教材分析,然后确定教学重难点,分清主次,再确定时间上的先后顺序。这册教材的重点教学内容是对阅读能力的培养。具体来说,叙事性的课文要让学生把握主要内容,体会思想感情,理清叙事顺序,领悟表达方法;诗歌类的课文,要能大体理解诗意,想象诗歌描述的情境,体会诗人抒发的情感;说明文类的,要能读懂内容,了解基本的说明方法。整体上应掌握借助工具书、联系上下文、结合生活经验等多种理解词句的方法。

艾老师:那课时如何安排呢?比如《草船借箭》这一课安排多少个课时合适呢?

宋主任:像这样的课文一般可以安排两课时:第一课时解决字词层面的问题,然后通读课文,理解课文的主要内容;第二课时要深入学习课文中的精彩段落,也就是关键性的情节,体会和感悟精彩之处。

艾老师:针对这篇课文的教学内容,可以安排哪些教学活动呢?

宋主任:教学活动的设计上要充分体现学生的主体性,可以采取小组活动的形式,先在小组内讨论探究,然后再师生互动交流、合作探究等。这方面的设计可以大胆一些,不必拘泥于特定形式。

1. 请你以下面几课为例，从课时安排、教学重点以及教学活动三个方面填写教学计划简表

课文	课时安排	教学重点	教学活动
《王戎不取道边李》			
《西门豹治邺》			
《普罗米修斯》			
《田忌赛马》			
《将相和》			

2. 根据你的教学经验，谈一谈除了上文中提到的三个方面，一个学期的教学计划还应包含哪些内容

词汇表（1）

序号	词语	释义
1	谒见	进见地位或辈分高的人。例：在古代，大臣谒见皇帝时有很多礼节。
2	一怔	一愣
3	名存实亡	名义上还有，实际上已经不存在
4	一字一顿	为了说清楚或为了强调说话的语气，说话时说得慢而有节奏
5	合规	遵守法律、法规、监管规则或标准
6	自讨没趣	做事不得当，反使自己难堪窘迫
7	不假思索	用不着想，形容说话做事迅速
8	兼并	侵占、并吞
9	自命不凡	自以为不平凡，形容骄傲自满
10	慷慨陈词	意气激昂地陈述自己的见解。例：在谈判桌前，他慷慨陈词，明确表述了我方的观点。

三、教学篇章阅读

教研活动最主要的目的是为了解决当前教育教学中的各种实际问题,也就是说,教研活动的课题不在大而在小,不在深而在实,应想教育教学之所想,急教育教学之所急,否则教研活动就是瞎研究、空研究。因此找准教研活动的突破口至关重要。这就要求教师树立问题意识,善于把一个又一个教学中有意义的实际问题,经过设计转化为一个个富有个性特色的教研活动课题,再通过攻克研究课题来解决教学中的问题,这样就能达到同步推进教育教学教研工作、稳步提高教育教学教研质量的目的。

首先教师要正视教研活动对提高教师自身素质的意义。如今教育教学对教师的要求不再局限于有文凭、有经验、肯流汗,而是要求教师必须尽快从教书匠向教育家转变。这就要求教师要有与时俱进的能力,除了终身学习、教书育人,教育科研能力也是必不可少的,如果缺乏这种能力,那就意味着缺少创新精神和工作潜能,就很难适应新课改需要。

其次教师要懂得教研活动的形式和方法,有些教师片面地把教研活动理解为听课、评课和写文章,这是很局限的。比如,反思是教研活动中最普遍、最基本的形式,教研活动很强调集体研究,因此教师要学会如何参加集体研究,如何在集体研究的氛围中学会将大家的智慧集于自己一身。也就是说教师绝不能只凭个人意志、自我感觉或者几分钟热情去搞科研,一定要以科学端正的态度和方法开展教研活动。

另外,博览课外书籍,广泛吸收养分,补充知识是教师增加和更新知识积累,提高科研水平不可或缺的途径。"腹有诗书气自华",教师博学多才,学生耳濡目染,这也为学生刻苦学习起到了潜移默化的示范作用。因此教师在平时要多积累,做个有心人,反思促提高。俗话说:巧妇难为无米之炊。教研写作需要教师有厚重的文化积淀,因此应注意资料的收集。教师在积累的同时也要多反思自己,不断开辟新的思维空间,探索新奥妙。

根据课文,联系实际,回答以下问题

1. 以语文学科为例,说一说语文教研活动都包括哪些。
2. 说一说教研活动的重要性。
3. 结合自己教学实践的情况,说一说如何进行语文教研活动。
4. 你在平时的教学中,都有过哪些教研活动?跟大家分享一下。

词汇表（2）

序号	词语	释　义
1	与时俱进	随着时代的发展而不断发展、前进
2	腹有诗书气自华	胸中有学问，气质自然光彩夺人
3	巧妇难为无米之炊	比喻缺少必要的条件，再能干的人也很难做成事

四、教学知识链接

（一）文言文拓展

1. 国

(1) 国家。

　　例：入则无法家拂士，出则无敌国外患者，国恒亡。——《生于忧患，死于安乐》

(2) 周代诸侯国及汉以后侯王的封地、食邑。

　　例：强国请服，弱国入朝。——《过秦论》

2. 胜

(1) 能承担，能承受。

　　例：臣不胜受恩感激！——《出师表》

(2) 尽。

　　例：谷与鱼鳖不可胜食，材木不可胜用，是使民养生丧死无憾也。——《寡人之于国也》

(3) 胜利，与"负"相对。

　　例：以天下之所顺，攻亲戚之所畔，故君子有不战，战必胜矣。——《得道多助，失道寡助》

(4) 优美的。

　　例：予观夫巴陵胜状，在洞庭一湖。——《岳阳楼记》

（二）古文赏析

生于忧患，死于安乐

［先秦］孟　子

舜发于畎亩之中，傅说举于版筑之间，胶鬲举于鱼盐之中，管夷吾举于士，孙叔敖举于海，百里奚举于市。

故天将降大任于斯人也，必先苦其心志，劳其筋骨，饿其体肤，空乏其身，行拂乱其所为，所以动心忍性，曾益其所不能。

人恒过，然后能改；困于心，衡于虑，而后作；征于色，发于声，而后喻。入则无法家拂士，出则无敌国外患者，国恒亡。

然后知生于忧患，而死于安乐也。

译文　　舜从田野耕作之中被任用，傅说从筑墙的劳作之中被任用，胶鬲从贩鱼卖盐中被任用，管夷吾被从狱官手里救出来并受到任用，孙叔敖从海滨隐居的地方被任用，百里奚被从奴隶市场里赎买回来并被任用。

所以上天要把重任降临在某个人的身上，一定先要使他心志受苦，使他筋骨劳累，使他忍饥挨饿，使他受尽贫困之苦，使他所做的事情颠倒错乱，这样来激励他的心志，使他性情坚韧，增加他原来没有的才能。

一个人，常常发生错误，然后才能改正；在内心里困惑，思虑阻塞，然后才能奋发；别人愤怒表现在脸色上，怨恨吐发在言语中，然后才能被人知晓。一个国家，如果在国内没有坚守法度的大臣和足以辅佐君王的贤士，在国外没有实力匹敌的邻国和来自国外的祸患，这样的国家就常常会走向灭亡。

这样，才知道忧虑祸患能使人生存发展，而安逸享乐会使人走向灭亡的道理了。

（三）文化常识——罗贯中

罗贯中，元末明初十分有名的文学家。元朝末年，社会动荡，罗贯中四处流浪，与很多艺人、杂剧作家结成朋友，经常出没酒楼、茶楼，听书、看戏，在民间传说和民间艺人创作的话本基础上，又根据当时陈寿已经写好的《三国志》等，加上他自己的才学和经验，写成了长篇巨著《三国志通俗演义》，即后来的《三国演义》，这本书标志着明代的历史小说进入了十分辉煌的时期。这本书从黄巾起义一直写到西晋统一，着重描绘了三国时期，曹操、刘备、孙权三个人为首的魏、蜀、吴三个政治集团之间的矛盾和斗争，显示出作者博大精深的文学底蕴。《三国演义》的语言简洁、明快、生动，把历史和文学非常自然地结合了起来，既有现实的描绘，也充满了浪漫主义的传奇色彩，塑造了大量叱咤风云的英雄人物，充分显示了作者在人物刻画方面高超的技巧。

（四）教学小贴士

巧思妙语 活跃课堂气氛

1. 故设悬念。学生有很强的探求欲，老师先设置一个悬念，引导学生思考，然后不失时机地点出意料之外又在情理之中的结果，学生就会恍然大悟，获得松弛后的愉悦。有一位新调来的年轻老师面对陌生的学生说道："同学们，我们班新来了一位成员，他姓李，男性公民，希望大家以后多多关照他。"学生们一下子懵了，相互张望。老师接着说："告诉大家，他就是我。"

2. 转欲为雅。上课时，老师针对学生的一些世欲偏见、陋见，利用自己的生活经历、审美观念等巧妙地和学生交流，转欲为雅，也能达到幽默的效果。有一位身材矮小的老师，第一次给学生上课时遭到嘲笑，这位老师微笑着说："同学们，今天我能博得大家开心一笑，证明我们之间的感情交流已经迈出了可喜的一步。在今后的教学中，我将取你们之长来弥补我之短，提高提高自己！"一个十分尴尬的局面在这位老师的轻松点拨之下，巧妙地应付过去了。

3. 意大言外。这种方法就是指教师不言明说话的真正意思，而是以一种曲径通幽的方式表达出来。如从似乎与表达意图毫不相干的角度发问，让学生在不明其宗旨的情况下顺着老师设计的思路走，直至到达豁然开朗的境地。这能让学生在轻松的氛围中接受批评或受到教益。有一位老师走进教室上课，但学生们喧哗不止，便问："请问大家一个问题，辛弃疾的词'稻花香里说丰年'的下句是什么？"学生们异口同声地回答说："听取蛙声一片。"随即明白了老师的意图，便在开心地笑后，马上安静下来。

五、听力文本

（三）听课总结

1. 听录音，回答以下问题

听了张老师的这堂课我感受颇深，现在就教学实际谈谈自己的几点认识：

其一，张老师在授课时延伸了课文内容，使学生的知识得到了丰富，同时还能受到思想教育，可谓一举多得。

其二，问题设计十分精妙，能通过问题引导学生理解课文内容，突破重难点。

其三，张老师的文化底蕴非常深厚，课文中的几段具体描写都被高度概括为几个成语或俗语，从而帮助学生在整体上把握故事情节的发展。

我最深刻的体会还是"教无定法"，这使我深受启发，在今后的教学中我会努力丰富和创新教学方法，让学生能主动思考并享受学习的乐趣。

第十七章 说明文（一）

一、教学基础识记

1. 写一写：部首检字法

(1) 部首检字法就是根据汉字的部首来查字典的方法。它多用于只知道字形,不知道读音和释义的情况。具体的步骤如下：

➤ 确定要查的字的部首,数清部首笔画。例如查"使"字,确认部首是"亻"部,共两画。

➤ 在"部首检字表"的"部首目录"中找到这个部首,看清部首旁边标明的页码,这个页码指的是"检字表"的页码。"亻"在部首目录【二画】下面,页码是"18"。

➤ 按这个页码找到"检字表"中相应的部首,数清所查字除去部首以外的笔画数,查出这个字在字典正文中的页码。"使"字除去部首"亻"以外笔画数还有六画,"检字表"第18页【六画】下找到"使",旁边标注的页码是"1189"。

➤ 按页码在字典正文中查出所要找的字。翻到字典正文第1189页,可以找到"使"。

(2) 部首查字法的运用：

部首的位置一般是：上、下、左、右、外;一般部首没有,可查中间。中间也没有,可查左上角。

几个部首同时具备,可按下面顺序查：上下都有,查上不查下;左右都有,查左不查右;内外都有,查外不查内。

独体字的查法：独体字是部首的查整体;独体字不是部首的查起笔。

2. 辨一辨：辨析以下五组词语

(1)

采用	释义	"采用"重在"用",采其可用的。	
	例句	寓言和童话大都采用拟人的手法。	
采取	释义	"采取"重在"取",从许多可用的事物中选择最合适的,运用范围比"采用"广。	
	例句	对贫困地区,国家采取补助形式进行扶贫。	

（2）

特色	释义	"特色"专指独特的风格、格调、样子或情景等，是显而易见的特点，指具体的居多。
	例句	外国游客看到布达拉宫时，为它富有特色的建筑惊叹不已。
特性	释义	"特性"专指内在的特殊性质，一般指物品的性能、性质等。
	例句	很多物质能溶于水，这是它们固有的特性。

（3）

场面	释义	"场面"指在一定时间、地点所构成的情景，运用范围比"局面"广，可指在一定场合下的情况。
	例句	大阅兵的场面威武雄壮，令人振奋。
局面	释义	"局面"指某一时期内事情表现出来的形态，也指规模。
	例句	这个厂，他苦心经营了两年，才扭转了面临倒闭的局面。

（4）

充足	释义	"充足"多适用于光线、水分、养料等具体事物。
	例句	青少年正处于生长发育期，一定要保证充足的睡眠时间。
充沛	释义	"充沛"多适用于人的精力、活力、热情、感情等抽象事物。
	例句	我们要保持充沛的精力，才能学好知识和本领。

（5）

吸取	释义	"吸取"原指用口吸，现在也指用不同方法吸收。
	例句	植物的根从土壤中吸取水分和养料。
汲取	释义	"汲取"的本义是取水、打水，都是从水源中用力提取，所以凡是需要从源泉中费力用心提取的地方常用汲取。
	例句	他从课本上汲取了丰富的知识。

3. 记一记：识记以下成语并造句

迫不及待	释义	急迫得不能再等待。
	例句	今天有足球赛，我刚进屋就迫不及待地打开了电视机。
载歌载舞	释义	又唱歌，又跳舞，形容尽情欢乐。
	例句	在晚会上，人们尽情地载歌载舞，气氛非常热闹。

续 表

郑重其事	释义	形容对待事情非常严肃认真。
	例句	对这次集体行动,班主任郑重其事地宣布了纪律。
随遇而安	释义	能适应各种环境,在任何环境中都能满足。
	例句	他个人生活非常朴素,能随遇而安,到野外工作,从不计较条件好坏。
风和日丽	释义	形容天气晴朗暖和(多用于春天)。
	例句	这几天风和日丽,正是旅游的好天气。

4. 背一背：背诵以下课文

年级	课号	课文标题
六年级（上）	24	《少年闰土[第一节]》
六年级（下）	3	《寒食》
六年级（下）	3	《迢迢牵牛星》
六年级（下）	3	《十五夜望月》
六年级（下）	8	《匆匆》
六年级（下）	10	《马诗》

二、教学语言表达

本节将要学习到的内容主要涉及以下课文：

年级	课号	课文标题
三年级（下）	10	《纸的发明》
三年级（下）	11/13	《赵州桥》《花钟》
三年级（下）	14	《蜜蜂》
三年级（下）	22	《我们奇妙的世界》
四年级（上）	10/11	《爬山虎的脚》《蟋蟀的住宅》

（一）远程研修心得分享

——《纸的发明》

宋主任：艾老师，这次参加远程在线研修活动，你有什么心得，快跟大家分享分享！

艾老师：这次网络研修真是令我耳目一新啊，我们每天都要在网上学习培训，并且自觉结组参加讨论，还要上交作业。这种远程培训形式，使我转变了旧的思想观念，获得了新的教学技能。

阿老师：你们是怎样通过网络学习的？有专家在线讲座吗？

艾老师：对，有专家在线进行网络直播讲座，老师们可以在线实时互动，让专家帮忙解答疑问。除此之外，我们还要观摩名师专题示范课，可以接受全国顶级名师的指导。这次学习解决了我在实际教学中遇到的很多疑难问题，在教育理念、教学方法等方面有了很大提升。

宋主任：你可以举个例子，具体说一说吗？

艾老师：比如《纸的发明》是一篇弘扬中国优秀传统文化的课文，培养学生对传统文化的热爱，增强民族自豪感和自信心是主旨所在。教学时，除了朗读、处理生字词、归纳段落大意以外，我们还应有意识地渗入中国文化内容。教师可以运用多媒体技术，放映造纸的过程，让学生切实体会到古人的智慧。还可以组织学生进行一些课外活动，让学生搜集中国古代另外三大发明的资料，课上进行汇报。总之，多运用现代技术，多组织实践活动，改变枯燥的学习方式。

1. 阅读文章选段，根据提示说明画线句子在文中的作用，并说一说怎样引导学生通过"列数字"的方法来写说明文

人类能在地球上生活多久

人类能在地球上生活多久？这既涉及可持续发展战略，涉及地球为人类的生存和发展所提供的资源，也涉及地球的外在环境究竟能在多少年内维持不变。

太阳是决定地球外在环境最重要的因素。根据近代天文学家的理论，太阳将持续而稳定地向地球提供光和热，地球绕太阳旋转的平均半径，将长期维持不变，至多只有极小的摆动，这一过程将至少再持续40亿年左右。过了40亿年左右后，太阳将逐渐膨胀而演化为红巨星，最后将地

球完全吞吃到它的"肚子"里。

太阳对地球的影响实在是太巨大了，"只要太阳吼一吼，地球立即抖一抖"。至于人类，却承受不了地球的任何抖动！不过，太阳为地球持续提供长达 4 000 万年的光和热却是没有问题的，因为在 4 000 万年的年代里，所消耗的能量还不到太阳总量的 1‰！所以，研究人类在地球上持续生存和发展的问题，至少要以人类能在地球上持续生存 4 000 万年为奋斗目标！

但是人类面临的真正威胁，却是来自人类自身。如果人们认为 400 年前伽利略是近代科学之父的话，那么这 400 年来科学、技术以及工业、农业的发展，就远远超过自有人类历史以来的 400 万年间的成就。与此同时，近 400 年来所消耗的地球上的资源，也大大超过了在 400 万年间人类所消耗的资源总量！如果按照现在消耗不断增长的趋势发展下去，试问 4 000 年后乃至 4 000 万年后的地球将是什么样的面貌？

> **提示** 列数字是说明文中经常用到的写作方法。通过列举文章的真实数据，科学准确地说明了事物的某种特点，使文章更具说服力。

2. 运用句型，说一说在讲解本章其他课文时，你使用了哪些教学方法

> **句型** 教学时，除了……以外，我们还应……。可以运用……，让学生切实体会……。还可以……，如……。总之，多……，多……，改变……。

（二）教学计划完成情况总结

——《赵州桥》《花钟》

光阴似箭，岁月如梭。转眼，一个学期的工作已经结束了，回顾这一学期，我在学校领导的大力支持和同事的帮助下，圆满地完成了工作任务。但是作为一名新老师，一开始，我的工作并不一帆风顺。学期初，主任带领我们制定了本学期的教学计划，每一单元所用的课时也大概确定好了。但是在新学期伊始，由于紧张，也不太了解学生的情况，我的教学进度很慢。其他教师已经讲到了《花钟》，而我还没讲完《赵州桥》。后来我开始反思自己的不足，从教学语言来看，我的课堂语言不是很简练，总怕说少了学生听不懂；从教学内容来看，我给学生扩充的内容有些多，拿《赵州桥》这课来说，我把中国十大名桥的信息都灌输给了学生，有些超出学生的接受范围；从学生管理来看，组织课堂纪律用去了不少时间。这些都是导致教学进度慢的主要原因。为了跟上其他老师的进度，更好地完成教学计划，我主动跟其他老师交流经验，一有时间就去听其他老师的课,改善自己的教学方法,精炼教学语言,拉近与学生的距离,慢慢地教学进度也跟了上来。期末考试,我们班的语文成绩还不错,我会继续努力,尽自己最大的力量把学生教好。

1. 请你从以下几个方面,为画线句子中涉及的情况,提出改进方法

(1)教学内容　(2)教学方法　(3)教学语言　(4)师生关系

2. 请任选本章的一篇课文,结合教学目标,从"课时安排、教学方法、课堂练习"等方面写一写你是怎样完成本课教学计划的

_____

_____

_____

_____

(三) 一场热烈的教研总结会

——《蜜蜂》

宋主任:各位老师,一学期的课程结束了,这是我们本学期开的最后一次教研会,我想在教学中大家一定有很多心得体会吧,今天咱们畅所欲言,艾老师,你经验丰富,先来说一说吧。

艾老师:好,那我就抛砖引玉,先说一说。这一学期下来,给我最大的感受就是"兴趣是最好的老师",培养学生的学习兴趣非常重要。譬如,根据不同的课文类型,设计多种导入方式,可以用多媒体展示课文的画面让学生进入情景;也可用讲述故事的方式导入;还可以设计悬念,激发兴趣,这些比起简单的讲述更能启发学生的思维。

诗老师:我同意艾老师的看法,除了导入外,我们还应该重视引导学生品评感悟课文,让课堂教学"活"起来。课本中的文章,语言运用精妙,思想表达深邃,见解独到。为了使这些精彩内容给学生留下深刻印象,我们可以在阅读中抓重点,让学生反复诵读,感悟内涵。同时,引导学生品评文章。

阿老师:怎样引导学生品评?

诗老师：根据课文，设计有层次的问题，引导学生品评效果最好。以《蜜蜂》这课为例，我首先就课文内容提出一些问题，如"法布尔的实验目的是什么？""法布尔是怎样做实验的？"，然后进一步启发学生"想想法布尔的实验结论是什么？"最后，为了达到学有所用的目的，提出类似"法布尔的实验对你有什么启示？"这样的问题。

宋主任：你们说得很好，希望其他老师也踊跃发言，把好的方法都分享给大家。

1. 听录音填空，并联系实际，说一说怎样做到教书育人

一转眼，一学期的教学又结束了。回顾这一学期的语文教学工作，（　　　）。在认真贯彻教育方针，热爱教育事业的前提下，我努力提高自己的（　　　）、教育、（　　　）能力，现将工作总结如下：

一、（　　　），尽职尽责

在教学岗位上，认真（　　　）教师职责，服从学校领导的工作安排。做到坚持早到学校，不迟到，不缺课，不无故请假，认真执行学校的（　　　）和各项规定。

二、与学生和睦相处，做学生的知心朋友

教师和学生在人格上是完全（　　　）的。要想建立良好的师生关系，就应该深入实际，从每个学生入手，通过与学生（　　　）了解每位学生的实际情况。学生的兴趣爱好、（　　　）、学习情况、家庭情况等，都是影响学生学习的重要因素，了解清楚这些情况，有助于我们实施有针对性的教学方法，做到（　　　）。

三、提高教学能力，"教书""育人"两手抓

课前，我（　　　）地进行备课，根据本班学生特点，认真修改教案，课后作业力求（　　　），努力做到既减轻学生负担又提高教学质量。

培养学生良好的学习习惯很重要。教会学生（　　　）的方法，坚持课前预习，在预习中发现问题，带着问题上课，鼓励学生大胆（　　　），在教学中营造民主平等的学习（　　　）。

在教学中渗透道德教育，充分利用教材内容，对学生进行（　　　），使学生真正成为有自信心，有责任感，热爱祖国，（　　　），文明礼貌的好学生。

2. 根据实际课堂效果，运用所给句型分享一些你觉得好的教学方法

句型 这一学期下来，给我最大的感受就是……，培养……非常重要。譬如，根据……，设计……，可以……；也可……；还可……，激发兴趣……，这些比起……更能……。

（四）课题教研总结

——《我们奇妙的世界》

教学改革和教学科研是提高教学质量的根本途径，我们语文组在教导处的带领下，以提高课堂教学质量为目标，不断地进行探索、改革、创新。利用教研活动进行学习、交流，取长补短，不断提高课堂教学能力和教研水平，积极参与课题研究，深化课堂教学改革，积极参与课改实验。这学期，我校语文教师紧紧围绕提高教学质量实施研究工作。全体老师分成不同的教研组，根据学生实际情况选定教研课题，做到人人都有明确的目标，个个都有自己的实验操作。其中"说明文教学趣味化方法的探究"这一课题的研究报告，在市级课题教研比赛中获得三等奖。课题组的老师以课文《我们奇妙的世界》为依托，从导入、分析语言魅力、借助多媒体、组织课外实践等方面，阐述教说明文时的多种方法，力求改变说明文容易让学生产生枯燥乏味心理的现象，激发学生学习说明文的兴趣，使学生从被动转向主动，从"厌学"变为"乐学"。

课题教研活动的开展，使语文组教师的整体教学水平有了很大的提高，同时积累了大量的教学资料，为进一步提高科研质量奠定了基础。因此，在以后的工作中，我们要加大课题教研力度，使我校的语文教学产生质的飞跃。

1. 请你从以下课题中，选择一个，撰写课题提纲

（1）识字教学的趣味教学方法研究

（2）阅读教学中如何实施朗读指导

（3）合理运用文本插图促进古诗词教学

（4）改革作文评价方式，提升学生写作素养

_____

_____

_____

_____

_____

2. 请任选本章一篇课文,运用关键词说一说怎样改变学生对说明文存在的枯燥乏味的认知,激发学生兴趣

关键词 探索 取长补短 积极 实践 主动 依托 激发

（五）重视新课程标准,转变教学观念

——《爬山虎的脚》《蟋蟀的住宅》

本学期语文教研组的全体教师认真学习了《语文新课程标准》及高效课堂的教育理念,正确把握语文教育的特点,倡导自主、合作、探究的学习方式,努力建设开放而有活力的语文课程。教研活动每周安排一次,这是交流经验、提高认识的一个大好机会,老师们有效地运用这宝贵的一个多小时,真正发挥了它的作用。教研主任和骨干教师给我们精心传授教学新理念,指出我们存在的问题,具体指导我们怎样上课,让每位教师在每次活动中都有新的收获。教研组还在活动中带领新老师研究教材,传授高效的课堂教学方法,为我们的教学指明了正确方向。例如:艾老师为我们分享了巧设情境的教学方法,让学生在情境中自然学会运用语言。她以《爬山虎的脚》为例子,让学生用"我"的口吻对爬山虎的习性和特点做自我介绍,这个方法让我拓宽了教学思路。此外,学校要求每位老师每周至少听两节课,通过听课学习,教师们的教学理念有了很大的转变。

语文学科涉及的知识面广泛,新课程对教师提出了更高的要求,因循守旧的教法已不能适应新课程标准的要求了,教学改革任重道远。

1. 请解释下列成语的意思,并用成语改写下面的句子

（1）耳目一新

他离家十多年后第一次回到故乡,家乡发生了巨大变化,使人充满了新鲜感。

_____

（2）一帆风顺

生活不可能一直顺利,没有困难,我们一定要学会勇敢面对挫折。

_____

（3）因循守旧

这家工厂的经营模式陈旧,缺乏创新,所以经济效益一直不太好。

_____

（4）任重道远

把我国建设成现代化强国，责任重大，要经过几代人的长期努力。

---

2. 假设你正在参加教研活动，请你以《蟋蟀的住宅》为例，陈述怎样通过设置情境，让学生学会运用其中的语言

词汇表（1）

序号	词语	释　义
1	研修	带有研究性质的学习进修
2	耳目一新	听到的、看到的都跟以前不一样，感到很新鲜
3	光阴似箭	时间如箭，迅速流逝。形容时间过得极快
4	岁月如梭	日月就像纺织机上的梭的速度一样快。形容时间过得很快
5	一帆风顺	比喻非常顺利，没有阻碍
6	伊始	起头，开始
7	灌输	输送思想、知识等
8	深邃	深沉，深奥
9	奠定	稳固地建立
10	因循守旧	不求变革，沿袭老的一套
11	任重道远	担子很重，路程遥远。比喻责任重大，需要经过长期的艰苦奋斗

三、教学篇章阅读

信息技术与课程整合是我国 21 世纪基础教育教学改革的一个新途径，这一举措不仅是把信息技术作为辅助教学工具，更是作为一种促进学生自主学习的认知工具和情感激励工具。利用信息技术所提供的自主探索、多重交互、合作学习、资源共享等学习环境，把学生的主动性、积极性充分调动起来，使学生的创新思维与实践能力在整合过程中得到有效地锻炼，这正是培养创新

人才所需要的。

　　信息技术与课堂教学整合,应以学科的知识点为切入点。在各门学科的教学过程中,信息技术可切入的知识点很多。教师应充分利用可切入的知识点,围绕知识点的揭示、阐述、展开、归纳、总结等环节,运用现代信息技术媒体进行教学,有效地开展课程整合。在教学中,通过信息技术与课堂教学整合,力求为学生提供多种感官参与学习的氛围,充分让学生用眼、用耳、动脑、动手、动口,并以动手实验、操作学具,边想、边做、边练来感知事物、领悟概念、掌握原理。多种感官参与学习,能大大提高学生的感知效果,并使学生由被动学习变为主动学习。思维训练是教学的核心,信息技术与课堂教学整合,激发了学生思考的热情,有助于教师加强对学生思维的训练,还有助于对学生思维的创造性进行有效培养。通过信息技术与课堂教学整合,创设教学情境,开展课堂智力激励,要求学生对问题情境,积极迅速设想出解决的各种可能性。通过增进师生的情感交流等有效手段,引发学习动机,使学生积极主动参与新知识的学习,极大地激发学生探索和发现的热情。在教学展开之前,教师可以先展示多媒体课件,向学生展现各种事物现象和发展过程,在学生对内容深感兴趣的情况下,教师因势利导,提出问题,铺设悬念,激发学生的好奇心和求知欲,进而引导学生进行深入的学习,起到事半功倍的效果。信息技术与课堂教学整合,为学生的自主学习提供了一个良好的学习环境,教师可根据教学目标对教材进行分析和处理,决定用什么形式来呈现什么教学内容,并以课件或网页的形式呈现给学生。学生接受了学习任务以后,在教师的指导下,利用教师提供的资料或自己通过网络查阅的资料,开展个别化和协作式相结合的自主学习。利用计算机教学游戏软件,集科学性、趣味性、教育性为一体,激发学生的学习兴趣,寓教于乐,由此锻炼学生的反应速度、决策能力和操纵能力。此外,利用信息技术媒体,开展各种艺术活动,也能激发学生的学习热情,有助于学生掌握知识、发展能力,培养创新意识,提高创新能力。

根据课文,联系实际,回答以下问题

1. 以语文学科为例,说一说信息技术如何与课程进行整合。

2. 说一说在信息技术与语文课程进行整合时应注意什么。

3. 结合具体的某课说一说如何进行信息技术与语文课程的整合。

4. 你在平时的教学中,会运用到信息技术吗? 跟大家分享一下。

词汇表（2）

序号	词语	释　义
1	整合	通过整顿、协调重新组合
2	操纵	用不正当的手段支配、控制
3	因势利导	顺着事物发展的趋势加以引导
4	寓教于乐	把教育跟娱乐融合为一体，使人在娱乐中受到教育

四、教学知识链接

（一）文言文拓展

1. 数

(1)（shù）几，几个（表示不确定的数目）。

例：复行数十步，豁然开朗。——《桃花源记》

(2)（shǔ）计算。

例：卧右膝，诎右臂支船，而竖其左膝，左臂挂念珠倚之，珠可历历数也。——《核舟记》

(3)（shuò）屡次。

例：项燕为楚将，数有功，爱士卒，楚人怜之。——《陈涉世家》

2. 间

(1)（jiàn）从小道。

例：沛公已去，间至军中。——《鸿门宴》

(2)（jiān）中间，期间。

例：少焉，月出于东山之上，徘徊于斗牛之间。——《赤壁赋》

（二）古文赏析

得道多助，失道寡助

［先秦］孟　子

天时不如地利，地利不如人和。三里之城，七里之郭，环而攻之而不胜。夫环而攻之，必有得天时者矣，然而不胜者，是天时不如地利也。城非不高也，池非不深也，兵革非不坚利也，米粟非不多也，委而去之，是地利不如人和也。

故曰，域民不以封疆之界，固国不以山溪之险，威天下不以兵革之利。得道者多助，失道者寡助。寡助之至，亲戚畔之。多助之至，天下顺之。以天下之所顺，攻亲戚之所畔，故君子有不战，战必胜矣。

译文　　作战的时候，有利的天气时令比不上有利的地理形势；有利的地理形势比不上作战中的人心所向、内部团结。比如一座方圆三里的小城，只有方圆七里的外城，四面包围起来攻打它，却不能取胜。采用四面包围的方式攻城，一定是得到有利于作战的天气、时令了，可是不能取胜，这是因为有利于作战的天气、时令比不上有利于作战的地理形势呀。城墙并不是不高啊，护城河并不是不深呀，武器装备也并不是不精良，粮食供给也并不是不充足啊，但是，守城一方还是弃城而逃，这是因为作战的地理形势再好，也比不上人心所向、内部团结啊。

所以说，使人民定居下来而不迁居到别的地方去，不能靠划定的边疆的界限，巩固国防不能靠山河的险要，震慑天下不能靠武力的强大。能行"仁政"的君王，支持他的人就多，不施行"仁政"的君主，支持他的人就少。支持他的人少到了极点，连内外亲属也会背叛他。支持他的人多到了极点，天下所有人都会归顺他。凭着天下人都归顺他的条件，去攻打那连亲属都反对背叛的君王，所以，君子要么不战斗，如果战斗就一定会取得胜利。

（三）文化常识——清代文学

清代是中国古代最后一个封建王朝,也是古代文学史上最后一个重要阶段。清代文学是中国古代文学的光辉总结,诗、词、散文等传统文学样式得以复兴,小说、戏曲、民间讲唱等新的文学样式全面繁荣,达到登峰造极的高度。清代的文人作家非常多,小说家及其作品如曹雪芹的《红楼梦》、吴敬梓的《儒林外史》、蒲松龄的《聊斋志异》等。清代是中国封建社会的末世,社会的种类矛盾突出,为文学创作提供了新的主题,给当时的戏曲小说发展提供了有利的社会条件。清代戏剧作品数量很多,杂剧在1300种左右,传奇在1100种左右。清传奇主要有三个流派:以李玉为首的苏州派,作品有较强的市民特色;以吴伟业等为代表的文人派,作品有较强的案头化倾向;以李渔为代表的形式派,讲究戏曲的娱乐功能和形式技巧。此后,清代戏剧的最高成就是"南洪北孔",即洪升的《长生殿》和孔尚任的《桃花扇》。

（四）教学小贴士

学生不肯回答问题怎么办

我们最先要做的是找原因,但不要用质问语气,而要态度柔和。学生只有感受到教师的关心,才会降低负面情绪,进而信任教师,直接或者间接地告诉教师原因。学生上课不愿回答问题的原因有很多种,比如教师提问的问题太难,学生难以理解,无法回答;教师提出的问题目的性不明确,逻辑性不强;教师提问时给学生思考的时间太短,学生来不及考虑等等。再比如学生对上课的内容不感兴趣,不注意听讲,没有思考,无法回答;学生害怕回答错误被教师、同学取笑,不愿回答;学生性格内向、胆小,不愿回答;甚至学生有抵触情绪,即使知道也不愿回答。

首先,作为教师一定要给学生们充分的思考和组织语言的时间。在每个学生回答结束后,都要进行激励评价,而且要尽量做到顾全大局。

其次对于学生自身的原因,要找到适当的方法,比如教师应当避免课堂气氛太紧张,营造一个轻松的环境,让学生感到舒适,有信心。如果学生无法回答问题,我们可以换一个更简单的问题,引导学生回答。也可以让学生向同学求助,让他们提供线索或者答案。无论学生是在教师的鼓励,还是在同学的帮助下回答了问题,教师都应该及时表扬他,感谢他的配合。

五、听力文本

（三）一场热烈的教研总结会

1. 听录音填空，并联系实际，说一说怎样做到教书育人

一转眼，一学期的教学又结束了。回顾这一学期的语文教学工作，感触颇多。在认真贯彻教育方针，热爱教育事业的前提下，我努力提高自己的教研、教育、教学能力，现将工作总结如下：

一、爱岗敬业，尽职尽责

在教学岗位上，认真履行教师职责，服从学校领导的工作安排。做到坚持早到学校，不迟到，不缺课，不无故请假，认真执行学校的作息制度和各项规定。

二、与学生和睦相处，做学生的知心朋友

教师和学生在人格上是完全平等的。要想建立良好的师生关系，就应该深入实际，从每个学生入手，通过与学生交流了解每位学生的实际情况。学生的兴趣爱好、性格特点、学习情况、家庭情况等，都是影响学生学习的重要因素，了解清楚这些情况，有助于我们实施有针对性的教学方法，做到因材施教。

三、提高教学能力，"教书""育人"两手抓

课前，我认真仔细地进行备课，根据本班学生特点，认真修改教案，课后作业力求少而精，努力做到既减轻学生负担又提高教学质量。

培养学生良好的学习习惯很重要。教会学生预习的方法，坚持课前预习，在预习中发现问题，带着问题上课，鼓励学生大胆质疑，在教学中营造民主平等的学习氛围。

在教学中渗透道德教育，充分利用教材内容，对学生进行启迪，使学生真正成为有自信心，有责任感，热爱祖国，遵纪守法，文明礼貌的好学生。

第十八章　说明文（二）

一、教学基础识记

1. 读一读：常用汉字游戏

（1）背上写字：把学生分为几个小组，分别站成一排，教师将同样的汉字卡片发给各组队尾的学生，队尾的学生同时用手指在前一个同学的后背上写出卡片上的汉字，学生依次在前一个同学的背上写字，最先在黑板上写出正确汉字的小组获胜。

（2）汉字接龙：教师给出一个汉字，让学生做部件接龙，要求接的汉字含有前一个汉字的某个部件，如：休—树—时—星—早—古；教师还可以给出一个词语，要求接的词语含有前一个词语的某个汉字，如：老师—老人—人民—大人—大小—小声……

（3）汉字 Bingo：让学生在练习本上画 3×3 的格子（也可以用 5×5 的格子），教师依次说出 9 个汉字，学生将其任意写在空格里，教师打乱顺序重复说这 9 个汉字，学生在听到的汉字上画×。当同一横行、竖行或斜行的三个格都画满×时，可以连成一条线。先连好三条线的学生举手说"Bingo"。

2. 辨一辨：辨析以下五组词语

（1）

探索	释义	"探索"的对象多是奥妙、原因、根源、知识、实质、本质等，寻求解决的问题比较重大。"探索"没有试探着进行的意思。
	例句	我们要努力探索大自然的奥秘。
摸索	释义	"摸索"的对象多是方向、途径、经验、办法等，寻求解决的问题比较小。"摸索"有试探着进行的意思。
	例句	这些窍门都是他在平时的实践中摸索出来的。

（2）

伤害	释义	"伤害"着重于使其受创伤，表现在整体或局部上，语义较重，适用于有生命的东西、人及与人的思想感情有关的抽象事物。
	例句	老师严厉的话语伤害了李平的自尊心。

续　表

| 危害 | 释义 | "危害"着重于危及安全，表现在根本、整体上，语义最重，适用于人或物的有关生存、发展等方面。 |
| | 例句 | 空气污染危害人们的身体健康。 |

（3）

凄凉	释义	"凄凉"侧重表示凄苦冷落。"凄凉"除形容声音、神态外，多用于形容环境或景物等。
	例句	地震过后，到处是一片凄凉的景象。
悲凉	释义	"悲凉"侧重表示悲哀寂寞。多用于形容声音、心情、遭遇、情形等。
	例句	医生走后，他望着灰色的天花板，满眼尽是悲凉。

（4）

诚恳	释义	"诚恳"侧重表示恳切，着眼于对人的态度。
	例句	我诚恳地向你赔礼道歉，请你原谅。
诚挚	释义	"诚挚"侧重表示真挚，着眼于态度和感情，多用于书面语。
	例句	会谈是在诚挚友好的气氛中进行的。

（5）

欢喜	释义	"欢喜"既可用于口语，也可用于书面语，可以重叠使用，可构成"欢天喜地"。
	例句	小明满心欢喜地走上讲台领奖品。
欣喜	释义	"欣喜"用于书面语，不能重叠使用，可构成"欣喜若狂"。
	例句	闻讯后人们蜂拥而至，一个个都欣喜若狂。

3. 记一记：识记以下成语并造句

齐头并进	释义	不分先后地一齐前进或同时进行。
	例句	三个班按照分工，齐头并进，很快就把联欢会的准备工作做好了。
鹤立鸡群	释义	比喻一个人的才能或仪表在一群人里显得很突出。
	例句	在我们这群人中，他鹤立鸡群，出类拔萃。
震耳欲聋	释义	耳朵都快震聋了，形容声音很大。
	例句	操场上传来了震耳欲聋的欢呼声。

续　表

瞻前顾后	释义	看看前面再看看后面,形容做事以前考虑周密谨慎,也形容顾虑过多,犹豫不决。
	例句	他办事总是瞻前顾后,为此错过了许多良机。
赏心悦目	释义	指因欣赏美好的情景而心情舒畅。
	例句	院子里盛放的牡丹花让人赏心悦目。

4. 背一背：背诵以下课文

年级	课号	课文标题
六年级(下)	10	《马诗》
六年级(下)	10	《竹石》
六年级(下)	12	《为人民服务》
六年级(下)	14	《学弈》
六年级(下)	14	《两小儿辩日》

二、教学语言表达

本节将要学习到的内容主要涉及以下课文：

年级	课号	课文标题
四年级(上) 四年级(下)	7/7	《呼风唤雨的世纪》 《纳米技术就在我们身边》
五年级(上)	16	《太阳》
六年级(上)	18	《只有一个地球》

（一）说课准备

——《呼风唤雨的世纪》《纳米技术就在我们身边》

宋主任：艾老师，下星期学校要举行说课大赛，我们语文组由你去参加怎么样？

艾老师：好的，我愿意试试，不过这是我第一次参加说课比赛，我知道说课要说教材，说教法、学法，说教学过程，另外还有板书设计。

宋主任：是的，此外，在说课准备阶段，还应该说学生，说教学目标，对学生、教材以及课文要有全面的了解，不打无准备之仗。而在说教学过程时，还应该说出设计的依据和意图。比如《纳米技术就在我们身边》这课，它的核心是培养学生热爱科学、探究科学的精神。那在说课时，就应该重点突出这个核心意图。

艾老师：我打算说《呼风唤雨的世纪》，它是小学语文四年级上册第二单元的第三课，第二单元编排了四篇说明文，除了让学生了解说明方法，体会作者准确的用词，还要让学生了解科学知识，唤起学生探索科学奥秘的兴趣。根据四年级学生的认知水平，阅读是语文训练的重点，因此，我确定下列教学目标：

1. 认识5个生字，能正确朗读新词语；

2. 有感情地朗读课文，理解课文中含义深刻的句子；

3. 了解20世纪科学技术给人类带来的巨大变化；

4. 通过本课的学习，激发学生热爱科学、探索科学奥秘的兴趣。

宋主任：很好啊！看来你对教材了如指掌，这次说课大赛的第一名非你莫属。

1. 请根据以下表格内容，说一说本单元四篇课文都用到了哪些说明方法

提示　说明方法及其特点与作用

说明方法	特　　点	作　　用
1. 举例子	举出实际事例来说明事物	使说明的事物具体化，便于读者理解
2. 列图表	用图例或者表格来说明，常与文字解说配合使用	条理清晰，便于读者了解说明对象的特点
3. 列数字	引用数字说明事物的特征	能准确客观地反映事实情况，增强说服力

续　表

说明方法	特　　点	作　　用
4. 下定义	用简明的语言对事物的本质属性作规定性的说明	能准确揭示事物的本质,便于读者对说明对象获得清晰的概念
5. 打比方	利用事物之间的相似点,用人们熟悉的、常见的事物作比来说明人们生疏的、罕见的事物	使说明对象更加形象生动,使说明更加通俗易懂
6. 作比较	将两种类别相同或不同的事物、现象加以比较来说明事物特征,常用具体的、为人们所熟悉的事物说明抽象的或者是人们比较陌生的事物	突出说明对象的特点
7. 作引用	引用文献资料、名人名言、诗词等来说明事物	增强文章权威性、说服力和可读性
8. 作诠释	对事物的某一个方面或特点做简要的解释	易于说明事物的某些特征,使读者对说明对象有准确的理解
9. 摹状貌	描写说明对象的外部特征	使说明对象形象生动,清晰可感
10. 分类别	根据事物形状、功用等属性把说明对象分成若干类,然后按类别加以说明	易于清晰地说明复杂的事物,显示不同类别的差异,说清其各自的特性,使读者一目了然

2. 请阅读文章,回答问题

伤口愈合是生活中司空见惯却又十分神奇的过程,从出生那一刻剪断的脐带,到成长中一路的磕磕碰碰,它无声无息,却又时刻保护着我们。现代医学认为,伤口愈合受到诸多环境因素影响和生理因素_____。其中,伤口分泌液就有重要的影响。人们对于伤口分泌液的重视,一步步影响着伤口敷料材料和功能的发展。

最原始的伤口敷料是动物的皮和新鲜的植物叶片,它们能_____伤口与外部环境;后来,棉、麻、丝绸等各种天然织物敷料兴起,能吸收分泌液,为伤口提供了透气的微环境;时至今日,各种天然织物、合成材料制成的敷料五花八门,形态功能层出不穷,吸收分泌液的能力也不断提高,以保证伤口表面的洁净与干燥。

为什么要这样做?因为伤口很容易吸水,长期被分泌液浸泡的伤口,组织变得松散,强度变差,不易愈合,容易成为各种细菌病毒滋生的温床。因此,保证伤口表面干燥与清洁,对于伤口愈合尤为重要。

哪怕人们已经想尽办法提高敷料的吸水性,仍然不能满足一些高分泌伤口的需求,患者要频繁地更换伤口敷料,避免分泌液_____伤口愈合。然而,一味提高敷料吸水性能,其实是设计的一个误区。

比如,用蘸过水的抹布去擦玻璃,玻璃表面一定会留下水痕,这是抹布的亲水性造成的。同理,对于吸收了分泌液的传统纱布敷料,它与伤口间也存在一层薄薄的分泌液,持续浸泡着伤口和周围的皮肤表面,对伤口造成伤害。

为此,要从本质上改变敷料的性质。近日,中科院理化所的研究团队设计了一种由亲水微米纤维网络与疏水纳米纤维阵列复合的伤口敷料。这种亲疏水复合敷料可以将伤口分泌液从疏水侧"泵"到亲水侧,还能有效"泵"出伤口周围多余分泌液。在大鼠皮肤缺损伤口感染模型中,亲疏水复合敷料显示,伤口愈合速率比传统敷料更快。

这种亲疏水复合敷料为未来伤口敷料设计与应用提供了新思路,有望在现有传统亲水敷料制备的基础上,进行简单的升级与改进,快速推广应用于临床,加快伤口愈合,减轻患者痛苦。

(节选自《人民日报》2019 年 01 月 28 日 19 版《创可贴宜疏不宜堵》)

(1) 请根据本文完成下列表格

伤口敷料	功　　能
动物的皮和新鲜的植物叶片	隔绝伤口与外部环境

(2) 依次填入文中横线上的词语,全都恰当的一项是(　　　)

A. 调控　　隔断　　阻碍

B. 调节　　隔绝　　阻拦

C. 调控　　隔绝　　阻碍

3. 请参考对话中的画线部分,从本章另外两篇课文中挑选一篇,设计一段关于教材分析和教学目标的说课稿

要求　考虑课文被编排进教材的意图;考虑学生的认知水平。

（二）说课稿

——《只有一个地球》

各位评委老师好，今天我说课的题目是《只有一个地球》，接下来我将从教材、教法学法、教学过程等几个方面谈一谈对这一课的设想。

……

教学过程：

一、借助多媒体，导入新课

学生做好上课准备后，我会播放一段有关宇宙中星球运转的视频，视频最后聚焦在地球上，然后提问学生对地球了解多少，如果学生回答有困难，我会用"每天喝的水都是地球提供的""地球变暖了"等话题引导学生说出更多。

对学生的回答给予正面评价后，告诉学生今天我们就学习一篇跟地球有关的文章，随后进入正文的学习。（板书题目）

设计意图：播放多媒体可以使学生从视觉、听觉上感受地球，唤起学生学习的兴趣。通过提问，激活学生的思维，为新课的学习创设良好的条件。

……

1. 请听录音，概括总结这篇文章讲述的内容

2. 请你选取学生所写的一篇优秀说明文作为范例，从三个以上的角度进行作文点评

3. 请使用以下句型，从本章另外两篇课文中挑选一篇，设计一段关于导入的说课稿

句型　这节课我打算用……导入。

我会说/展示……。

这个导入的设计意图是……。

（三）说课反思笔记

——《太阳》

　　昨天,我参加了学校的说课大赛,说课的内容是《太阳》。由于经验有限,这次说课存在很多不足,评委老师给出了很多有用的建议,在此基础上,我也进行了反思与总结。我这次说课的优点是对说课内容理解得很透彻,理论分析很到位。有待改进的地方如下:一是在各步骤的衔接上过于生硬,在实际课堂上会使学生感到突兀,如说完《太阳》的教学目标,立马说教法学法,下次应该把教学步骤有机地结合在一起;二是对于各个环节的时间分配不合理,比如用动画片《后羿射日》的视频导入,占用的时间稍微有点儿长,下次应该合理分配时间,分清主次,突出重点,提高课堂教学的有效性,打造高效课堂;三是要对各个教学活动有一定的预知能力,如下课前让学生摘抄课文中自己喜欢的词语,由于学生课上完成进度不同,该项安排为作业更合适。如果某个教学活动在具体的教学环境中开展不起来,应该有备选方案,以备不时之需。

　　1. 选择自己喜欢的一种动物或植物,收集相关资料,运用"(一)说课准备"第一题所提示的说明方法,写一段 500 字左右的说明文

_____

_____

_____

_____

_____

_____

　　2. 请改正下面句子中拼音的错误,并说出理由

wǒ gēn jiějie, háiyǒu bàmā, huí lǎolaojiā guònián qu. Jīnnián qīsuì de Gāosānfēi shuō.
"我 跟 姐姐, 还有 爸妈, 回 姥姥家 过年 去。"今年 7 岁 的 高三飞 说。

Zài chēshang kàndào dàhóng de dēnglong hé chuānghuā, jiějie GāoèrDuǒ rěnbùzhù zhèr mōmo、
在 车上 看到 大红 的 灯笼 和 窗花, 姐姐 高二朵 忍不住 这儿 摸摸、

nàr kànkan。

那儿 看看。

（节选自《人民日报》2019 年 01 月 25 日 14 版《孩子们的开心回家路》）

3. 请针对你最近教授的一篇课文进行说课，并和其他老师交流，写一篇说课反思笔记

要求 着重反思缺点，突出的优点也要提及；针对不足，给出解决办法。

词汇表（1）

序号	词语	释　义
1	了如指掌	形容对事物的了解非常透彻
2	非你莫属	除了你就没有更好的选择了
3	设想	想象，假想
4	聚焦	比喻视线、注意力等集中于某处
5	衔接	后一事物与前一事物相连接
6	突兀	突然，出乎意外
7	以备不时之需	提前把某物准备好，用来应对突然而来的需求

三、教学篇章阅读

说课能够考验一个教师教学能力的基本功，在 10—15 分钟左右将一堂课的方方面面讲述完毕并不容易，需要做到简洁明了，层次分明。说课主要分为三个方面：说教材分析、说教法和学法、说教学过程设计。

教材分析，这是说课最基础的内容，即说"教什么"的问题，包括：简析教材、教学目标、教学重难点。其中教学目标是一堂课的中心任务，目标要符合课程标准和切合学生实际，目标的描述要具体、简洁，要有不同层次的要求。教学重难点一定要把握准确，这决定了后面过程的呈现。

教法和学法，这是指"教师怎样教、学生怎么学"的问题，是说课的关键内容。说课时，两者要紧密结合，可阐述选用什么教学方法和教学手段，如何激发学生的学习兴趣、怎样培养学生运用知识解决实际问题的能力等。

教学过程设计即这节课各个教学环节的安排，以及为什么这样安排，可以从以下几方面内容

阐述：教学过程的主要思路、主要环节内容及时间分配、环节过渡的处理方法、课堂活动、预期效果、板书板画设计等等。

　　教师要说好课，首先，要精心查阅、搜集和选择说课材料，其次，要突出理论分析和课堂教学实际的统一，最后，锤炼说课内容，做到详略得当，主次分明，重点突出。这些都要求教师除了有较强的口头表述能力外，还要有较强的教学能力和对教学效果的自我评价能力，平时教师也需要勤练习，多钻研。

根据课文，联系实际，回答以下问题

1. 以语文学科为例，说一说说课的基本要求是什么。
2. 具体说一说说课包括哪三个方面。
3. 选择教材中的某一课，按照以上要求写一篇说课稿，并进行演示。
4. 你在平时的教学中，是怎么说课的？可以以某一课为例说一说。

词汇表（2）

序号	词语	释　　义
1	简洁明了	解释简明扼要，一看就明白
2	阐述	论述
3	锤炼	刻苦钻研，反复琢磨使艺术等精练、纯熟。例：对教师来说，锤炼教学语言是提高教学效果的一个重要途径。
4	详略得当	应当详细和应当简略的地方都处理得很妥当
5	钻研	深入研究

四、教学知识链接

（一）文言文拓展

1. 复

（1）恢复。

　　例：将军身被坚执锐，伐无道，诛暴秦，复立楚国之社稷，功宜为王。——《陈涉世家》

(2) 再,又。

例：复行数十步,豁然开朗。——《桃花源记》

(3) 回答。

例：东家有贤女,窈窕艳城郭,阿母为汝求,便复在旦夕。——《孔雀东南飞》

2. 使

(1) 使,让。

例：不宜偏私,使内外异法也。——《出师表》

(2) 命令,派遣。

例：安陵君因使唐雎使于秦。——《唐雎不辱使命》

(3) 使者。

例：乃朝服,设九宾,见燕使者咸阳宫。——《荆轲刺秦王》

(二) 古文赏析

三　峡

[南北朝]郦道元

自三峡七百里中,两岸连山,略无阙处。重岩叠嶂,隐天蔽日。自非亭午夜分,不见曦月。

至于夏水襄陵,沿溯阻绝。或王命急宣,有时朝发白帝,暮到江陵,其间千二百里,虽乘奔御风,不以疾也。

春冬之时,则素湍绿潭,回清倒影。绝巘多生怪柏,悬泉瀑布,飞漱其间,清荣峻茂,良多趣味。

每至晴初霜旦,林寒涧肃,常有高猿长啸,属引凄异,空谷传响,哀转久绝。故渔者歌曰："巴东三峡巫峡长,猿鸣三声泪沾裳!"

译文　　在七百里的三峡中,两岸都是连绵的高山,完全没有中断的地方;重重叠叠的悬崖峭壁,遮挡了天空和太阳。如果不是正午,就看不到太阳;如果不是半夜,就看不到月亮。

到了夏天，江水上涨，漫上山陵，上行和下行的航路都被阻断。有时皇帝的命令要紧急传达，这时只要早晨从白帝城出发，傍晚就到了江陵，其间相距一千二百里，即使骑上飞奔的快马，驾着疾风，也不如船快。

等到春天和冬天的时候，就可以看见白色的急流，回旋着清波，碧绿的潭水倒映着各种景物的影子。极高的山峰上生长着许多奇形怪状的松柏，悬泉瀑布在山峰之间飞流冲荡。水清，树荣，山峻，草盛，的确是趣味无穷。

在秋天，每到天刚放晴的时候或下霜的早晨，树林和山涧显出一片清凉和寂静，经常有高处的猿猴拉长声音鸣叫，声音持续不断，非常凄凉怪异，空荡的山谷里传来猿叫的回声，悲哀婉转，很久才消失。所以三峡中渔民的歌谣唱道："巴东三峡巫峡长，猿鸣三声泪沾裳。"

（三）文化常识——曹雪芹

曹雪芹，生于江宁（今南京），是江宁织造曹寅之孙。早年在南京过了一段绵衣富贵的生活，后因获罪被抄家，从此一蹶不振。由于经历了生活中的重大转折，深感世态炎凉，对封建社会有了清醒、深刻的认识，曹雪芹以坚忍不拔的毅力，历经多年艰辛，创作出极具思想性、艺术性的伟大作品《红楼梦》。《红楼梦》是中国古代四大名著之一，也是世界文学经典巨著。书中以贾、史、王、薛四大家族为背景，着重描写了荣、宁两府由盛到衰的过程。《红楼梦》改变了以往长篇小说中情节和人物单线发展的特点，创造了一个宏大完整而又自然的艺术结构，使众多人物活动于同一空间和时间。情节的推移也具有整体性，所有的人物形象都具有各自的特征，所有的大事件都描写得非常出色，表现出作者卓越的艺术才思。

（四）教学小贴士

学生没有按时完成作业，怎么处理？

作业是教学活动的一个重要环节，也是学生学习过程的一个重要组成部分，因此教师要有重视作业、组织好作业、充分发挥作业作用的意识。教师在实际教学过程中，很可能会遇到学生不完成作业的问题。

教师首先要了解孩子不完成作业的原因。学生不完成作业的原因基本有三个方面：忘记做、不愿做、不会做。"忘记做"是偶然事件,可以原谅;"不愿做"是态度问题,必须从内心深处入手;"不会做"是能力问题,需要帮助。

教师要针对不同的情况采取不同的对策。

针对"忘记做"型学生,应在补全作业的基础上适当原谅他们,并且在以后布置作业时经常提醒他们把作业记到记事本上。

针对"不愿做"型学生,应采取"以退为进""死看死守"的方法。适当减少作业量,每天利用课余时间监督他们完成作业。另外和家长联系,让家长对孩子多鼓励、多沟通。

针对"不会做"型学生,应该给这些孩子开点"小灶",帮助他们解决学习问题,让他们品尝成功,给予表扬,即使是很小的进步,也会让他们兴奋不已。

五、听力文本

(二) 说课稿

1. 请听录音,概括总结这篇文章讲述的内容

近日,辽宁省政府出台《辽宁省古塔保护办法》(以下简称《办法》),加强对古塔的保护和管理,自 2021 年 2 月 1 日起施行。

《办法》所称古塔,是指建于 1949 年以前的具有历史、艺术或者科学文化价值,能够反映历史风貌和地方特色的塔。《办法》明确,古塔保护范围内不得进行其他建设工程或爆破、钻探、挖掘等作业;禁止擅自修缮、改变古塔外观和风貌;禁止在保护范围内违法搭建建筑物、构筑物。对危害、影响古塔安全且拒不改正的,有经营活动的单位和个人将面临最高 3 万元罚款。

此外,《办法》还明确各级政府应当根据古塔分布和保护实际,建立古塔保护工作协调机制,编制古塔保护规划和名录,并将古塔保护所需经费列入本级财政预算。古塔保护责任单位应当建立古塔险情报告制度,掌握古塔保存现状,及时发现、记录、报告和妥善处理日常病害险情。古塔所在地的村(居)民委员会应当将古塔保护纳入村规民约或者居民公约,引导村(居)民自觉保护古塔。

(节选自《人民日报》2020 年 12 月 8 日 13 版《辽宁省古塔保护办法出台》)

参考答案

二、教学语言表达

（一）确定教学目标

1.（略）

2.（略）

（二）明确教学重难点

1. 请解释下列成语的意思，并用成语改写下面的句子

（1）畅所欲言：把想说的话痛痛快快地说出来。

改写句子：这次会议，希望大家都畅所欲言，不要有顾虑。

（2）形影不离：形容彼此关系密切，经常在一起。

改写句子：这两个孩子趣味相投，每天形影不离。

（3）受益匪浅：指有很大的收获，一般指意识形态方面。

改写句子：张老师，这次听了您的课，真是受益匪浅！

2.（略）

（三）备课的"模拟讲授"环节

1. 听录音，回答以下问题

（1）本文介绍了备课中的模拟讲授环节。具体操作可以是：在写完教案后，在脑子里先想一遍课堂的教学流程，然后对着镜子模拟讲课，在模拟时如果意识到问题，及时修改和补充教案。

（2）一是把纸上的文字变成形象，二是把意识变为行动。

（3）与临场发挥相比，能及时发现问题和修改调整，做到心中有数，有所准备，更能达到理想的教学效果。

2.（略）

（四）应用适当的教学方法

1. 根据上文回答问题

（1）常用的语文教学法有讲授法、谈话法、演示法、练习法、课题法、分团教学法等。

（2）了解每一种方法的优缺点，分析学生的年龄特征、心理特征、知识基础和认知能力，同时考虑环境因素，从教师实际情况出发，选择能够发挥教师特长，同时符合学生认知规律的合适的教学法。

2.（略）

（五）合理设计练习题

1. 外面下雪了，小动物们来到雪地上玩耍。

他们在雪地上留下了各式各样的脚印。小鸡尖尖的爪子留下了像竹叶一样的脚印，小狗的脚印像梅花，小鸭的脚印像枫叶，小马的脚印像月牙。

咦，怎么没有青蛙的脚印呢？原来它还在冬眠，没有醒来呢。

儿歌具有内容浅显、思想单纯，篇幅简短、结构单一，语言活泼、节奏明快易唱的特点；记叙文以记叙描写为主要表达方式，记人、叙事、写景、状物等，主要是以平实的记叙为主，包括时间、地点、人物、事件起因、经过、结果六要素。

2.（略）

第二章　现代诗歌（二）

二、教学语言表达

（一）创设情境，激发兴趣

1.（略）

2.（略）

（二）设置疑问，引导探究

1. 请解释下列成语的意思，并用成语改写下面的句子

（1）乐于助人：很乐意主动帮助有需要的人们。

改写句子：小明不但学习好，而且乐于助人。

（2）大公无私：完全为人民群众利益着想，毫无自私自利之心。也指处理公正，不偏袒任何一方。

改写句子：为了改善家乡环境,退休后的杨善洲决定回乡种树,他真是大公无私的好干部。

(3) 舍己为人：舍弃自己的利益去帮助别人。

改写句子：雷锋叔叔经常舍己为人,他的精神值得我们学习。

(4) 兴致勃勃：形容兴趣很浓厚,情绪很高涨的样子。

改写句子：看完电影以后,大家都兴致勃勃地讨论自己的观后感。

(5) 津津有味：形容趣味很浓厚或很有滋味的样子。

改写句子：小红讲故事讲得很生动,同学们听得津津有味。

2.（略）

（三）小组合作，探究新知

1. 听录音,回答以下问题

(1) 我会读：大声朗读课文,读准字音,可自由读,也可小组合作读。

我会问：在学习小组里提出不理解的地方,和小组伙伴共同交流解决。

我会讲：把你的读后感说给小组伙伴听。

(2) 充分调动学生的学习欲望,发挥其学习主动性。培养学生自主学习的能力,提高学习兴趣。

(3) 选择小组学习的内容时应注意发挥学生的自主性,如能让学生们自主选择自己喜欢的段落学习,然后在小组内交流,那学生的学习兴趣定会大大提高。

(4) 首先,要给学生充足的时间进行组内讨论交流。其次,对于小组学习的结果,教师要及时给予评价。评价可多方面,教师对学生学习反馈的评价,学生与学生之间的评价,小组与小组之间的评价都要有详细的分析。

2.（略）

（四）培养自主学习的习惯

1.（略）

2.（略）

（五）激励评价，鼓励探究

1.（略）

2.（略）

第三章　古诗文（一）

二、教学语言表达

（一）联系生活实际，创设教学环境

1．（略）

2．（略）

（二）联系生活实际，促进知识内化

1．作为课文的古诗,需要学生理解到什么程度？是对古诗的意思能大致了解还是要逐字逐句地理解？请在认真思考后陈述自己的观点

在小学阶段,我们一般要求学生掌握古诗词的大意,能欣赏诗词的意蕴,并能在熟读的基础上背诵。对于诗句的理解,学生需在整体上把握,不需逐字理解。同时,我们应该鼓励学生发散思维,发挥想象,不可一味追求对诗意的标准理解。品词析句的目的是让学生逐步提高对诗文的理解能力和欣赏水平。

2．（略）

（三）合理布置，运用教室环境

1．听录音,回答以下问题

（1）可以利用教室多媒体设备,播放与教学内容相关的短视频和古曲,还可以悬挂相关内容的国画。

（2）首先要提前找好所需的相关资源,如短视频、古曲、国画等,在上课时可以先播放相关的古曲帮助学生进入意境,在学习诗句时可以播放相关内容的视频或展示相应的国画帮助学生理解。

（3）合理地布置和利用教室环境可以带给学生身临其境的感受,帮助学生在头脑中建构诗中的意象,还能帮助学生理解诗词意境在层次上的递进,增进学生的学习体验。

2．（略）

（四）创设愉悦和谐的课堂环境

1．根据上文回答问题

（1）生动有趣、愉悦和谐的课堂环境是有利于古诗文教学的。

（2）调动课堂气氛可以先从贴近学生生活的课文内容入手,利用多媒体手段帮助学生理解课文的关键部分,并在其基础上让学生发挥想象力,用自己的话描述对课文相关内容的理解,让每一位学生都能参与其中。

2. 请改正下列句子中的拼音错误,并说明原因

qüán→quán,j q x 和 ü üe ün üan 相拼时,ü 上两点要省略。

iǎn→yǎn,ú→wú,īn→yīn,iǒu→yǒu,这几个音节开头应该用隔音字母 y 或 w。

lióu→liú,shuěi→shuǐ,iou uei 前面有声母的时候,写成 iu ui。

siǎo→xiǎo,声母错误。

(五)善用科技手段,营造学习环境

1. (略)

2. (略)

第四章　古诗文(二)

二、教学语言表达

(一)培养思维的主动性

1. (略)

2. (略)

(二)培养思维的广阔性

1. (略)

2. (略)

(三)培养思维的求异性

1. 听录音,回答哪些成语是褒义的,哪些是贬义的,哪些是中性的

褒义:拭目以待,凤毛麟角,老当益壮

贬义:附庸风雅,叶公好龙,笑里藏刀,趋炎附势

中性:有口无心,三足鼎立,目瞪口呆

2. (略)

(四)培养思维的联想性

1. 请找出下面一段话中的病句,改正过来,并分析这些病句的类型

病句(1):他们赶紧连忙把自己仅有的一点食物藏了起来。

修改(1):他们赶紧把自己仅有的一点食物藏了起来。或者

　　　　　他们连忙把自己仅有的一点食物藏了起来。

病句类型：重复啰嗦

病句(2)：他们哀叹缺衣少食，不能招待他们饱餐一顿。

修改(2)：他们哀叹缺衣少食，不能招待士兵们饱餐一顿。

病句类型：指代不明

病句(3)：你们没有东西给我们吃，因此我们却有让大家共同分享的东西。

修改(3)：你们没有东西给我们吃，不过我们却有让大家共同分享的东西。

病句类型：关联词语使用不当

病句(4)：我们有一个伎俩，能用石头做汤。

修改(4)：我们有一个诀窍，能用石头做汤。

病句类型：用词不当

2.（略）

（五）培养思维的综合性

1.（略）

2.（略）

第五章　童话故事(一)

二、教学语言表达

（一）教师的威严

1. 阅读短文，归纳总结树立教师威严的方法

(1) 以爱立威，尊重学生的个性差异，加强师生间的心灵沟通。

(2) 以信立威，做到言必信，行必果。

(3) 以平等立威，公正地评价和对待每一个学生。

2.（略）

（二）教师要有广博的知识

1. 假设你正在参加教研活动，请你运用以下词语，陈述教师积累广博知识的重要性

学识渊博　触类旁通　学识平平　无从谈起　教书育人

现在学生对教师的学识要求越来越高，他们绝不会崇拜和尊重学识平平的教师。如果一个教师不受学生尊敬，良好的师生关系也就无从谈起。这就需要教师不仅要有专业知识，还要学识

渊博,能够触类旁通。一个称职的教师不但应该建立最佳的知识结构体系,还要博览群书,培养广泛的爱好,把平时的积累运用到课堂上。只有这样才能提高分析问题和解决问题的能力,达到教书育人的目的。

2.(略)

（三）了解学生特点，进行自我完善

1. 听录音,总结出建立良好师生关系的要点,填写在下面的横线上

(1) 教师要严于剖析自己,正确评价自己,认识自己的优点和缺点,提升自我修养、开展自我教育和进行自我完善。

(2) 教师要深入了解学生,了解学生的年龄特点、个性差异等,对学生关怀备至,循循善诱,严格要求。

(3) 热爱学生,自励自勉,处处身教言教,给学生以良好的榜样影响。

(4) 教师应该发扬民主作风,尊重学生,与学生平等相处。

2.(略)

（四）树立正确的学生观

1.(略)

2.(略)

第六章　童话故事(二)

二、教学语言表达

（一）情感激励

1. 请阅读下面的文字,回答问题

(1) B

(2) C

(3) B

2.(略)

（二）榜样激励

1.(略)

2.(略)

（三）目标激励

1. 听录音填空

（截至）目前，我国4 612个国有林场改革任务基本完成，占国有林场总数的95％。

本报合肥1月10日电　（记者顾仲阳）记者从此间召开的全国林业和草原工作会议上（获悉）：截至目前，我国4 612个国有林场（改革任务）基本完成，占国有林场总数（4 855）个的95％，28个省份完成省级自（验收）工作，改革总体进展顺利，保（生态）、保民生、创新体制、活化机制成效明显。

据介绍，国有林场改革启动以来，中央财政（累计）安排改革补助资金158亿元，有效解决国有林场职工参加（社会保险）和分离林场办社会职能问题，职工社会保险参保率较改革前平均提高27个百分点。累计安排国有林场全面停止天然林商业性（采伐）补助138亿元。

（节选自《人民日报》2019年01月11日10版《数读》）

2.（略）

（四）操作激励

1.（略）

2.（略）

第七章　写景散文（一）

二、教学语言表达

（一）循序渐进，增加鼓励

1.（略）

2.（略）

（二）运用多种教学手段，提高学生注意力

1. 请找出下面一段话中的病句，改正过来，并分析这些病句的类型

（1）大厅里<u>放</u>满了观看比赛的观众。"放"用词不当，应改为"坐"。

（2）台上还有<u>红的、黄的、粉的</u>等五颜六色的花。"五颜六色"前面应删去具体的颜色。

（3）这个比赛每个班都派一名同学参加，竞争非常<u>猛烈</u>。"猛烈"用词不当，应改为"激烈"。

（4）大家都<u>仔细地看着</u>台上的同学演讲，"仔细地看着"用词不当，应改为"认真地观看"。

2.（略）

（三）采用多种作业形式，按时检查作业

1. 听录音，回答以下问题

（1）可以让学生阅读一些与课文内容相关的文章，在这些文章中收集一些优美的词句；也可以根据课文中的描述，画一幅画；还可以和爸爸妈妈去野外秋游，或根据当地的实际，围绕这一课的主题开展一些课外活动，然后在下次上课时分享彼此的活动感受。

（2）（略）

2.（略）

（四）课上首先注意听讲，记笔记在第二位

1. 根据上文回答问题

（1）上课认真听讲可以让学生体验课文中的情境，体会作者表达的情感，同时还有助于梳理知识和掌握重点。

（2）做笔记可以提纲挈领地写一些老师讲到的关键点，课后复习时再根据上课的体会和记忆补全，切不可逐字逐句地记笔记，更不能影响听讲的质量。

2.（略）

（五）迟到早退，严格处理

1.（略）

2. 下面是一些描写四季的句子，请根据例句进行仿写

春：春天来了！你看，融化的冰水把小溪弄醒了。"叮咚叮咚"，它就像大自然的神奇歌手，唱着清脆悦耳的歌，向前奔流。

夏：烈日似火，大地像蒸笼一样，热得使人喘不过气来。

秋：果园里，树上的果子挤满了枝头，苹果好像小孩子的脸蛋儿，红彤彤的，迎着金秋的阳光，不住地点头微笑。

冬：隆冬，北风凛冽，银灰色的云块在天空中奔腾驰骋，寒流滚滚，正酝酿着一场大雪。

第八章　写景散文(二)

二、教学语言表达

（一）培养爱岗敬业精神

1. 阅读下面的古文，说一说教师如何做到传道，授业，解惑

教师要通过自身的教学实践给学生传授知识,培养学生的实践能力,使学生懂得各种事理。这就要求教师应具有"学而不厌,诲人不倦"的精神来拓展学生的知识视野,丰富学生的知识储备,并在此基础上,培养学生运用知识解决实际问题的能力。教师还应该引导学生主动学习,主动思考,提出问题,帮助学生摆脱困扰。与此同时,教师要有崇高的理想、完善的道德情操、坚定的信念、顽强的意志品质,并用它们对学生进行潜移默化的影响和熏陶。这样,才能培养出祖国需要的、全面发展的、能适应竞争形势的有用之才。

2. (略)

(二)培养良好的学习素养

1. (略)

2. (略)

(三)培养良好的身心素养

1. 听录音,总结短文的主要意思,填写在横线处

(1)良好的身体素质,是语文教师完成艰巨教学任务的基础,教师应该保持健康的身体。

(2)人生态度和人格魅力是影响语文教师教育功效的重要因素,教师应该保持良好的心理素质,热爱生活、积极乐观、爱好广泛、爱岗敬业。

2. (略)

(四)培养良好的信息素养

1. (略)

2. (略)

第九章 叙事散文(一)

二、 教学语言表达

(一)实物导入

1. 请阅读下面这篇散文,回答文中都运用了哪些修辞手法,并找出相应的语句

比喻:

(1)从未见过开得这样盛的藤萝,只见一片辉煌的淡紫色,像一条瀑布,从空中垂下,不见其发端,也不见其终极。

(2)紫色的大条幅上,泛着点点银光,就像迸溅的水花。

（3）每一朵盛开的花像是一个张满了的小小的帆，帆下带着尖底的舱。船舱鼓鼓的，又像一个忍俊不禁的笑容，就要绽开似的。

拟人：

（1）只是深深浅浅的紫，仿佛在流动，在欢笑，在不停地生长。

（2）仔细看时，才知那是每一朵紫花中最浅淡的部分，在和阳光互相挑逗。

（3）花朵儿一串挨着一串，一朵接着一朵，彼此推着挤着，好不活泼热闹！

（4）"我在开花！"它们在笑。"我在开花！"它们嚷嚷。

（5）东一穗西一串伶仃地挂在树梢，好像在察颜观色，试探什么。

通感：

（1）这里除了光彩，还有淡淡的芳香，香气似乎也是浅紫色的，梦幻一般轻轻地笼罩着我。

对比：

（1）这里春红已谢，没有赏花的人群，也没有蜂围蝶阵，有的就是这一树闪光的、盛开的藤萝。

2.（略）

（二）讨论导入

1.（略）

2.（略）

（三）借助其他学科知识导入

1. 听录音，回答教师应忙在哪些方面，为什么

答：（1）应该忙在课外。教师的教学设计要和"问"与"讲"配套，特别是设计有思考价值的学习任务。这些学习任务不是通过简单回答就能实现的，而是要经过整块时间的苦苦思索才能有所得。所以，教师的忙，要从课前的忙开始，做好教学设计，才能促进学习，让学生在课堂忙起来。

（2）因为教师对信息的敏感度不够，不会收集信息或无法对信息进行准确判断。即使在课前做足功课，课上有时可能会手忙脚乱，这些问题解决的主要渠道是课后反思。

2.（略）

（四）借助媒体导入

1. 请找出下面各句中有语病的地方，改正并说说原因

（1）他很善于发现问题，如果自己想不明白就主动地向老师请教。

原因："不耻下问"用于向学问或地位比自己低的人学习，而不觉得不好意思。这里用于老师

属于用错对象。

（2）这次竞赛他是最后一名，表现不尽如人意。

原因：该句要表达的意思是不能使人满意，应该用"不尽如人意"，而不是"差强人意"所表达的"还算满意"。

（3）我们是朋友，如果你有困难我一定会竭力相助的。

原因："鼎力相助"属于敬辞，不能用于自己。

（4）我家孩子特别淘气，一到别人家就进入各个房间，东看西看的。

原因："登堂入室"比喻学问技能由浅入深，循序渐进，达到更高的水平。不是"进入"的意思。

（5）泰山为五岳之首，气势雄伟，风景壮丽，真可以算是鬼斧神工。

原因："巧夺天工"的意思是人工的精巧胜过天然，形容技艺高超。泰山是天然的，不是人工制作的。

2.（略）

（五）情境导入

1. 下面是一篇小学二年级学生写的作文，请给出修改意见

（1）标点符号和词语的误用：

"头和尾巴是棕色的，"中的"，"应改为"。"；

"让我跟它一起玩儿，防碍我写作业。"中的"防碍"应改为"妨碍"；

"我们全家去海南渡假，"中的"渡假"应改为"度假"。

（2）词汇不够，观察力不够，描写不够深入：文中多处用到"喜欢"，可以用一些具体的事例说明作者如何喜欢"斑斑"。

（3）详略不当：我喜欢的小动物应该是主题中心，"但在海南，我和爸爸妈妈都玩儿得很开心，明年我还要去那儿看海。"与主题无关，应该不写或者略写。

2.（略）

第十章　叙事散文（二）

二、教学语言表达

（一）学习新知

1.（略）

2.（略）

（二）巩固练习

1. 请找出下面这段话中的病句,改正过来,并分析这些病句的类型

(1) 空气真凉快。"凉快"与"空气"搭配不当,应改为"凉爽"。

(2) 草好像也绿油油了。此处表示颜色变化,"绿油油了"应改为"更绿了"。

(3) 砖头的橙色也更橙艳了。没有"橙艳"这个词,应改为"鲜艳"。

(4) 举头看一看;低头看一看。这两句用词不当,应改为"抬头一看"和"低头一看"。

(5) 房檐上哗哗的掉着像断了线的水珠子似的雨水。"哗哗"是状语,后面应该用"地",搭配不当;"掉着"用词不当,应改为"滴落着";作为喻体,"水珠子"应改为"珠子",用词不当。

(6) 我要赶快把这些美丽的景色拍几张照片。"把"与后文的"拍"搭配不当,应改为"为"。

2.（略）

（三）课堂小结

1. 听录音,回答以下问题

(1) 对课堂小结不重视,会使分散的、零碎的知识得不到归纳和整理;学生认识模糊的、有偏差的地方也得不到纠正。这样就容易造成学生对课堂教学内容认识不深、理解不透,从而影响整节课的教学效果。

(2) 好的课堂小结应该引导学生概括本课的内容、重点、关键,让学生对自己获得的结论进行反思,看是否总结得正确、全面等。

2.（略）

（四）教学反思

1. 根据上文从下面两个角度谈谈自己的认识

(1) 课堂教学总会有成功和失败之处,因此我们需要及时反思,总结经验和教训来提高自己的教学水平。

(2) 教学反思应考虑自己的讲授是否全面,学生理解得是否到位。总结这节课讲得好的地方,在下一课教学中继续发挥;如果有讲得不到位的地方要想办法在课后通过训练等方式补救;要是有些教学设计在课堂上没有达到预期的效果,则更要分析各方面的原因,并在下一课的教学中改进。

2.（略）

第十一章　记事记叙文(一)

二、 教学语言表达

(一) 组织多样的课前演讲活动

1. (略)

2. (略)

(二) 组织激烈的辩论活动

1. 请找出下面句子中的语病,改正过来,并分析这些病句的类型

(1) 爷爷已经五十多了,整天乐呵呵的。

病句类型:关联词运用不当,句子前后没有转折关系。

(2) 爸爸的工作特别忙,他不得不改变爱看球赛的习惯。

病句类型:词语搭配不当。"改善"指把事情或动作往好的方向修正或调整的过程,简单来说就是改变原有情况使其变好一些。在这里与"看球的习惯"搭配不当。

(3) 经常熬夜不利于身体健康,我们应该养成早睡早起的习惯。

病句类型:成分残缺,"我们应该养成早睡早起"这句中缺少宾语。

(4) 李明回答不出问题,急得直冒汗。

病句类型:夸张手法运用不当,"急得眼里冒出了红光"不符合事实。

(5) 会场上挤满了人,黑压压的一片,一眼望去,人山人海。

病句类型:比喻手法运用不当,人和虫子没有共同特征,不能进行比喻。

2. (略)

(三) 组织生动的表演活动

1. 听录音,运用关键词总结文章的中心思想

课程改革不仅需要更新教育观念,而且需要在教育内容、教学方式、学习方式及教学管理等方面进行创新。教师应该建立平等、和谐的师生关系。与学生相互交流、沟通、相互启发,实现教学相长和共同发展。

在语文课中,采用表演型的教学设计,不但可以强化学生运用、理解、积累语言的能力,而且还能大大增强学生的学习兴趣。让学生根据课文内容,大胆进行再创作,可以充分调动起他们的创作热情,挖掘他们的最大潜力。

2.（略）

（四）组织热烈的阅读分享活动

1.（略）

2.（略）

（五）组织有效的小组活动

1.（略）

2.（略）

第十二章　记事记叙文（二）

二、教学语言表达

（一）把握复习特点，因材施教

1. 请根据给出的内容，扩充画线部分

供参考：

有一天，我在家听到敲门声，开门看见老王直僵僵地镶嵌在门框里。往常他坐在蹬三轮的座上，或抱着冰侧着身子进我家来，不显得那么高。也许他平时不那么瘦，也不那么直僵僵的。他面如死灰，两只眼上都结着一层翳，分不清哪一只瞎，哪一只不瞎。说得可笑些，他简直像棺材里倒出来的，就像我想象里的僵尸，骷髅上绷着一层枯黄的干皮，打上一棍就会散成一堆白骨。我吃惊地说："啊呀，老王，你好些了吗？"

他"嗯"了一声，直着脚往里走，对我伸出两手。他一手提着个瓶子，一手提着一包东西。

我忙去接。瓶子里是香油，包裹里是鸡蛋。我记不清是十个还是二十个，因为在我记忆里多得数不完。我也记不起他是怎么说的，反正意思很明白，那是他送我们的。

我强笑说："老王，这么新鲜的大鸡蛋，都给我们吃？"

他只说："我不吃。"

我谢了他的好香油，谢了他的大鸡蛋，然后转身进屋去。他赶忙止住我说："我不是要钱。"

我也赶忙解释："我知道，我知道，不过你既然来了，就免得托人捎了。"

他也许觉得我这话有理，站着等我。

我把他包鸡蛋的一方灰不灰、蓝不蓝的方格子破布叠好还他。他一手拿着布，一手攥着钱，滞笨地转过身子。我忙去给他开了门，站在楼梯口，看他直着脚一级一级下楼去，直担心他半楼梯摔倒。等到听不见脚步声,我回屋才感到抱歉,没请他坐坐喝口茶水。可是我害怕得糊涂了。那直僵僵的身体好像不能坐,稍一弯曲就会散成一堆骨头。我不能想象他是怎么回家的。

2.(略)

(二)类化学习,拓展创新

1.(略)

2.(略)

(三)组织活动,调动积极性

1. 请说一说记叙文的表达方式有哪些?

答:记叙文的表达方式以记叙为主,在叙事过程中还经常综合运用多种表达方式,如议论、描写和抒情等。记叙文在对所叙事件发表意见、主张和看法时,会用到议论的表达方式。记叙文中的议论句一般就是记叙内容的中心,用于揭示具体事物所具有的思想意义,是了解文章主题思想的重要途径。记叙文中的描写可以分为人物描写和环境描写。作者在记叙过程中用抒情这种表达方式抒发对其所记人物、事物的主观感受和思想感情。

2.(略)

(四)明确职责,上好复习课

1. 请阅读四年级下册第 23 课《"诺曼底号"遇难记》,分析这篇记叙文的六要素及写作顺序

《"诺曼底号"遇难记》的六要素:

时间:1870 年 3 月 17 日夜晚。

地点:大海上的"诺曼底号"。

人物:洛克机械师、奥克勒福大副、哈尔威船长。

起因:客观原因:"大海上夜色正浓,薄雾弥漫",导致航行视野不开阔,能见度低。主观原因:全速前进的"玛丽号""行驶速度特别快,负载又特别大",无法避开。

经过:人们"半裸着身子,奔跑着,尖叫着,哭泣着,惊恐万状,一片混乱。"

哈尔威船长镇定自若地指挥着,主宰着,领导着大家。

结果:船上六十人全部获救,只有船长"犹如铁铸,纹丝不动,随着轮船一起沉入了深渊"。

《"诺曼底号"遇难记》的写作顺序:事情发展顺序。

2. 回忆《表里的生物》,完成以下内容

分析:

(1)本题考查关联词运用。通过阅读与理解可知,文中的"越不许我动,我越想动,但是我又

不敢"与"很痛苦",从意义上看,属于因果关系,前边说出了原因,后边说出了结果。故横线上应填写"因此"。文中这句话"这小世界不但被表盖保护着,还被一层玻璃蒙着"中的"被表盖保护着"与"被一层玻璃蒙着"之间,属于递进关系,因此可填写表示递进关系的关联词"不但……还……"。

(2) 本题考查重点句子理解。文中句子①"他笑着对我说:'你来,我给你看看表里是什么在响,可是只许看,不许动。'"是语言描写。句子②"父亲取出一把小刀,把表盖拨开,我的面前立即呈现出一个美丽的世界:蓝色的、红色的小宝石,钉住几个金黄色的齿轮,里边还有一个小尾巴似的东西不停地摆来摆去。"是动作描写。句子③"我看得入神,唯恐父亲再把这美丽的世界盖上。"是心理描写。

(3) 本题考查语段内容理解。文中的这句话"父亲一把表放在桌子上,我的眼睛就再也离不开它",表明了"我"对表十分好奇。其原因是:父亲不让"我"动表,更激发了"我"的好奇心。

(4) 本题考查对文中"我"的评价。通过阅读与理解语段内容可知,文中的"我"是一个好奇心强的孩子。可从文中的这句话"越不许我动,我越想动,但是我又不敢,因此很痛苦"表现出来。

答案:

(1) 因此;不但;还

(2) 语言;动作;心理

(3) 因为父亲不让"我"动表,更激发了"我"的好奇心。

(4) 好奇心强;越不许"我"动,"我"越想动,但是"我"又不敢,因此很痛苦。

3.(略)

第十三章　写人记叙文(一)

二、教学语言表达

(一) 课堂反思,调整策略

1. 阅读文章选段,根据提示从人物语言和动作两个方面,分析"父亲"对"我"的感情

"父亲"在文中说的话不多,但每一句都是对"我"的细心叮嘱,他嘱我路上小心,夜里警醒些,不要受凉。他去买橘子时又告诉我"就在此地,不要走动"。此时的"我"已经是一个成年人,这些对"我"来说都是小事,但在慈父的眼中,这些事无一件是小事,可见"父亲"对"我"的关爱无微

不至。

　　文章中关于"父亲"动作的描写更多一些,他年迈而笨重的身躯费力而艰难地经过铁道,跳下爬上地去买橘子,只为"我"在旅途中不为饥渴所困。买橘子本该"我"去,但父亲却不顾艰难,执意为我代劳。这艰难而苍老的背影凝聚了父亲的坚强与对我的关怀。父亲艰难的动作与离别时所说的"我走了,到那边来信!"和"进去吧,里边没人。"等寥寥几语形成了鲜明的对比,说明父亲对我的爱是深沉的,这种情感表达是通过"少说多做"的方式来实现的。

　　2.(略)

　　3.(略)

　　(二)课后反思,总结不足

　　1.(略)

　　2.听录音填空,并用所填的词总结提高学生参与度的方法

趣味因素　感兴趣　激发　思维活动　训练　积极　合作　内化　理念　实际　课堂主体

总结(略)

　　3.(略)

　　(三)观察反思,借鉴经验

　　1.根据上文回答问题

　　(1)听课的目的在于通过对比,反思自己的不足,借鉴他人的长处,提高自身教学能力,把课讲好,把学生培育好。

　　(2)艾老师通过听课学习到在讲写人的记叙文时可以通过体验式的导入,增进学生的学习体会,让学生能够感同身受地理解文中人物的情感和课文所蕴含的道理。

　　2.听短文,归纳总结文中介绍的引导学生理解课堂重点的方式

　　(1)不采用开门见山的方式,而是用了鼓励暗示性语言引导学生进入情境,并为后文做铺垫。

　　(2)突破一句一段平推式的讲法,将教材重组。先将课文人物的前后两种不同性格提炼出来,进行对比讲解,继而引导学生找出使人物性格产生变化原因的句子。

　　(3)在关键词的讲解上,发散与集中相结合,促进学生对这些语言知识的理解。

　　3.(略)

第十四章　写人记叙文(二)

二、教学语言表达

(一)探讨辅导方式

1. 阅读文章选段,根据提示从人物外貌和动作两个方面,分析人物的性格特点和思想品质

(1)文中着重描写了母亲的白发,先是两鬓斑白,后来是额前白了一绺绺,再后来是脑后,远看如沾满了雪花,白了一大半。这些表现了母亲为了全家的生活而操劳,逐渐变得苍老。

(2)文章描写母亲为了驱赶田里的老鼠,一手提着脸盆,一手握根棒子敲击,在田边守了三个昼夜,体现了母亲吃苦耐劳、勤劳勇敢、坚强乐观的思想品质。

(3)整篇文章表现了母亲的辛勤劳动,表达出作者对母亲的心疼、敬爱和怀念之情。

2. (略)

(二)复习指导

1. 听短文,归纳总结文中介绍的复习指导方法,说一说在实际教学中怎样进行

(1)过度法——言传身教。不满足于勉强记住或刚刚学会新知识,要多复习、多练习几遍,达到进一步牢固掌握。

(2)分散法——引导点拨。主要运用于学习新知识和温习旧知识。教师应指导学生平均分配时间,以及采用先多后少的复习方法。

(3)归类法——寻找规律。教师应指导学生对学过的知识重新组合,排队串线,便于重点突破,掌握规律性的东西,防止机械重复,死记硬背。

2. (略)

(三)心理辅导,鼓励进步

1. (略)

2. (略)

(四)与家长共同合作

1. (略)

2. (略)

第十五章　经典故事(一)

二、 教学语言表达

（一） 如何出测试题

1. 请阅读下面这段文字,填写正确的标点符号

从很多报道中都可以看到,吴老心中,患者的分量极重。面对一些颇有难度的大手术时,有人劝他,万一出事,名誉可就毁了！他不这么想,为了救病人,"名誉算什么,我不过就是一个吴孟超嘛！"把救治病人的天职放在个人名利之前。

2.（略）

（二） 综合实践测试

1. 请先听录音,然后回答问题

（1）近视与遗传相关,但与环境因素更密不可分。教育时间延长、教学难度提高或成为引发近视的因素,城市内开阔空间受限、教室灯光环境和家庭近距离用眼光环境不佳、户外活动时间减少、读写姿势不良等环境和行为问题同样不容忽视。

（2）"二要"即读书写字姿势要端正、连续读书写字 1 小时左右要休息片刻,"二不要"包括不要在光线太暗或直射阳光下看书、写字,也不要在躺着、走路或乘车时看书。

（3）一是持续读书要保证"二要二不要"原则,二是保持正确的读写坐姿,三是确保有充分的户外活动时间。

（4）建议每周保证 14 小时以上的户外活动量,平均分散进行的话效果更好,即保证每天 2 小时以上的户外活动。

2.（略）

（三） 结合日常作业分析评价

1.（略）

2.（略）

（四） 结合课堂教学评价

1.（略）

2.（略）

第十六章　经典故事(二)

二、教学语言表达

（一）参加科研活动

1.（略）

2.（略）

（二）一堂公开课的总结会

1.（略）

2.（略）

（三）听课总结

1. 听录音,回答以下问题

(1) 好的问题设计能通过问题引导学生理解课文内容,突破重难点。

(2) 理想的课堂应该让学生主动思考并享受学习的乐趣;使学生的知识得到丰富的同时还能受到思想教育。

2. 请修改以下病句,并分析病句类型

(1) 昨天在休息室里许多老师都热情地同他交谈。（语序不当）

(2) 这是一次竞争激烈的考试,非用十分的努力不能战胜其他竞争者。（关联词搭配不当）

(3) 小张和小王是好朋友,小张经常帮助小王复习功课。（指代不明）

(4) 昨天晚上,中国队和韩国队进行了一场足球比赛,中国队终于取得了胜利。（指代不明）

(5) 我写字认真了,错别字也大大减少了。（搭配不当）

(6) 在老师的教育下,我端正了学习态度并改进了学习方法。（搭配不当）

(7) 课外活动时,我仔细地观察了同学们的活动情况。（用词不当）

(8) 我校全体师生都参加了这项活动。（词语重复）

(9) 老师今天讲的知识我全懂了。（前后矛盾）

(10) 我国有世界上其他国家所没有的万里长城。（前后矛盾）

（四）如何出考卷

1. 根据上文回答问题

(1) 期末测试卷应该针对每一课的知识点来出题,同时也要兼顾这学期总的教学重点。

（2）经典故事类的课文可以出一些问答题来考察学生对课文中蕴含的道理和一些出自课文的成语典故理解得是否到位，也可以出一篇同类文章及相应的阅读理解题来考察学生归纳中心思想、抓住关键情节等方面的能力。

2.（略）

（五）制定教学计划

1.（略）

2.（略）

第十七章　说明文(一)

二、 教学语言表达

（一）远程研修心得分享

1. 阅读文章选段，根据提示说明画线句子在文中的作用，并说一说怎样引导学生通过"列数字"的方法来写说明文

文章中画线部分主要运用了列数字的说明方法。文章第二段和第三段通过列举真实数据，科学准确地说明了太阳将会长久地为地球提供光和热，地球的外在环境将在很长一段时间内保持不变。文章的第四段列举了近400年来，人类自身思想认识的不足以及对资源的过度消耗，揭示出人类应该节约资源，保护环境。这样的说明方法，科学准确地说明了地球的特点，揭示了人与地球的关系，使文章更具说服力。

2.（略）

（二）教学计划完成情况总结

1.（略）

2.（略）

（三）一场热烈的教研总结会

1. 听录音填空，并联系实际，说一说怎样做到教书育人

感触颇多　教研　教学　爱岗敬业　履行　作息制度　平等　交流　性格特点　因材施教
认真仔细　少而精　预习　质疑　氛围　启迪　遵纪守法

2.（略）

（四）课题教研总结

1.（略）

2.（略）

（五）重视新课程标准，转变教学观念

1. 请解释下列成语的意思,并用成语改写下面的句子

（1）耳目一新:听到的、看到的跟以前完全不同,令人感觉到很新鲜。

　　改写句子:他离家十多年后第一次回到故乡,家乡的巨大变化,使人耳目一新。

（2）一帆风顺:船挂着满帆顺风行驶。比喻非常顺利,没有任何阻碍。

　　改写句子:生活不可能一帆风顺,我们一定要学会勇敢面对挫折。

（3）因循守旧:不求变革,沿袭老一套。

　　改写句子:这家工厂的经营因循守旧,缺乏创新,所以经济效益一直不太好。

（4）任重道远:担子很重,路程又长,比喻责任重大,需要长期艰苦奋斗。

　　改写句子:把我国建设成现代化强国,任重道远。

2.（略）

第十八章　说明文(二)

二、教学语言表达

（一）说课准备

1.（略）

2. 请阅读文章,回答问题

（1）

伤口敷料	功　　能
动物的皮和新鲜的植物叶片	隔绝伤口与外部环境
棉、麻、丝绸等各种天然织物	能吸收分泌液,为伤口提供了透气的微环境
各种天然织物、合成材料	吸收分泌液的能力不断提高,保证了伤口表面的洁净与干燥
亲疏水复合敷料	可以将伤口分泌液从疏水侧"泵"到亲水侧,还能有效"泵"出伤口周围多余分泌液,加快伤口愈合,减轻患者痛苦

（2）C

3.（略）

（二）说课稿

1. 请听录音,概括总结这篇文章讲述的内容

辽宁省政府出台《辽宁省古塔保护办法》,通过规定古塔及其保护范围内不得从事的作业及其相应处罚,以及明确各级政府、古塔保护责任单位和古塔所在的村（民）居委员会的职责,加强对古塔的保护和管理。

2.（略）

3.（略）

（三）说课反思笔记

1.（略）

2. 请改正下面句子中拼音的错误,并说出理由

（1）"wǒ gēn jiějie,hái yǒu bàmā,huí lǎolao jiā guònián qu ."

　　"我　跟　姐姐,还　有　爸妈,回　姥姥　家　过年　去。"

　　应改为:

　　"Wǒ gēn jiějie,hái yǒu bàmā,huí lǎolao jiā guònián qù ."

　　"我　跟　姐姐,还　有　爸妈,回　姥姥　家　过年　去。"

理由：句子开头首字母应该大写;《汉语拼音正词法基本规则》规定"声调一律标原调,不标变调","去"应该标四声。

（2）Jīn nián qīsuì de Gāo sānfēi shuō .

　　今　年　7岁的　高　三飞　说。

　　应改为:

　　Jīnnián qīsuì de Gāo Sānfēi shuō .

　　今年　7岁的　高　三飞　说。

理由：《汉语拼音正词法基本规则》的总原则是以词为书写单位。"今年"的拼音应该连写。《汉语拼音正词法基本规则》规定"汉语人名中的姓和名分写,姓在前,名在后,姓和名的首字母分别大写。",所以"高三飞"的拼音应该作出修改。

（3）Zài chēshang kàndào dàhóng de dēng long

　　在　车上　看到大红的　灯笼

应改为：

Zài chēshang kàndào dàhóng de dēnglong

在　　车上　　看到 大 红 的 灯笼

理由：《汉语拼音正词法基本规则》的总原则是以词为书写单位。"灯笼"的拼音应该连写。

（4）jiějie Gāo èr Duǒ rěnbúzhù zhèr mōmo 、nàr kànkan.

姐姐　高 二 朵 忍 不 住 这儿 摸摸 、那儿 看 看。

应改为：

jiějie Gāo Èrduǒ rěnbuzhù zhèr mōmo　nàr kànkan.

姐姐　高　二朵 忍不住 这儿 摸摸、那儿 看看。

理由：《汉语拼音正词法基本规则》规定"汉语人名中的姓和名分写，姓在前，名在后，姓和名的首字母分别大写。"所以"高二朵"的拼音应该作出修改。《汉语拼音正词法基本规则》规定"汉语拼音没有顿号，该用顿号的地方用一个空格表示。"所以顿号应该去掉。

3.（略）

词汇表

B					
1	把关	十五(1)	10	不拘一格	三(2)
2	半途而废	五(2)	11	不可小觑	四(1)
3	奔流	三(1)	12	不劳而获	四(1)
4	本末倒置	七(1)	13	不求甚解	十四(2)
5	编制	十五(2)	14	不容忽视	五(2)
6	博览群书	五(1)	15	不懈	二(1)
7	不耻下问	九(1)	16	不无道理	四(1)
8	不妨	三(1)	17	不知不觉	十五(1)
9	不假思索	十六(1)			

C					
18	操纵	十七(2)	29	畅所欲言	一(1)
19	操作性条件反射	十(2)	30	趁热打铁	十三(2)
20	草草收尾	十(1)	31	持之以恒	五(2)
21	策略	二(1)	32	尺度	六(1)
22	层次分明	十一(2)	33	触类旁通	五(1)
23	差强人意	九(1)	34	揣摩	四(1)
24	查漏补缺	十(1)	35	传道	八(1)
25	阐明	九(2)	36	闯荡	二(1)
26	阐述	十八(2)	37	锤炼	十八(2)
27	长此以往	十五(1)	38	催化剂	四(2)
28	倡导	十一(1)			

D					
39	搭顺风车	九(1)	46	动静相宜	三(1)
40	大公无私	二(1)	47	督促	十四(1)
41	大有裨益	四(1)	48	独具匠心	十三(1)
42	登堂入室	九(1)	49	堵漏补差	十四(2)
43	点头称赞	六(1)	50	端正	五(2)
44	奠定	十七(1)	51	对症下药	五(2)
45	鼎力相助	九(1)	52	多元	十五(2)

E					
53	耳目一新	十七(1)			

F					
54	翻译	四(1)	55	反馈	十(2)

续 表

56	范畴	六(2)	60	纷繁复杂	八(1)
57	泛泛而谈	十三(2)	61	分清主次	十(1)
58	非黑即白	四(2)	62	敷衍了事	十三(2)
59	非你莫属	十八(1)	63	腹有诗书气自华	十六(2)
G					
64	感同身受	十三(1)	71	固然	七(1)
65	格格不入	四(2)	72	关怀备至	五(1)
66	功亏一篑	五(2)	73	贯穿	十一(2)
67	躬行实践	八(2)	74	灌输	十七(1)
68	共鸣	四(2)	75	光阴似箭	十七(1)
69	构筑	五(2)	76	归根结底	十五(1)
70	孤陋	二(2)			
H					
77	毫不吝啬	六(2)	81	诲人不倦	八(2)
78	合规	十六(1)	82	绘声绘色	一(1)
79	和睦	五(2)	83	慧眼识珠	一(2)
80	画龙点睛	十(1)	84	浑然一体	十(1)
J					
85	激情澎湃	八(1)	96	奖罚分明	七(2)
86	极具	三(1)	97	教无定法	一(1)
87	即兴	十一(1)	98	解惑	八(1)
88	急于求成	七(1)	99	津津有味	二(1)
89	继而	三(1)	100	尽如人意	六(1)
90	价值观	七(1)	101	荆棘	二(1)
91	兼并	十六(1)	102	兢兢业业	八(1)
92	简洁明了	十八(2)	103	久而久之	二(1)
93	建构	三(1)	104	拘泥	十一(1)
94	建构主义	十(2)	105	举一反三	四(1)
95	坚贞不屈	十二(1)	106	聚焦	十八(1)
K					
107	砍伐	六(1)	109	口干舌燥	一(1)
108	慷慨陈词	十六(1)			
L					
110	乐于助人	二(1)	112	力求	十二(2)
111	立竿见影	七(2)	113	了如指掌	十八(1)

114	临场发挥	一(1)		118	流于形式	二(1)
115	临窗远眺	四(1)		119	笼统	一(1)
116	灵活多变	七(1)		120	陆续	十四(1)
117	流于	十三(2)				
M						
121	满堂灌	二(2)		125	面面俱到	十(1)
122	盲目	十四(2)		126	名存实亡	十六(1)
123	闷闷不乐	五(1)		127	谬误	四(2)
124	弥补	二(2)		128	抹杀	二(2)
N						
129	耐人寻味	十(1)		131	逆反心理	五(1)
130	内化	三(1)				
P						
132	叛逆期	七(2)		135	片面	十五(1)
133	批判	四(2)		136	品学兼优	五(2)
134	疲惫	八(1)				
Q						
137	齐心协力	十一(1)		145	切磋	十五(1)
138	歧义	十五(2)		146	切入点	十二(2)
139	契合	十(2)		147	青砖瓦房	九(1)
140	器皿	十五(1)		148	情操	八(2)
141	千差万别	十二(2)		149	驱动	九(2)
142	潜移默化	三(1)		150	取长补短	二(1)
143	巧夺天工	九(1)		151	趣味盎然	四(2)
144	巧妇难为无米之炊	十六(2)		152	缺陷	十四(1)
R						
153	人本主义	十(2)		156	如沐春风	六(2)
154	任重道远	十七(1)		157	睿智	十一(2)
155	日积月累	三(1)		158	润物细无声	六(2)
S						
159	闪现	十二(1)		164	深邃	十七(1)
160	赏不过时	六(2)		165	神采飞扬	八(1)
161	舍己为人	二(1)		166	生机盎然	四(1)
162	设想	十八(1)		167	生机勃勃	六(2)
163	身临其境	三(1)		168	声情并茂	十五(1)

续 表

169	实事求是	十四(2)	178	受益终身	二(1)
170	屎壳郎	九(1)	179	束缚	十四(1)
171	始料未及	十三(1)	180	水到渠成	九(2)
172	事半功倍	三(1)	181	思维定势	四(2)
173	试错	十(2)	182	松弛有度	三(2)
174	视死如归	十二(1)	183	塑造	十(2)
175	示意	十二(1)	184	随机应变	十三(1)
176	授业	八(1)	185	岁月如梭	十七(1)
177	受益匪浅	一(1)			
			T		
186	趟	九(1)	191	统领	一(2)
187	陶冶	四(2)	192	突兀	十八(1)
188	提纲挈领	七(1)	193	推进器	六(2)
189	体裁	四(1)	194	拖累	十四(1)
190	体态语	六(2)	195	拓宽	十二(2)
			W		
196	挖掘	七(1)	201	为人师表	八(2)
197	威信	七(2)	202	温故知新	九(2)
198	威严	五(1)	203	无规矩不成方圆	十一(2)
199	维度	一(1)	204	五岳之首	九(1)
200	惟妙惟肖	三(1)	205	误入歧途	七(2)
			X		
206	蟋蟀	九(1)	215	学识平平	五(1)
207	衔接	十八(1)	216	学识渊博	五(1)
208	相得益彰	八(2)	217	学无止境	十三(2)
209	详略得当	十八(2)	218	学习方式	八(1)
210	心不在焉	十四(1)	219	学有所思	十一(1)
211	心存侥幸	四(1)	220	熏陶	三(1)
212	性情	四(2)	221	循序渐进	四(2)
213	兴致勃勃	二(1)	222	循循善诱	五(1)
214	渲染	九(2)			
			Y		
223	研修	十七(1)	227	谒见	十六(1)
224	言之有物	十四(1)	228	一番	十五(1)
225	演变	十二(2)	229	一帆风顺	十七(1)
226	扬长避短	一(1)	230	一概而论	七(2)

231	一气呵成	三(1)		244	因循守旧	十七(1)
232	伊始	十七(1)		245	吟诵	三(1)
233	一视同仁	六(1)		246	英雄所见略同	六(1)
234	一味	二(1)		247	迎难而上	六(1)
235	一朝一夕	二(1)		248	营造	三(2)
236	一怔	十六(1)		249	慵懒	四(1)
237	一字一顿	十六(1)		250	由衷	七(2)
238	以备不时之需	十八(1)		251	有的放矢	一(2)
239	以身作则	八(2)		252	诱导	五(2)
240	意境	三(1)		253	愚蠢	五(1)
241	因材施教	一(2)		254	与时俱进	十六(2)
242	因人而异	一(2)		255	寓教于乐	十七(2)
243	因势利导	十七(2)				
			Z			
256	再发性	六(2)		265	置身	十三(1)
257	再接再厉	十二(1)		266	置之不理	八(1)
258	障碍	十四(1)		267	重理轻文	四(1)
259	照搬照抄	一(2)		268	终身学习	八(1)
260	症结	七(2)		269	重中之重	一(1)
261	整合	十七(2)		270	逐字逐句	七(1)
262	知悉	一(2)		271	自命不凡	十六(1)
263	纸上谈兵	一(1)		272	自讨没趣	十六(1)
264	质疑	十五(1)		273	钻研	十八(2)